Christian Eisert
Kim & Struppi

Christian Eisert

KIM & STRUPPI

Ferien in Nordkorea

ullstein extra

Ullstein extra ist ein Verlag der Ullstein Buchverlage GmbH
www.ullstein-extra.de

ISBN 978-3-86493-020-1

12. Auflage 2014
© Ullstein Buchverlage GmbH, Berlin 2014
Alle Rechte vorbehalten
Fotos im Innenteil: © Christian Eisert
Gesetzt aus der Legacy
Satz: Pinkuin Satz- und Datentechnik, Berlin
Druck und Bindung: CPI books GmbH, Leck
Printed in Germany

Für A.

Die verschwundene Stadt

Wer möchte denn nachher an die Karte?«, fragte Herr Thomas zu Beginn der Geographiestunde in die Klasse. Eigentlich stand Mathe auf dem Plan, aber es wurde eine Delegation erwartet: der Bildungsminister von Nordkorea, Ri Dschong-dschu, und der stellvertretende Bildungsminister der DDR – Volksbildungsministerin Margot Honecker hatte wohl Wichtigeres zu tun.

Es meldeten sich zwei Mädchen und ein Junge.

Die pummlige Sandy schied schon mal aus. Dass ihre Mutter Sandy das dünne Blondhaar schnitt – ohne jegliches Talent für das Friseurhandwerk –, sah man deutlich. Außerdem trug Sandy keine ordentliche Pionierbluse, sondern nur einen blauen Nicki. Anders Nancy. Ihr kräftiges Blondhaar war zu einem dicken Zopf gebunden, der bis zum Saum ihres dunkelblauen Rockes reichte. Dazu protzte ihr rotes Halstuch mit dem makellosesten Pionierknoten der Klasse. Sie war eigentlich perfekt, jedoch als Gruppenratsvorsitzende bereits beim Rundgang mit der Delegation durch die Schule in Erscheinung getreten. Wäre sie jetzt wieder an vorderster Front aktiv, würde es aussehen, als hätte die DDR nur ein kluges Kind.

So fiel die Wahl auf den Jungen. Er trug ein etwas zu groß geratenes Brillengestell in Blaumetallic. Pionierhemd und

Halstuch waren in Sitz und Knoten nicht so makellos wie bei Nancy, aber immerhin vorhanden.

Herr Thomas gab letzte Instruktionen und kontrollierte dabei mit den dreieinhalb Fingern der rechten Hand – Daumen und ein Stück des Zeigefingers waren bei frühpubertären Experimenten mit Silvesterknallern abhandengekommen –, ob der Reißverschluss seiner Stonewashed-Jeans geschlossen war. Im Laufe der letzten zwei Jahre hatte sich die Klasse an seinen regelmäßigen Griff in den Schritt gewöhnt. Und auch an die Kreidespuren an dieser Stelle.

Die nächsten Minuten warteten er und die Klasse schweigend auf den Moment, in dem man sie in ihrer ganz normalen Unterrichtsstunde überraschte. Auf der dunkelgrünen Tafel stand: »Die Längen- und Breitengrade der Erde« – und darunter die Koordinaten von »Berlin, Hauptstadt der DDR«. Was noch fehlte, waren die Koordinaten von »Phöngjang, Hauptstadt der KDVR«. Es war Herr Thomas' erstes Tafelbild, das man vollständig lesen konnte. Endlich klopfte es an der Tür. Ansatzlos sagte Herr Thomas:

»Kommen wir jetzt zu den Längen- und Breitengraden. Wer kann uns denn mal zeigen, wo Fjöngjang liegt?«, und unterbrach sich ganz verdutzt: »Oh, es hat geklopft.«

Der rote Haarschopf der Direktorin erschien im Türrahmen. »Lassen Sie sich nicht stören, Kollege.« Die Direktorin, der stellvertretende Direktor, zwei unbekannte Herren in hellgrauen und drei Nordkoreaner in dunkelgrauen Anzügen marschierten an der Wandseite entlang nach hinten. Die Nordkoreaner trugen alle denselben Linksscheitel. Einer lächelte schiefzahnig: Ri Dschong-dschu.

Ganz hinten, neben der Wandzeitung zum »Internationalen Tag des Kindes«, war ganz zufällig ein Tisch mit zwei Stühlen frei. Die Direktorin und Ri Dschong-dschu nahmen Platz. Ein Nordkoreaner hockte sich hinter sie – der Dolmetscher.

Der Junge wurde nach vorn gerufen und stand nun vor der großen Weltkarte. Lauter bunte Länder. Schweinchenrosa die Sowjetunion, grün die USA und die kleine DDR himmelblau. Er spürte, wie ihm die Delegation, die Klasse und Herr Thomas auf den Rücken starrten. Er starrte ebenfalls. Von nahem wirkte die Karte deutlich unübersichtlicher.

»Na«, Herr Thomas' demonstrative Heiterkeit kollidierte mit dem Beben in seiner Stimme, »arbeitest du dich von links nach rechts vor? Von Europa nach Asien?«
Der Dolmetscher übersetzte.
Rechts und links kann der Junge bis heute nur nach längerem Nachdenken lokalisieren. Ihm wurde schwummrig. Die blaue Metallbrille rutschte von der Nase. Er schob sie mit dem Zeigefinger zurück, schielte zu Herrn Thomas. Der nestelte an seinem Hosenschlitz und fixierte gleichzeitig einen Punkt am anderen Ende der Karte. Das half.

Schnell hatte der Junge China gefunden. Ein gelber, fetter Fleck unter der Schweinchensowjetunion. Gleich darauf zeigte er auf die Koreanische Demokratische Volksrepublik – KDVR.

Alle atmeten aus. Auch der Dolmetscher.

»Und jetzt sind wir sehr gespannt«, schaltete sich die Direktorin von hinten ein, und jeder hörte die Drohung unter ihrem Lächeln, »wie die Längen- und Breitengrade von Fjöngjang lauten.« Auch sie sprach das Ph als F aus.

Der Dolmetscher übersetzte, Ri Dschong-dschu nickte. Und der dickere der hellgrauen Herren auch. Vermutlich Margot Honeckers Stellvertreter.

Der Junge stierte auf die koreanische Halbinsel. Die Landzunge sah aus wie ein Seepferdchen. Den nordkoreanischen langschnäuzigen Kopf reckte es nach oben rechts, den südkoreanischen Bauch wölbte es vor. Der Schwanz fehlte, als hätte man ihn abgehackt. Nord- und Südkorea – ein Seepferdchen, das vor Schmerzen schrie.

Farben und Linien, Buchstaben und Zahlen. Alles floss ineinander. Dem Jungen kam die riesige Wasserrutsche in den Sinn, die irgendwo in der Hauptstadt Nordkoreas stand. Gestern hatten alle Schüler im Kino *Sojus* einen Film über die KDVR gesehen. Das regenbogenfarbene Rutschbauwerk, ein Geschenk des Großen Führers Kim Il-sung an Koreas Kinder, hatte ihn am meisten beeindruckt. Ein Umstand, der im anschließenden Auswertungsgespräch zum Film nicht so gut ankam. Besser wäre es wohl gewesen, eine kommunistische Errungenschaft zu nennen, bei der es aufwärtsgeht.

Hinter ihm Flüstern und Scharren von Schuhen. Er versuchte sich zu konzentrieren. Kniff die Augen zusammen, riss sie auf. Der bunte Brei blieb. Der Junge drehte sich zur Klasse um. Sofort Stille. In den Gesichtern der Mitschüler Anteilnahme, Schadenfreude und Erleichterung darüber, nicht selbst vorn zu stehen. Der Mund des Jungen war ausgetrocknet. Man verstand ihn kaum. »Ich find's nicht ...«

Hinten wurde übersetzt. Ri Dschong-dschu grunzte.

Der Junge hörte, wie Herr Thomas Sandys Namen rief, sah von seinem Platz aus, wie sie deutete und redete und wie sie die Ehre der Klasse, der Schule und der gesamten Deutschen Demokratischen Republik wiederherstellte. Und er schwor sich, nie, nie mehr darüber zu sprechen.

Den Regenbogen hinauf

Die Bäume am Boxhagener Platz streckten ihre kahlen Äste in den Berliner Wintermorgen. Ein Krähenschwarm stieg auf. Modisch vermummte Mütter trieben ihren Nachwuchs durch die von Altbauten gesäumten Straßen. Früher hätte es nach Kohlerauch gerochen. Der Workshop fand zum ersten Mal am neuen Standort der Drehbuchakademie statt. Während zwei Dutzend Teilnehmer meines Comedy-Seminars schwatzend ihre Plätze einnahmen, tippte ich in mein Handy:

> Werkle heute bei dir ums Eck. Könnten zusammen Mittag essen ...

Ihre Antwort kam noch vor dem letzten Nachzügler:

> Schniefe und krächze. Fieber auch. Und drei Abgabetermine!!!

In der Mittagspause stürmte ich in die Apotheke gegenüber, kaufte eine Eukalyptusbad-Sprudeltablette, Salbeibonbons und Holunderblütentee, hetzte damit über die nächste Kreuzung, durch eine Toreinfahrt in einen Hinterhof. Rannte eine Treppe hoch und war wenige Sekunden später ohne Apothekentütchen wieder auf der Straße. Im Schein der Januarsonne tippte ich:

Schau mal an deine Wohnungstür. Kleiner Gruß von mir ...

Es war vier, als sie antwortete.

Habe es gerade gefunden. :-))) Du bist ein Schätzchen. Liebe Eukalyptusbad!!! Dicke Schnupfenumarmung! ... Wieso hast du nicht geklingelt???

Ich ließ die Seminarteilnehmer zehn Berufe für einen dicken Mann aufschreiben, so blieb Zeit für:

Hatte Angst mich anzustecken.

Kurz vor dem Ende der Übung kam:

War ja klar!

Vier Stunden später saßen wir trotzdem zusammen in ihrem Wohnzimmer. Draußen war es dunkel. Der Schein der Teelichter auf ihrem Tisch spiegelte sich in den Fensterscheiben.
»Ich hab irgendwo noch 'nen Mundschutz. Willste den umbinden?« Es gelang ihr, die beiden Sätze zwischen nur drei Hustern auszustoßen. Sie hing auf einem Stuhl an der Stirnseite des drei Meter langen Esstisches aus Eichenbalken. Zurückgelehnt saß ich an der gegenüberliegenden Seite und streichelte den dicken Kopf ihres Labradors. »Sollen wir dein Frauchen fragen, ob sie das Ausatmen einstellt? Wegen der Bakterien.« Der Hund legte den Kopf schief und dachte nach. Er hieß Uncle Sam. Seine Herrin lachte.
Trotz ihrer jämmerlichen Verfassung und des Jogginganzuges, der um ihren Körper schlabberte, strahlte sie mehr natürliche Coolness aus als alle Friedrichshainer Modemuttis zusammen. Kennengelernt hatten wir uns vor fünf Jahren, als ich sie im Gästegedränge einer Vernissage übersehen und

meinen Orangensaft über ihr teures *Áo dài* geschüttet hatte, ein traditionelles vietnamesisches Seidenkleid, das sie an diesem Abend zum ersten Mal trug. Damals besann sie sich gerade wieder auf ihre Wurzeln. Thanh ist nämlich gebürtige Vietnamesin. Aus der anschließenden Mail-Korrespondenz über Reinigungsrechnungen und die zerstörerischen Kräfte von Orangensaft wuchs unsere besondere Freundschaft. Einige Monate später schenkte ich ihr zum Geburtstag ein neues Türschild mit der Gravur *Thanh Hoang*. Mit der Frisur, die sie heute Abend trug, hätte ich sie damals sicher nicht übersehen. Ihre langen, schwarzen Haare hatte Thanh mit einem roten Tuchwickel hochgebunden. Oben schauten fransige Strähnen heraus. Bei jeder ihrer Hustenattacken schaukelte der rote Turm heiter hin und her. Statt der üblichen Kontaktlinsen trug sie ihre schwarze Brille, die etwas zu groß war für die kleine Nase. »Du hast bestimmt Hunger. Ich hab noch Auflauf im Kühlschrank.«
»Mit Fleisch?«
Statt einer Antwort äugte sie über den Brillenrand und ließ die Pupillen kreisen, was wohl »Dumme Frage!« heißen sollte. »Zucchini und Auberginen.«
Ich machte ein »Bäh!«-Gesicht. Sie riss eine Packung Marlboro auf. »Dann einen Tee, ja?«
Ich nickte.
»Darf ich erst eine rauchen?«
»Was fragst du? Du wohnst hier.«
»Ich rauch' am Fenster, ja?«
Sie war im Begriff aufzustehen und Frostluft hereinzulassen. Augenblicklich verspannte ich. »Du holst dir den Tod. Durch Erkältung und Nikotinvergiftung.«
»Du meinst, *du* holst dir den Tod.« Ihr Feuerzeug klickte. Das Fenster blieb zu. Im meinem Kopf kreiste die Idee, ein neues Sprichwort zu erfinden mit »Regen«, »Traufe«, »Pest« und »Cholera«. Sie pustete, hustete und sagte: »Mann,

Hase! Kein Alkohol, keine Zigaretten und bei dreißig Grad im Schatten heizen. Wie hält das Isabel nur mit so einem Pimpelchen aus?«

Isabel war meine Freundin. Ich hielt sie lieber aus der Diskussion heraus. Nachher stritten wir noch darüber, warum ich mich als Berliner an eine Schwäbin verschenkte. Mein Liebesleben war ähnlich turbulent wie das von Thanh. Regelmäßig klagten wir einander unser Leid mit Partnern und Trennungen. Unsere Freundschaft dagegen erwies sich bisher als unerschütterlich. Obwohl uns so viel trennte. Zum Beispiel unser Wärmebedürfnis.

»Wieso Pimpelchen? Erstens sind draußen minus vierzehn Grad, und zweitens hatte ich schon meinen Arm im Hintern einer Kuh.«

»Ich hab mich drei Tage in der Sahara verlaufen.«

»Ich hab dreizehn Jahre in der DDR gelebt.«

»Ich bin fast verdurstet.«

»Ich war Jungpionier!«

Sie blies Rauch in Richtung Decke. »Oh, wie gefährlich. Pionier an der Thälmann-Schule.«

»Meine Schule hieß *Schule der Freundschaft zwischen der Deutschen Demokratischen Republik und der Koreanisch Demokratischen Volksrepublik*!«

»Bitte?«

Ich wiederholte den Namen. Diesmal noch schneller. Als Schüler hatten wir damit Zungenbrecher-Wettbewerbe veranstaltet. Natürlich nicht offiziell.

»Und was habt ihr da gemacht? Panzer aus Reis gebaut?«

»Nein, wir bekamen Besuch von nordkoreanischen Freundschaftsdelegationen und wedelten mit Winkelementen.«

»Winkelemente?«

»Ja, Sonnenblumen aus Plastik, die auseinanderfielen, wenn man zu sehr winkte.«

Heiseres Bellen drang aus ihrer Kehle. Uncle Sam zog

seine breite Stirn in Falten. Was ihm Frauchen wohl sagen wollte? Leise beruhigte ich ihn: »Alles gut, sie lacht nur ...« Laut erläuterte ich: »Meine Schule trug den längsten Schulnamen der DDR. Und ich erinnere mich an einen sehr beeindruckenden Film im Kino *Sojus* über Kim Il-sungs Regenbogenrutsche.«

»Nordkoreaner rutschen auf dem Regenbogen?«

»Ja, je Farbe eine Bahn.«

»Hase, ich glaub, du wohnst zu warm ...«

Hase nennt Thanh Menschen, die sie besonders mag. Bei uns kam hinzu, dass sie mich damals auf der Vernissage als eine Art Hasen kennengelernt hatte. Genaugenommen als Kaninchen. Das erzählen wir aber nicht so gern.

Auf Thanhs Eichentisch flackerten regelmäßig die Flammen der Teelichter. Wahrscheinlich zog es durch eines der Fenster. Ich kraulte mich durch Uncle Sams Flauschfell. Thanh drückte ihre Zigarette im Aschenbecher aus. »Wäre natürlich ein tolles Aufmacherfoto: die Regenbogenrutsche von Kim Il-sung.«

»Preisverdächtig!«, schlug ich in die gleiche Kerbe. »Und ein dickes Honorar gäbe es sicher auch.« Thanh ist Fotoreporterin.

»Falls du dir das nicht alles einbildest«, zweifelte sie.

»Im Netz findet man tatsächlich nichts dazu.«

»Siehste ...« Thanh hustete.

»Dann müssen wir eben hin«, sagte ich. »Abgesehen von der Rutsche: Ich wollte immer schon nach Nordkorea. Schließlich haben wir damals tagelang geübt, die Kims nicht zu verwechseln. Das darf doch nicht umsonst gewesen sein.«

Thanh blies die Backen auf und ließ lippenflatternd Luft ausströmen.

Ich hatte sie am Haken. Obwohl – meine Angel war vergebens ausgeworfen. »Es gibt ein dickes Problem, meine Liebe. Nordkorea lässt keine Journalisten ins Land.«

»Ich finde viel schwieriger, deinen schwäbischen Schwarm davon zu überzeugen, dass er dich mit mir verreisen lässt.«
»Heißt das also ...?«
Thanh nieste.
Es klang nach: »Probieren wir's.«

Acht Wochen später stand ich mit Isabel vor dem Abfluggate am Flughafen Tegel. »Du kommsch heil wieder, gell?«
»Du wolltest nicht weinen!«
Isabel presste die Lippen zusammen, schmiegte sich in meine Halsbeuge.
Ich strich ihr durch die blonden Haare.
Nur eine Reisende stand noch vor der Sicherheitsschleuse. Sie drehte sich um: »Dableiben oder mitkommen?«
»Isabel, es wird Zeit ...« Ich löste mich aus ihrer Umarmung. Sie nickte. Stumm und tapfer. Ließ los. Ich musste an die Cartoonreihe denken mit diesem zuckersüßen pummligen Pärchen: »Liebe ist ...«
Liebe ist, den Liebsten nach Nordkorea fahren zu lassen. In ein Land, dessen Herrscher in den Zeitungen als irre bezeichnet wurden.
Für jeden Tag meiner Abwesenheit hatte ich Isabel einen Brief geschrieben und unter ihrem Kopfkissen versteckt. Meine Zeilen würden sie jeden Morgen lange beschäftigen. Mit der Hand schreibe ich recht unleserlich.
Vielleicht war Liebe auch, den Liebsten mit einer anderen Frau verreisen zu lassen. Von Berlin nach Abu Dhabi, von dort nach Peking und dann weiter flog ich mit Thanh. Die aber jetzt nicht mehr so hieß.

Die blinden Maschinen

Die Tür des Flugzeugs wurde verriegelt. Etwas Chinesisches ertönte, das »Boarding completed« heißen konnte. Oder: »Jetzt sitzen Sie in der Falle.«
»Also, da drüben kommt keiner mehr«, sagte meine Reisebegleiterin. Sie stand auf.
»Bleib lieber hier«, bat ich.
»Wenn es verboten ist, werden sie mich bestimmt sofort erschießen.«
»Nein.«
»Nein?«
»Erst nach der Landung.«
»Quatschkopf ...« Sie wechselte auf die andere Gangseite. Nun konnte jeder von uns die Beine über zwei Sitze ausstrecken. Wir waren am Dienstagabend in Berlin gestartet, jetzt war es Freitagmittag. Unsere letzte Reiseetappe begann.

Die Boeing kurvte über das Rollfeld, während zwei chinesische Stewardessen die Sicherheitshinweise vorführten. Blass und zackig. Draußen hüllte der Smog Pekings die Terminalgebäude und Hangars ein. Die Welt schien zu verschwinden.

Unsere Maschine kam zum Stehen. Holte Atem. Die Turbinen heulten auf, das Flugzeug erzitterte ... und jagte los.

Gelbe Grasflächen rasten am Fenster vorbei. Das Donnern der Räder brach ab. Wir schwebten.

»Sandra, Sandra, Sandra«. Seit dem Abflug wiederholte ich regelmäßig im Kopf Thanhs neuen Namen, an den ich mich erst gewöhnen musste. Dabei war er gar nicht neu. Nur benutzte Thanh ihren deutschen Namen seit fünf Jahren nicht mehr.

»Sandra, Sandra, Sandra.« Wenn ich das versaute, würde es lebensgefährlich werden.

Die vergangenen Nächte hatten wir, schlaflos meist, in der Luft verbracht und tagsüber versucht, auf den hektischen Sightseeing-Abstechern ins Zentrum unserer Zwischenstoppstädte munter zu bleiben. Wir hatten uns für die einzige ausländische Fluggesellschaft entschieden, die Nordkorea zu diesem Zeitpunkt per Linienflugplan ansteuerte: *Air China* bediente die Strecke Pjöngjang–Peking bis zu dreimal die Woche. Genausooft flog die nordkoreanische *Air Koryo*. Regelmäßig, besonders im Winter, fallen Flüge wegen Passagiermangels aus.

Allerdings erfüllen nur zwei Flugzeuge der *Air Koryo* die strengen europäischen Sicherheitsstandards. Bis auf die relativ neuen Tupolews Tu-204 ist die Flotte für den europäischen Luftraum gesperrt. Da wir nicht sicher waren, womit uns die Nordkoreaner zu transportieren gedachten, wollten wir wenigstens dieses Risiko ausschließen. Wir gingen ja genug andere ein.

Wie viele Touristen jährlich nach Nordkorea kommen, lässt sich nicht verlässlich sagen. Die Führung behauptet nach innen und außen, es seien Massen, um ihr Land aufzuwerten. Reiseveranstalter behaupten aus demselben Grund das Gegenteil. Landesführer Kim Jong-un verkündete 2012, Nordkorea bald für einhunderttausend Touristen im Jahr zu öffnen. Das wären rein rechnerisch zweihundertvierundsiebzig Menschen am Tag. Momentan sind es nicht ganz so viele, die ihre Ferien in Nordkorea verbringen. Zum Zeitpunkt unserer Reise waren es nach inoffiziellen Schätzungen viertausend bis fünftausend westliche Besucher im Jahr. Den Kölner Dom besuchen durchschnittlich sechzehntausend Touristen. Am Tag.

An sich ist es gar nicht so schwer, Ferien in Nordkorea zu machen. Man braucht nur eine Einladung von dort. Bei der Handvoll deutscher Anbieter, die touristische Reisen nach Nordkorea anbieten, sind diese Einladungen im Reisepaket inbegriffen. Inhaltlich unterscheiden sich die Pakete kaum. Unterbringung und Verpflegung stehen von vornherein fest. Alle Programmpunkte schreibt die nordkoreanische Reiseagentur *Korean International Tourism Company* (KITC) vor, die alle Touristen vor Ort betreut. Einziger Unterschied der Angebote: Entweder reist man in einer Gruppe oder individuell.

Individuell war teurer. Aber stressfreier. Hofften wir.

Außer uns befanden sich rund fünfzig weitere Passagiere an Bord des Fluges CA 121. Ein Drittel davon Asiaten. Die meisten an Bord wirkten wie Touristen, praktisch gekleidet und leuchtenden Blickes. Nur eine Reihe Westler und einige Asiaten in Anzug und Krawatte verrieten sich als Diplomaten oder Geschäftsleute.

In den Reiseempfehlungen für Nordkorea steht, man möge angemessene Kleidung tragen. Für den Besuch besonderer Sehenswürdigkeiten seien dunkle Stoffhosen erwünscht.

Sandra trug eine abgewetzte Lederjacke, T-Shirt und Blue Jeans, ich ein Kapuzenshirt, darunter einen Wollpullover mit Rollkragen gegen eventuelle Zugluft und ebenfalls Jeans. Vielleicht ließen sie uns gar nicht erst ins Land.

Nach einer Stunde Flug teilten die Stewardessen Einreiseformulare aus. Ein DIN-A5-Blatt und ein handtellergroßes Zettelchen, beide dünn wie Seidenpapier. Wie schon bei unseren

Visaanträgen, die wir vier Wochen zuvor über unsere Reiseagentur bei der nordkoreanischen Botschaft in Berlin eingereicht hatten, mussten wir Name, Alter, Beruf und Arbeitgeber angeben, dazu unseren Reisepartner und in welcher Beziehung wir zu diesem standen.

In die Namensspalte hatte Thanh *Sandra Schäfer* geschrieben, einen gültigen Pass mit diesem Namen besaß sie noch, bei ihrem Beruf hatte sie komplett gelogen und statt Journalist den durchaus logischen Broterwerb *Dolmetscherin für Vietnamesisch und Deutsch* eingetragen.

Da ich nicht über den Luxus eines Zweitnamens verfügte, reiste ich unter meinem ersten und einzigen. Allerdings als *Lehrer für dramatisches Spiel* und nicht als *Comedy-Coach*, weil ich nicht wusste, wie viel Spaß man in Nordkorea verstehen würde. Zeitgleich mit der Reisebuchung hatte ich meine Website und sämtliche Profile in sozialen Netzwerken umgestaltet und jeden Hinweis auf meinen zweiten Beruf als TV-Autor gelöscht. Den konnte man leicht mit Journalist verwechseln. Und ausländische Journalisten stehen in Nordkorea grundsätzlich unter Spionageverdacht.

Ein Restrisiko blieb. Wer intensiver suchte, fand natürlich Hinweise zu meinem beruflichen Tun auf Webseiten, die ich nicht beeinflussen konnte. Immerhin, ein Visum für Einreise hatten sie uns schon mal erteilt.

In den ausgeteilten Zollformularen sollten wir außerdem vermerken, ob wir Sprengstoff oder Waffen mitführten und welche elektronischen Geräte wir mitbrachten.

Ich trug mein Netbook ein, Sandra ihr iPad. Erst auf ein Augenrollen meinerseits ergänzte sie noch ihr iPhone.

In die Zeile *Devisen* schrieb ich: *204,53 Euro – 100 US-Dollar – 31,70 Dirham*. Und Sandra: *+/- 100 Euro, 50–60 US-Dollar*.

Von oben sah Nordkorea aus wie eine alte Wolldecke, die ein Hund durch Pfotenscharren und Schnauzenstupser und ewiges Im-Kreis-Drehen bearbeitet hat. Je tiefer unsere Maschine sank, desto mehr veränderte sich der Eindruck. Aus der Woll- wurde eine Patchwork-Decke. Felder in allen Formen, umrandet von Hecken, deren gleichmäßige Dichte Menschenhand verriet. Anbauflächen, die sich dem unablässigen Auf und Ab der Landschaft anpassten. Dazwischen Ansammlungen weißer Häuser und langgezogene Industriebaracken. Manche mit himmelblauen Dächern. Schließlich tauchte unter uns der Flughafen auf. Unser Pilot landete sportlich, aber sicher. Niemand klatschte. Auf anderen Flughäfen freuen sich Passagiere mehr auf ihr Urlaubsland.

Risse durchzogen den Beton der Landebahn und ihrer Abzweigungen, ähnlich wie auf Rollfeldern spanischer Inselflughäfen. Unsere Boeing rumpelte an einem Dutzend Flugzeugen vorbei. Über die ganze Länge der weißen Alurümpfe zog sich auf Höhe der Fenster ein roter Streifen, umrahmt von schmalen blauen. Im gleichen Blau der Schriftzug der Airline: »Air Koryo«. Ebenfalls in koreanischen Schriftzeichen. An einigen Tragflächen hingen Düsentriebwerke, die meisten aber trugen schwere Propeller. Der Größe nach geordnet standen die stumpfnasigen Antonows und Tupolews am Rand des Flugfeldes. Schräg zu uns, aber zueinander sorgsam parallel ausgerichtet. Über den Scheiben aller Pilotenkanzeln lagen Tücher. Eine mächtige Flotte blinder Maschinen.

Meine Stirn wurde taub, so sehr presste ich sie ans Fenster. In den zerkratzten Ausschnitt von der Welt draußen geriet das sandfarbene Terminalgebäude. Auf dem Dach das meterhohe Kopfporträt eines graumelierten Herrn. Feistes Gesicht, strahlendes Lächeln. Es fehlte nur der Slogan »Blend-a-med winterfresh – Frischer Atem für die Dritten«. Stattdessen erinnerte ein Wort aus roten Einzelbuchstaben daran, dass es sich bei dem Abgebildeten nicht um ein asiatisches Silver-Ager-Modell handelte, sondern um Staatsgründer Kim Il-sung. *Pyongyang* kündete es vom Dach herab. Die englische Schreibweise von Nordkoreas Hauptstadt.

Die zweigeschossige Fensterfassade unter dem Schriftzug sollte dem kantigen Sechzigerjahrebau wohl Imposanz verleihen. Er erinnerte jedoch eher an eine Dreifelderhalle für Betriebssportgruppen in Bitterfeld als an das Empfangsgebäude des Hauptstadtflughafens eines Vierundzwanzig-Millionen-Volkes. Zusätzlich schmälerte der angrenzende Turm den Repräsentationsanspruch. Halb eingerüstet und notdürftig verhängt, ragten staubige Mauerstümpfe in den grauen Himmel. Daneben funkelte ein Flachbau. Seine blau schimmernde Glasfassade trat in der Mitte spitzwinklig hervor. Darüber liefen Dachelemente schräg zusammen. Autohäuser in Kreisstädten sehen so aus. Autohäuser in Bitterfeld.

Ich nahm die Stirn vom Fenster.

Eine Flugbegleiterin hieß uns in der Demokratischen Volksrepublik Korea willkommen und gebot, noch so lange angeschnallt sitzen zu bleiben, bis das Flugzeug seine endgültige Parkposition ... Ich verstand kein Wort der chinesischen Ansage. Aber ich schloss aus, dass sich die Stewardess – wie es das Personal beim Zwischenstopp in Abu Dhabi getan hatte – für den guten Flug bei Allah bedankte. Das mit der Parkposition sagen sie ja immer. Und das mit dem angeschnallt Sitzenbleiben auch. Und jedes Mal hält sich keiner daran. Bis es endgültig stand, rührte sich in unserem Flugzeug niemand.

Schließlich schnappten die Gurte, klappten die Handgepäckfächer. Jemand lachte auf. Keiner schaltete sein Handy ein. Meines lag in Berlin auf dem Schreibtisch. Handys waren hier verboten. Zollbeamte nahmen am Flughafen jedem Einreisenden das Handy ab, hieß es. Sandras Kommentar dazu: »Das sollen sie mal versuchen!«

Jetzt standen alle. Halb im Gang, halb über Sitzlehnen gebeugt. Wir saßen. Sandra links vom Gang, ich rechts. Aus der vierten Reihe konnten wir das Kabinenpersonal beobachten, und das machte keine Anstalten, die Flugzeugtür zu öffnen. Ich schaute auf meine Uhr. Graues Plastik, Digitalanzeige, wasserdicht. Was schon deshalb praktisch war, weil man unter ihrem Gummiarmband ständig schwitzte. Wir waren jetzt seit sechsundsechzig Stunden auf den Beinen. Ich begann die Zeit umzustellen. Nordkorea ist der deutschen Sommerzeit sieben Stunden voraus, der Unterschied zwischen Peking und Pjöngjang beträgt eine Stunde. Da ich nicht wusste, wie man es hier mit der Sommerzeit hielt, ließ ich es wieder bleiben. Vielleicht herrschte in Nordkorea ewiger Winter. Eine andere Zeitrechnung gilt in jedem Fall. Die Jahreszählung beginnt in Nordkorea offiziell nicht mit der Geburt Christi wie bei uns, sondern im Jahre 1912. Mit der Geburt Kim Il-sungs.

Nach einer Weile merkte ich, dass meine Finger gleichmäßig über meine Uhr glitten. Ich streichelte sie. Sie war das Abschiedsgeschenk Isabels. Wir hatten sie am Abend vor dem Abflug gemeinsam in einem Drogerie-Discount ausgesucht. Andere Paare mochten an Abschiedsabenden schön essen gehen. Wir gingen Hand in Hand durch neonlichterhellte Regalreihen. Links die Schaumfestiger, rechts Tampons und Binden.

Meine Zwölf-Euro-neunundneunzig-Uhr wartete neben Stoppuhr und Countdown mit einer Weckfunktion auf. Deshalb hatte ich sie mir ausgesucht. Vom Handy wecken lassen ging ja nicht. Und das graue Wunderwerk konnte die Herzfrequenz messen!

Der Mann mit den Eisaugen

Unserer Maschine näherte sich eine himmelblaue Gangway. Gleich darauf traten wir hinaus in den nordkoreanischen Nachmittag. Der Wind war weich, die Luft warm, der Himmel grau. Es roch nach Frühling.

Ich legte den Zeigefinger auf die Messtaste meiner Uhr, hielt ihn die Stufen der Gangway hinab gedrückt. Als ich den Boden betrat, piepte es. Meine Uhr. Puls: 121. Genau wie unsere Flugnummer.

An der niedrigen Decke in dem spiegelverkleideten Flachbau flimmerten nur wenige Leuchtstoffröhren. Er schien nur aus einem langen Raum zu bestehen. Mannshohe Holzwände, jeweils etwa einen Meter breit, trennten drei Viertel des Raumes der Länge nach ab. Hier hielten sich alle ankommenden Passagiere auf. Abfliegende sah man nicht. Wenn eine Maschine startete, würden sie es wohl umgekehrt arrangieren.

Olivgrüne Uniformen in jeder Ecke. Links vorne zwei Schalter des Zolls, davor ein Durchleuchtungsgerät mit dem Gepäckrolltisch. Gegenüber ein einziges Gepäckband.

Die Businessmenschen bildeten Gruppen. Fünf Westler und zweimal drei Asiaten. Touristen standen meist pärchenweise herum. Nur ein Tourist reiste anscheinend allein. Ein hünenhafter Mann, der Militärhosen trug und eine wüstensandfarbene Weste mit unzähligen Taschen, die über seinem Bauch spannte. Umherirrend rief er: »Yanggakdo? Fährt wer zum Yanggakdo Internäschenel? Irgendjemand? Yanggakdo?«

Alle fuhren zum *Yanggakdo International*. Dem Hotel für Ausländer.

Eine weißhaarige dicke Engländerin, grüne Windjacke, Gürteltasche, redete auf ihn ein. Er verstand sie nicht. Sie wusste sich zu helfen: »Are there any Germans here?«

Antwort gab eine schlanke Enddreißigerin mit roten Rastazöpfchen. »I'm Austrian. I speak German.«

»Oh Sweetheart, would you help him?«

Wie sich herausstellte, gehörte die Mehrheit der Touristen am Flughafen zu ein und derselben Reisegruppe. Sieben Tage Rundreise durch Nordkorea. Sandra und ich sahen uns an. Sie schloss kurz die Augen.

»Ja«, sagte ich. »Gott sei Dank!«

»Eine Reisegruppe hätten wir im Leben nicht ausgehalten.«

»Wir müssen ja schon uns aushalten.«

Ganz am Ende des Gebäudes, wo es nach draußen ging, warteten, jeweils zu zweit, Nordkoreaner in dunklen Anzügen. Meist Herren. Die wenigen Damen trugen schwarze Kostüme, der Rocksaum endete knapp unter dem Knie. Die Reiseleiter. Je zwei betreuten eine Gruppe. Und wie ich sie da hinten stehen sah, wurde mir klar, dass wir in puncto Überwachung gegenüber einer Gruppenreise eindeutig im Nachteil waren. Uns konnte je ein Reiseleiter im Blick behalten. In einer Gruppe würden sie definitiv schneller den Überblick verlieren.

Wer uns zugeteilt war, ließ sich von unserem Standpunkt nicht ausmachen. Sie würden uns schon finden.

Während wir auf unsere Koffer warteten, musterte ich

die Zöllner. Wie in allen Ländern waren ihre Gesichter ausdruckslos, der Mund ein Strich, die Pupillen jagten hin und her.

Ich dachte an Sandras iPhone und versuchte zu ergründen, wie wohlgesonnen sie sich gegenüber einer Smartphone-Besitzerin zeigen würden, die ihr Telefon behalten will. Bestenfalls schickten sie uns zurück.

Plötzlich Sandras Stimme hinter mir.

»Oh no, I'm not Korean, I'm Vietnamese.«

»Vietnamese, really?« Die Engländerin entschuldigte sich. Sandra sagte etwas von »vacation« – Urlaub – und wie verrückt es sei, hier zu sein. Vielleicht sähe man sich.

»Was war?«, fragte ich.

»Die hat mich für 'ne Reiseleiterin gehalten.« Sandra schüttelte den Kopf samt ihren langen schwarzen Haaren und nickte Richtung Ausgang. »Ich seh gar nicht so aus wie die.«

»Stimmt, die tragen alle keine Lederjacken.«

»Im Gesicht, Hase, im Gesicht.«

Bevor ich meinen Einwand formulieren konnte, fuhr sie auf: »Nee, Hase, wirklich nicht.« Ihre Mandelaugen blitzten vor Empörung.

Bald ruckelten Sandras Tasche und mein Koffer heran. Kaum hatten wir sie vom Gepäckband genommen, winkte uns einer der Uniformierten heran. Sein Gesicht überzog ein Netz aus Fältchen, seine Augen hatten die Farbe alter Gletscher.

Er deutete auf den Durchleuchtungskasten. Eine Hitzewelle durchfuhr mich. Ich deutete von meinen Koffer auf den Kasten und zurück, um mich zu vergewissern, ob er das ernst meinte. Er schoss mehrere Worte Koreanisch auf mich ab.

Ich wuchtete meinen Samsonite auf das Transportband. Der Offizier wandte seine Eisaugen in Richtung Kontrollmonitor, an dem eine kleine Beamtin Dienst tat. Lippenstift und Rouge verliehen ihrem Gesicht einen Charme, wie ihn Mädchen auf Winterbildern naiver Maler ausstrahlen. Ein Pelzkragenmäntelchen statt der Uniform – und ich hätte Appetit auf Bratäpfel bekommen.

Der Offizier kniff die Augen zusammen, seine Fältchen vermehrten sich. Er knurrte. Die pausbäckige Beamtin senkte ihren Kopf, nickte zweimal schnell.

Der Röntgenapparat schluckte meinen Hartschalenkoffer und Sandras Reisetasche. Schweiß trat mir auf die Stirn, die Brille rutschte. Das letzte Mal hatte ich mich so gefühlt, als ich vor einer Wandkarte stand und Nordkorea finden sollte. Das war mir inzwischen gelungen.

Würde ihre Suche auch erfolgreich enden?

Wir hatten lange überlegt, womit wir, wenn es darauf ankam, Einheimischen eine Freude machen konnten. Dabei wollten wir nicht wie Seefahrer mit Glasperlen und Spiegeln daherkommen. Außerdem sollte es nicht gleich als Geschenk offensichtlich sein, sondern aussehen, als wäre es zum Eigenbedarf bestimmt.

Dass sie uns schon im Transitbereich auf die Schliche kommen würden, hatte nicht mal ich erwartet. Streng genommen waren wir noch gar nicht im Land.

Auf beide Gepäckstücke hatten wir ein halbes Kilo Schokolade in Zwanzig-Gramm-Täfelchen verteilt. Auf dem Papier jedes Täfelchens standen Sprichworte. Zum Beispiel: »Hochmut kommt vor dem Fall.«

Erster Vorwurf: Bestechung in Tateinheit mit Verbreitung von Hetzparolen.

Außerdem hatte Sandra in Peking und Abu Dhabi sämtliche kostenlosen Hochglanzmagazine eingesteckt. Zweiter Vorwurf: Einfuhr feindlichen Propagandamaterials. Schon ein ausländischer Reiseführer über das Land wurde angeblich als feindlich eingestuft.

In meinem Koffer würden sie zudem die Umrisse eines

Porsches entdecken. Ich wollte den Spielzeugsportwagen in Pjöngjang fotografieren – für die Facebook-Seite meines letzten Buches. In dessen Schlusskapitel tanzen Sandra und ich nackt um einen Porsche. Von meinem Fotovorhaben wusste Sandra nichts. Dritter offizieller Vorwurf: Einfuhr kleiner roter Autos.

Vierter Vorwurf, inoffiziell: »Hase, echt ey!«

Ich ärgerte mich bereits über das Triumphgefühl Sandras, wenn sie statt ihrer mich verhaften würden. Obwohl ich mein Telefon zu Hause gelassen hatte.

Das Gesichtsrund der Kontrollbeamtin am Monitor blieb ohne Reaktion. Entweder war das Gerät nur eine Attrappe wie manche Rakete bei nordkoreanischen Militärparaden oder sie suchten nach Gefährlicherem als Schokolade, Illustrierten und Spielzeugautos. Handys zum Beispiel.

Der Faltenuniformierte deutete auf Sandras Kreuzchen im Einreiseformular bei *hand phone, cell phone and other communication means.*

Sandra schüttelte den Kopf.

Der Uniformierte blickte ihr in die Augen. Stieß ein Wort aus. Kein schönes.

Ich bot ihm zur Ablenkung mein Netbook an. Von dem Kleincomputer hatte ich alle verräterischen Dateien durch dreifaches Überschreiben gelöscht. Offiziell führte ich das Gerät mit, um darauf meine Urlaubsbilder vor Ort bearbeiten zu können, für das Fotoalbum daheim.

Er sah mich nicht einmal an.

Vielleicht sollte ich an dieser Stelle schon mal verraten, dass wir den Flughafen nie wiedersahen.

»Jetzt gib's ihm«, presste ich hervor. Sandra nahm mich beim Wort. Allein dafür, wie sie dem Faltenmann ihr Handy in die Hand klatschte, hätte man uns einsperren können.

Mein Puls überholte sich selbst.

Beim Durchschreiten des Metalldetektors piepte nichts.

Am Zollschalter hämmerte ein Uniformierter Stempel in unsere beiden Pässe – und behielt sie. Jetzt hatten sie schon drei Dinge von uns. Immerhin durften wir den Transitbereich verlassen. Endlich waren wir ganz offiziell in dem Land, das zwei Wochen zuvor seinen letzten Atomtest absolviert hatte.

Wir hatten kaum durchgeatmet, da kamen zwei Männer auf uns zu.

»Frau Schafer, Herr Esert?«

In ihren schwarzen Anzügen standen sie lächelnd vor uns. Am Revers ein Abzeichen. Es zeigte die beiden ewigen Landesführer: Kim Il-sung und Kim Jong-il, vor roter Fahne. Beide mit Zahnpastalächeln.

Nordkorea war bis 2011 das einzige Land der Welt, das offiziell ein Toter führt. Landesvater Kim Il-sung war nach seinem Tod 1994 zum »Ewigen Präsidenten« ernannt worden. Sein Sohn Kim Jong-il übernahm nach einer – entsprechend dem konfuzianischen Ritus – dreijährigen Trauerzeit die Staatsgeschäfte. Als Kim Jong-il Ende 2011 starb, erhielt er kurz darauf den Titel »Ewiger Generalsekretär der Arbeiterpartei Koreas und ewiger Vorsitzender des Nationalen Verteidigungsrates«. So wurde Nordkorea das einzige Land der Welt, das offiziell von zwei Toten geführt wird.

Da diese ihr Amt naturgemäß nur passiv ausüben können, kümmert sich seit dem 29. Dezember 2011 ein Kim in dritter Generation um die Staatsgeschäfte: Kim Jong-ils jüngster Sohn Kim Jong-un. Er wurde am 8. Januar 1983 oder 1984 geboren. Damit es eine bessere Übereinstimmung zum 1911 gezeugten und 1912 geborenen Groß- und Landesvater Kim Il-sung gibt, legte man Kim Jong-uns Geburtsjahr auf 1982 fest. So wurde er im hundertsten Geburtsjahr des verehrten Staatsgründers, in welchem dem Land eine neue Blüte prophezeit wurde, offiziell dreißig Jahre alt. Zunächst ernannte man Kim Jong-un zum Obersten Befehlshaber der Volksarmee, wenige Monate später zum Marschall und außerdem zum Ersten Sekretär der Arbeiterpartei Koreas. Inzwischen lässt er sich selbst »Großer Führer« nennen, was sich sein Vater zu Lebzeiten nie getraut hatte. Um für die verantwortungsvolle Leitung einer Diktatur gerüstet zu sein, genoss Kim Jong-un eine mehrjährige Schulausbildung im schweizerischen Bern.

Der Blick unserer Reiseleiter wanderte von unseren Gesichtern zu den Fotokopien in ihren Händen und zurück. Wie es schien, wiesen wir genug Ähnlichkeit mit den Passbildern in den Visaanträgen auf. »Herzlich willkommen in unserem Korea«, strahlte uns der größere der beiden an. Bis auf die Schwierigkeiten bei der Aussprache von Ä und Ei schien er gut Deutsch gelernt zu haben an der Kim-Il-sung-Universität.

»Das sind ja Kinder«, murmelte Sandra. Unsere Reiseleiter wirkten kaum älter als siebzehn. Der, der uns angesprochen hatte, war hoch aufgeschossen. Seine schwarzen Haare fielen ihm als Pony in die Stirn. Die vollen Lippen verbargen schiefe Schneidezähne. Zum schwarzen Anzug trug er ein hellblaues Hemd, der Schlips war schwarz.

Der andere war deutlich kleiner und stämmiger. Auf seinem streng gescheitelten Haar lag ein Glanz von Gel. Die Stirn stand steil. Schwarze Striche die Augen, weit darüber thronten daumendicke Brauen. Auch sein Hemd war hellblau, hatte aber im Unterschied zu dem seines Kollegen einen modischeren Button-Down-Kragen, seine Krawatte glänzte silbern.

»Hallo, guten Tag.« Sandra streckte die Hand aus, ich tat es ihr gleich. Zum ersten Mal in unserem Leben berührten wir Nordkoreaner. Sie fühlten sich warm an.

»Hatten Sie einen angenehmen Flug gehabt?« Eine auswendig gelernte Phrase. Der Kleine griff nach Sandras Reisetasche.

Wir äußerten uns zufrieden über die Anreise.

»Mein Name ist Herr Chung«, sagte der Lange.

»Und ich heiße Herr Rym«, sagte der Kleine.

»Und die haben mir mein Handy weggenommen«, sagte Sandra.

»Oh, machen Sie sich keine Sorgen«, der Lange war wohl der Chef, »die Beamten werden es für Sie aufbewahren. Und Ihre Pässe bewahren wir für Sie auf. Wenn Sie wieder in Ihre Heimat fliegen, bekommen Sie alles zurücküberreicht.«

»Schön«, erwiderte Sandra, »aber wir fliegen gar nicht in unsere Heimat zurück.«

Das Strahlen unserer Reiseleiter erlosch.

Um ein bisschen mehr vom Land zu sehen, hatten wir für die Rückreise von Pjöngjang nach Peking eine Fahrt mit der Bahn gebucht. Deshalb war es ein Problem, wenn man das Handy am Flughafen aufbewahrte. Das sah der lange Herr Chung ein. Er versprach, sich darum zu kümmern. Der Wortwechsel zwischen ihm und dem Fältchenoffizier erinnerte an Maschinengewehrsalven. Der kleine Herr Rym schlug derweil heiter vor: »Warum gehen wir nicht hinaus in den schönen Sonnenschein?«

Wir gehorchten. Obwohl die Sonne gar nicht schien.

Draußen standen mehrere moderne Kleinbusse aufgereiht, einer blitzender als der andere. Alle vom selben Typ, grau mit chromglänzendem Kühlergrill. Ein vollkommen fremdes Fabrikat und eine beglückende Herausforderung für einen Autoliebhaber. Wir steuerten auf einen Bus ohne Scheibenwischerblätter zu. Nackte Metallbügel pressten sich ans Glas. Ein Hutzelmann – grauer Anzug, kurze Arme, kurze Beine – wedelte das letzte Stäubchen vom Wagen. Er war der älteste Nordkoreaner, den wir bisher gesehen hatten.

»Wir werden hier warten, bis Herr Chung kommt«, lachte Herr Rym. Unter seinem Frohsinn lauerte etwas, das sich nicht einordnen ließ. Er sah auf mein Handgelenk. »Wollen Sie unsere Zeit wissen?«

»Es müsste eine Stunde später sein als in Peking, oder?« Herr Rym schaute auf seine Uhr. Sehr kurz. Ich konnte gerade die Farbe des Lederarmbandes erkennen. »Es ist jetzt sechzehn Uhr vierzig.«

Laut meiner Digitalanzeige war es in Peking sechzehn Uhr. Mein graues Wunderwerk würde doch nicht schon nach drei Tagen kaputt sein? Ich stellte sechzehn Uhr vierzig ein – Kim Il-sung-Zeit.

Ringsum kletterten Menschen in kleine Busse, nur die Rundreisegruppe bestieg einen großen. Herr Chung stieß zu uns. »Frau Schafer, es wird gleich entschieden sein über Ihr Telefon.« So beschwingt, wie er diese Nachricht überbrachte, klang es hoffnungsfroh. Überhaupt war er der Sympathischere von beiden. Bei ihm lachten auch die Augen.

Seit ihrer letzten Zigarette waren mehr als vier Stunden vergangen, und so lautete die naheliegende Frage meiner Begleiterin: »Darf man hier rauchen?«

»Bei uns dürfen Sie überall rauchen.« In Herrn Ryms Stimme schwang Stolz. Anscheinend wusste er, wie brutal westliche Demokratien die Freiheitsrechte von Rauchern unterdrücken.

»Ich liebe dieses Land«, jubelte Sandra. Und alle zuckten ein wenig zusammen. Schnell schwächte sie ab: »... für seinen Umgang mit Rauchern. Alles andere muss ich ja erst kennenlernen.« Sandra reichte ihre Marlboro-Schachtel herum, im Gegenzug hielt Herr Chung ihr eine goldene Zigarettenpackung hin. Sie lehnte mit »Später vielleicht!« freundlich ab. Daraufhin beschlossen unsere Reiseleiter, sich aus ihrer eigenen Schachtel zu bedienen. Galant gab Herr Chung Feuer.

Die drei pafften. Nickten sich zu. Fehlte nur noch, dass sie sich mit gekreuzten Beinen im Kreis niederließen.

Ich stand nichtrauchend dabei wie der Feuerwasserhändler, der keinen Frieden will.
»Nicht wundern«, Sandras Zigarette wies auf mich, »er ist ein bisschen seltsam. Er raucht nicht, trinkt keinen Alkohol und mag keinen Kaffee.«
Herr Chung sah mich mit großen Augen an: »Sie trinken keinen Kaffee?«
»Nein.«
Herr Chung grinste: »Sind Sie überhaupt Deutscher?«
Der kleine Hutzelmann ließ beinahe den Lappen fallen, so laut lachten wir.

Die Sonne brach zwischen den Wolkenbergen hervor und überzog den Asphalt vor dem Flughafen Pjöngjang-Sunan mit goldenem Schimmer. Um das frisch gewachsene Vertrauen zu vertiefen, sagte Sandra: »Bei uns in Deutschland duzt man sich, wenn man zusammen verreist. Also ... ich bin die Thanh.«
Mein Herz blieb stehen.

Die kleine Mumie

Liebe Mama ... die Miete geht vom Konto bei der Deutschen Bank ab. April und Mai sind bezahlt. Von Constantin Entertainment und der Bonito (Schmidt) kommen noch Honorare. Kündigen müsstest du das ZEIT-Abo, den ADAC und die ganzen Versicherungen. Die Unterlagen für meine Sterbeversicherung liegen in meinem Schreibtisch links, zweite Schublade, ... aber ich hoffe, du wirst diese Zeilen nie lesen müssen.«

Meine Nachlassregelung hatte ich einige Tage vor unserem Abflug in einem Briefumschlag meiner Mutter übergeben.

Wenn der eigene Kontostand und die politische Lage es zulassen und die nordkoreanischen Visabeamten guter Laune sind, gibt es nur eine Hürde, die eine Reise ins Reich der Kims verhindert: Man darf kein Journalist sein.

2009 waren zwei amerikanische Journalistinnen zu zwölf Jahren Arbeitslager verurteilt worden. Sie hatten auf dem zugefrorenen Fluss Tumen angeblich illegal von China aus die Grenze zu Nordkorea übertreten. Erst als Ex-US-Präsident Bill Clinton nach Pjöngjang reiste, kamen sie frei.

Gut drei Monate vor unserer Reise war ein renommierter Journalistenpreis verliehen worden. Eine Bilderserie über Kräuter der Provence und den Einsatz von Pestiziden bei deren Anbau in Bulgarien. Wer in der Google-Bildersuche *Thanh Hoang* eingibt, findet ziemlich bald das Foto von der

Preisverleihung für die beste Bildreportage: »Kräuter der Provence – das würzige Gift«. Wer *Sandra Schäfer* sucht, findet Tausende davon. Thanh dreht auch regelmäßig Dokumentarfilme.

Auf dem Parkplatz des Pjöngjanger Flughafens wurde meine Begleiterin im selben Augenblick gewahr, dass sie einen Fehler gemacht hatte, in dem mein Herz aussetzte. Dann fingen sich Herz und sie wieder.

»... ich bin die Thanh..., hm, ...ndra.«

Herr Chung schaute sie verwundert an: »Tantra?«

Ich drehte mich weg, die Anspannung drohte in Lachen zu explodieren. Thanh wiederholte korrekt ihren falschen Namen und sagte schnell meinen Vornamen hinterher.

»Und wie sollen wir euch nennen?«

»Das ist Herr Chung«, sagte Herr Rym.

»Und das ist Herr Rym«, sagte Herr Chung.

Ich beschloss, meine Begleiterin laut einfach gar nicht mehr namentlich anzureden. Ein zweites Mal würde ein Versprecher kaum versanden. Im Stillen nannte ich sie wieder Thanh. Wahrheit braucht ihr Eckchen.

»Was ist denn jetzt mit meinem Telefon?« In dem waren die Kontaktdaten von rund fünfhundert Journalistenkollegen gespeichert. Und Hunderte E-Mails. Sie hatte sich geweigert, den Speicher zu löschen. »Ist ja mit 'nem PIN-Code gesichert.«

Herr Chung straffte die Schultern und begab sich zurück in die Flachbauhöhle zu dem Faltenlöwen.

Thanh bemühte sich um Konversation. Sie deutete auf den kariösen Turm neben dem Terminal mit dem Kim-Bild auf dem Dach. »Wird das gerade gebaut oder abgerissen?«

»Ja, darin gibt es ein Café und einen Buchshop und andere Einkaufsshops«, entgegnete Herr Rym.

Herr Rym hätte einfach sagen können, dass die weise Führung den Bau eines neuen Terminals beschlossen hatte und dafür das Alte aus dem Weg musste.

Thanh ließ sich nicht entmutigen und wechselte das Thema: »Ab welchem Alter darf man hier den Führerschein machen?«

Herr Rym sah sie verständnislos an. Ich ließ die Pupillen kreisen. Es gab keine Privatautos in Nordkorea. Das hatte ich ihr schon in Berlin gesagt. Herr Rym bemerkte unsere stumme Auseinandersetzung nicht. Er grübelte, was Thanh wohl mit »Führer-Schein« meinte. Möglicherweise bezog sie sich ja auf die politischen Aufstiegsmöglichkeiten.

Und so lautete seine Antwort: »Jeder kann bei uns.«

Wasser auf Thanhs Mühlen. »Siehste, hier kann jeder Auto fahren«, blitzte sie mich an. Nun war Herr Rym vollkommen durcheinander. »Auto fahren – nein.«

Thanh blieb dran: »Ich meine, wie alt muss man sein, wenn man ein Auto fahren will?«

»Wollen Sie Auto fahren?«

Thanh war begeistert: »Klar, wenn ich darf!«

»Es ist nicht nötig. Wir haben einen Fahrer.« Herr Rym lächelte.

Bevor Thanh fragen konnte, wo sie in Pjöngjang einen Wagen mieten könne, tauchte Herr Chung wieder auf. Mit einem weißen Päckchen in der Hand.

Der Flughafen Pjöngjang-Sunan liegt rund dreißig Kilometer nordwestlich vom Zentrum der Hauptstadt entfernt. Wir rauschten über eine Betonpiste Richtung Stadt. Auf dem Beifahrersitz saß Herr Chung. Den rechten Arm lässig im offenen Fenster aufgestellt, trommelten seine Finger gegen den Dachholm. Normalerweise hätte ich wegen der Zugluft protestiert, aber es war nordkoreanischer Wind.

Auf der Bank hinter uns hockte Herr Rym. Auf der Mittelbank schaukelten Thanh und ich.

Ich saß direkt am Fenster, während Thanh auf ihrer Seite von einem Notsitz zwischen Bank und Schiebetür, der für den bequemeren Einstieg hochgeklappt war, auf Abstand gehalten wurde. Entsprechend sah sie am wenigsten, wirkte aber glücklich. Ihre Finger umschlossen das weiße Päckchen. Darin ihr iPhone samt fünfhundert Medienkollegen. In einem Briefumschlag. Fest eingewickelt in durchsichtiges Klebeband. Eine kleine Mumie voller roter Stempel.

Unter dem heiligen Versprechen, das Päckchen erst wieder in China zu öffnen, hatte es ihr Herr Chung feierlich überreicht. Mir schwante, dass diese Anweisung für Thanh nur Ansporn war, baldmöglichst dagegen zu verstoßen.

Die Straße, eine Autobahn eher, wirkte noch breiter, als sie war, weil außer uns niemand darauf fuhr. Abgesehen von einigen Radfahrern. Ab und zu überholten wir Fußgänger. Die linke Seite des Betonbands säumten, erhöht und etwas zurückgesetzt, Wohnblöcke. Graubraun. Manche bewohnt, andere ohne Scheiben in den Fenstern. Bei genauem Hinsehen entpuppten sich diese Hausgerippe als Baustellen. Hölzerne Gerüste klammerten sich an die Außenwände. Nirgends Kräne. Nur zweimal ein Flaschenzug.

Auf einmal brach die Häuserreihe ab, und der Blick verlor sich in braunem Land. Dann rechts zartes Kronengrün an spirilligen Stämmen. Es begleitete uns über Kilometer. Dahinter wie versteckt Wohnhäuser. Sechs Stockwerke hoch, die Fassade immer schmucklos, mal blassgrün, mal blassrosa. Keine Bruchbuden, keine Paläste. Und in dem Wäldchen davor: Ackerfurchen. Manchmal bildeten sie ein kleines Feld im Schatten der grünen Kronen, dann wieder durchzogen sie einfach die Baumreihen, ohne an Linientreue zu verlieren. Regelmäßig leuchteten auf den Erdwällen Blumen.

Mein Hirn versuchte unablässig das, was da vor der Fensterscheibe ablief, mit den Vorstellungen von diesem Land und Erinnerungen an andere Länder abzugleichen. Nichts passte aufeinander. Trotz all des Schurkenstaatgetöses in den Medien daheim und der um Sachlichkeit bemühten

Vorbereitung war dieses Land ein unbeschriebenes Blatt, auf das sich nun die erste Zeile schob, wie Schreibmaschinenanschläge.

Ich wandte mich zu Herrn Rym um: »Sind das zwischen den Bäumen Ackerflächen oder Blumenbeete?«

»Sehr schön, nicht wahr?«

Gekonnt zirkelte der Fahrer, der zunächst einen so hutzelhaften Eindruck gemacht hatte, um die Schlaglöcher im Beton. Herr Chung drehte sich zu uns um: »So. Wir hatten leider vor kurzer Zeit schlimme Ungewitter gehabt. Aber unser Fahrer ist früher bei unserer Volksarmee gefahren. Er fährt sehr sicher.«

Wir lobten ihn. Er hieß Herr Pak. Und war zweiundsechzig.

Herr Chung drehte sich zurück.

»Sagt mal«, rief Thanh, »ihr seht so wahnsinnig jung aus. Wie alt seid ihr eigentlich?«

Herr Chung drehte sich wieder zu uns.

»Ich bin siebenundzwanzig Jahre alt.«

»Und du?« Thanh drehte sich zu Herrn Rym um.

»Ich bin dreiundzwanzig Jahre alt.«

»Ihr könntet meine Söhne sein!«

»Wie hoch ist Ihr Alter?«, fragte Herr Chung.

»Na, das steht doch in euren Unterlagen«, sagte Thanh.

Herr Chung drehte sich zurück zu seinen Unterlagen – wenn die Dreherei die nächsten Tage so weiterging, würden wir alle einen Wirbelsäulenschaden erleiden.

Herr Chung rechnete. Dann platzte er heraus: »So alt?!«

»Wie alt?«, kam es von hinten. Herr Chung nannte die Siebenundvierzig in Landessprache. Herr Rym entfuhr ein koreanisches »Nee, oder?!« Alle fanden, dass ich älter aussah als Thanh. Ich war Mitte dreißig.

Unsere Fahrt über die Autobahn endete an einem Metallzaun in Olivgrün. In dessen Mitte prangte ein roter Stern mit fünf Zacken und einem Metallring drum herum. Bewacht wurde der Zaun von einem düster dreinblickenden jungen Mann in olivgrüner Uniform. Hinter seiner Schulter ragte ein Gewehrlauf auf. Sein Stahlhelm war zu groß.

Herr Chung kramte aus der Innentasche seines Jacketts ein Mäppchen, entnahm diesem ein zusammengefaltetes Blatt Papier und reichte es durchs Busfenster. Der Soldat nahm es entgegen, schaute aber nicht drauf. Stattdessen beäugte er uns. Besonders Thanh schien ihm nicht geheuer. Ich hatte sie schon entspannter lächeln sehen. Im Augenwinkel bemerkte ich, wie die kleine Mumie zwischen ihren Jeansschenkeln verschwand. Hinter uns atmete Herr Rym angestrengt durch die Nase.

Unser Soldat gab das Papier, ohne uns aus den Augen zu lassen, einem zweiten Soldaten. Der las. Seine Lippen formten still kleine Ohs und Ahs.

Das Papier zitterte im Wind. Wir im Wagen.

Dann wanderte das Papier zurück zu unserem Wachsoldaten, zu Herrn Chung, ins Mäppchen und wieder in die Jacketttasche.

Ein Befehl wurde gebrüllt. Unser Soldat schob den Zaun, der auf kleinen Rädern stand, ratternd beiseite. Herr Pak gab Gas.

Herr Chung drehte sich zu uns um: »So, als Erstes besichtigen wir den Triumphbogen am Kim-Il-sung-Stadion.«

»Och, nee!«, entfuhr es Thanh. Ich legte ihr eine Hand aufs Knie und erklärte Herrn Chung: »Wir hatten nicht damit gerechnet, dass wir die schönsten Sehenswürdigkeiten schon am Anfang besuchen. Wir dachten, wir fangen mit den ... ähm ... weniger spektakulären an.«

Kein Mensch verstand, was ich damit sagen wollte. Zumindest lenkte ich von Thanh ab.

»Können wir nicht erst ins Hotel?« Thanh schüttelte meine Hand ab.

»Der Triumphbogen liegt direkt an unserem Wegesrand.« Wenn Herr Rym sprach, spürte man seinen Atem im Nacken. »Es ist kein Umweg und sehr schön.«

Wir schwiegen. Auf der Straße war es voller geworden, und immer wieder überholten wir olivgrüne Lastwagen mit langer Motorhaube, auf deren Pritschen Säcke oder Menschen schaukelten. Die Säcke weiß und prall, die Menschen olivgrün oder braun. Die meisten trugen Arbeitskleidung, ein paar Uniform, die Frauen oft Kopftücher. In den wettergegerbten Gesichtern lag tiefe Müdigkeit.

Am Horizont tauchten weiße Plattenbauten auf. Und direkt vor uns ein olivgrüner Zaun mit einem roten Stern in der Mitte. Herr Chung griff in sein Jackett. Unsere Papiere wurden ein zweites Mal überprüft.

Die Lastwagen hatten einige hundert Meter zuvor die Autobahn verlassen müssen. Jetzt sahen wir sie auf einem Parallelweg stehen. Militärposten kontrollierten jeden einzelnen mit Unterbodenspiegeln.

Japanische Gangster

Hunderte Menschen waren unterwegs auf Pjöngjangs breiten Bürgersteigen. »Und alle in Gummistiefeln«, sagte Thanh.
»Immerhin«, flüsterte ich, ohne daran zu denken, dass Flüstern verdächtig war, »es macht farbenfrohe Füße.« Im Geiste hörte ich Herrn Rym sagen: »Sehr schön, nicht wahr?!« Wir kamen auf sieben Gummistiefelfarben: Olivgrün (eine Farbe, die hier sehr verbreitet war), Schwarz, Weiß, Gelb, Grün, Pink und Lila.

Die Menschen stiefelten stoisch, Aktentaschen in der Hand oder volle Rucksäcke auf dem Rücken. Modisch herrschte Vielfalt: Anoraks, Anzüge, dunkle Röcke, Dreiviertel-Mäntel, Kunstlederjacken. Fast wie bei uns. Nur dass auf unseren Gehwegen nicht Tausende neben leeren Fahrbahnen herlaufen.

Bei den wenigen Fahrzeugen in den Straßen handelte es sich um Lastkraftwagen, Kleinbusse und Geländewagen. Und dunkle Limousinen. »Guck mal, 'n Mercedes!« Thanh deutete auf eine S-Klasse der vorletzten Generation.

»Da auch«, deutete ich auf ein metallicgrünes Modell aus den späten Siebzigerjahren. In Suaheli heißen Politiker *wabenzi* – Männer im Mercedes-Benz. Klein- oder Kompaktwagen vom Format eines Corsa oder Golf, wie sie normalerweise die breite Masse besitzt, fehlten im Straßenbild Pjöngjangs.

Ununterbrochen flankierten unseren Weg rosa und grün getünchte Fünfgeschosser. Brach die Fassadenfront einmal ab, dann versperrten Mauern den Blick.

»Man kann nicht hinter die Fassade schauen.«

Thanh sah mich an: »Sehr kluge Feststellung. Willste das gleich aufschreiben, Hase?«

In Berlin hätte ich ihr jetzt die Zunge herausgestreckt. Aber dort saß auch kein Herr Rym hinter uns. Ich beschränkte mich auf eine Grimasse.

»Gefällt Ihnen unsere Hauptstadt gut?« Herr Ryms Atem ging auf meinen Nacken nieder.

»Sehr viele neue Häuser!«, rief Thanh über die Schulter. Seit ich sie kenne, ist sie dreimal umgezogen. Von Mitte nach Prenzlauer Berg, nach Kreuzberg, nach Friedrichshain – immer Altbau. Ich wohne im dreizehnten Stock eines Plattenbaus in Berlin-Mitte.

»Ja, der Große Führer Marschall Kim Il-sung ließ sehr viele Wohnungen für unser Volk errichten.«

»Aber man sieht gar keine Altbauten.«

»Ja, alles neu.«

»Gibt es hier denn keine alten Häuser?«

»Früher einmal. Aber jetzt ist alles neu und schön.«

»Du darfst nicht vergessen«, schaltete ich mich ein, »dass Fjöngjang von den Amerikanern völlig zerstört wurde.«

»Spricht man es eigentlich Pjöngjang oder Fjöngjang aus?« Thanh ignorierte meinen Hinweis auf den Koreakrieg, in dem die amerikanische Luftwaffe aus nordkoreanischen Städten Geröllwüsten gemacht hatte.

»Ja, Pjöngjang.« Herr Rym strahlte.

»Siehste!«, freute sich auch Thanh.

»Wir haben in der Schule gelernt, dass es sich mit Pe ha schreibt. Also Fff ...«

»Ihr habt in eurer Schule auch gelernt, dass Kommunismus gut ist.«
Ich starrte sie an.
»Du siehst ja«, ich sprach betont langsam und deutete nach draußen, »wohin das führt.«
»Lauter neue Häuser«, antwortete Thanh.
Herr Rym atmete zufrieden in unseren Nacken.

»Dürfen wir Fotos machen?«
»Bitte, fotografieren Sie. Fotografieren Sie!« Herr Ryms Arm vollzog mit ausgestreckter Hand einen Halbbogen vor seiner Brust. Die Plattenbauten, die breiten Straßen, den Triumphbogen – alles durften wir digital festhalten.
Wie enttäuschend.

In Berlin hatte ich Thanh, die ja nicht zum Vergnügen mit mir hierhergereist war, wiederholt auf die Sicherheitshinweise auf der Website des Auswärtigen Amtes hingewiesen. *In Nordkorea ist es mehrfach zu Übergriffen der Bevölkerung auf fotografierende Ausländer gekommen. ... Beim Fotografieren auch harmloser Motive sollte daher stets umsichtig vorgegangen und gegebenenfalls um Erlaubnis gefragt werden. Fotos aus dem fahrenden Bus sind verboten.*

Und nun taten die Herren Chung und Rym so, als wäre Fotografieren kein Problem.

Wir gingen einige Schritte über den Platz. Eine Straße, die durch den Triumphbogen führte, teilte ihn in zwei Hälften. Rasenflächen mit sorgsam gestutzten Hecken und kugelförmigen Büschen bildeten einen äußeren Ring.

Um die inselartige Anlage schmiegten sich mehrspurige Straßen. Rechts standen Wohnhäuser und Verwaltungsbauten. Links erhob sich eine sattgrüne Hügellandschaft. Inmitten des Hügelgrüns trutzte ein dreigeschossiger Bau. Flutlichtmasten und großflächige Mosaike an der Fassade, die halbbekleidete Athleten zeigten, verrieten ihn als Sportstätte.

Ein weiterer Kleinbus der *Korean International Tourist Company* steuerte die Triumphinsel an. Ein Mittfünfziger-Touristenpaar in blauen Blousonjacken kletterte heraus und fotografierte sich gegenseitig. Den Triumphbogen immer schön im Hintergrund. Uns rief Herr Chung zu: »Kommen Sie hierher! Von hier Sie können gute Bilder anfertigen.« Er stellte uns hundert Meter vor dem megalomanen Bauwerk auf, gleich neben die anderen Touristen. Wir nickten zur Begrüßung. Sogleich wurden die anderen von ihren Reiseleitern weitergetrieben.

Thanh starrte, den Kopf in den Nacken gelegt, nach oben.

»Sieht aus wie'n Badhocker vom Glööckler«, flüsterte sie, als ich ihr meine kleine Kamera in die Hand drückte, damit sie mich fotografierte. Wie sie auf den Hockervergleich und den für seinen Designschwulst bekannten Modemacher gekommen war, lag auf der Hand: Die Grundfläche des Riesentores war fast quadratisch. Die Toröffnungen auf allen vier Seiten machten aus den Ecken einzelne mächtige Pfeiler. Durch vorgesetzte Säulen an den Außenwänden wirkten sie noch pompöser. Das ausladende Plattendach war dreifach gestuft und sah aus wie eine Sitzfläche für Riesen.

Thanh knipste mich. »Und jetzt du«, sagte ich und griff nach ihrer Spiegelreflexkamera.

»Nee, ich hasse diese Tourifotos …« Lächelnd zwang ich sie, den Satz fortzusetzen: »… auf denen nur ich allein drauf bin.«

Herr Rym bemerkte Thanhs verletzte Fotografinnenehre nicht. Er postierte uns an einer geeigneten Stelle und schaute durch den Sucher ihrer Kamera: »Bei uns in Korea wir sagen nicht ›Käse‹, sondern: ›Kim-Chi‹!«

Thanh wandte den Kopf. »Käse?«, formte ihr Mund missmutig.

»Er meint ›Cheese‹«, erklärte ich.

»Kim-Chiiiii!«, rief Herr Rym.

»Kim-Chiii«, grinsten wir.

Kim-Chi, sauer eingelegtes Gemüse, oft Kohl, steht in beiden Teilen Koreas bei jeder Mahlzeit auf dem Tisch und in allen Reiseführern.

»So«, bat Herr Chung um Aufmerksamkeit, »wir befinden uns in der Chilsongmun-Straße im Stadtbezirk Moranbongguyok. Das sind die Moranberge.« Er wies ins Grün. »Der Triumphbogen wurde errichtet zu Ehren des siebzigsten Geburtstages unseres Großen Führers Kim Il-sung und hat eine Höhe von sechzig Metern und eine Breite von fünfzig Metern. Er ist höher als der Triumphbogen in Paris und der höchste Triumphbogen der Welt. Sein großer Torbogen ist siebenundzwanzig Meter hoch und achtzehn Meter sechzig breit. Der Triumphbogen besteht aus fünfundzwanzigtausendfünfhundert Granitblöcken.«

»Wow, so viele!« Thanh kramte ihre Zigaretten hervor.

»Ja, für jeden Lebenstag unseres Großen Führers Kim Il-sung ein Granitblock.«

Ich versuchte im Kopf siebzig mit dreihundertfünfundsechzig zu multiplizieren. Beschloss dann aber, Herrn Chung zu glauben.

»Der Triumphbogen wurde errichtet im Jahre 1982.«

»Und warum?« Thanh bot ihre Zigaretten an. Unsere Guides bedienten sich, steckten sie aber in die Brusttasche ihres Jacketts. Also rauchte Thanh auch nicht.

»Er hat doch gerade gesagt, warum«, zischte ich.

»Schon klar, zum Geburtstag. Aber was bedeuten die Jahreszahlen? Sind das Kim Il-sungs Lebensdaten?«

Auf dem linken Eckpfeiler stand *1925*, auf dem rechten *1945*. Das konnte nicht stimmen.

»In dieser Zeit führte unser Großer Führer Kim Il-sung den Befreiungskrieg gegen die japanischen Gangster.« Mit einem Mal war Herrn Ryms Frohsinn verschwunden. Seine schmalen Augen verengten sich noch mehr. In den Wangen zeichneten sich seine Kieferknochen ab. Wir schluckten unser Schmunzeln hinunter.

Herr Chung hielt nun einen Vortrag voller Jahreszahlen, Namen und Heldentaten. Thanh begann zu rauchen. Ich täuschte durch ständiges »Ooh« und »Ahaaa« Aufmerksamkeit vor, bis Thanh sich bei einem Zigarettenzug mit dem Zeigefinger unauffällig zweimal an die Stirn tippte. Nun nickte ich nur noch. Hauptsache in Bewegung. Am Ende blieb nur eines von Herrn Chungs Vortrag hängen: Kim Il-sung hatte bis 1945 jeden einzelnen Japaner persönlich aus Korea gejagt.

Das stimmt so nicht. Wahr ist, dass das japanische Kaiserreich jahrhundertelang versuchte, die koreanische Halbinsel zu erobern – als Sprungbrett aufs Festland.

Stellt man sich Gesamtkorea als schwanzloses Seepferdchen vor und den davon östlich gelegenen japanischen Inselhalbbogen als doppelt so großen Drachen, der vom Festland weg nach rechts Feuer spuckt und weder Arme noch Beine hat, dann liegen zwischen Seepferdchenbauchnabel und Drachenpo nur rund zweihundert Kilometer Seeweg.

Schon Ende des 16. Jahrhunderts versuchten die Japaner, sich in Korea festzusetzen. Bei ihren Angriffen richteten sie schlimme Verwüstungen in koreanischen Städten an. Ihren vorläufigen Rückzug begannen sie, nachdem ihre Nachschubschiffe ständig von einer koreanischen Erfindung zerstört wurden: dem gepanzerten Schiff. Bronzeplatten über dem Deck machten es unverwundbar für die damaligen Waffen.

Ende des 19. Jahrhunderts kamen die Japaner ihrem langersehnten Ziel näher. Koreas Könige hatten sich seit Jahrhunderten, nicht zuletzt wegen der Halbinsellage des Landes, vom Rest der Welt ziemlich abgeschottet. Nur zu China bestanden engere Beziehungen, denn Korea war Protektorat

Chinas und ihm tributpflichtig. 1876 erzwang Japan, in dem es Kriegsschiffe nach Korea entsandte, einen Japanisch-Koreanischen Freundschaftsvertrag, und sein Einfluss auf Korea wuchs, zum Missfallen Chinas. Die Folge: ein Krieg zwischen Japan und China. Japan gewann. 1910 wurde Korea japanische Provinz. Der koreanische Staatsapparat wurde reformiert, unter anderem durch Einführung des deutschen Zivilrechts, das zuvor die Japaner bei sich übernommen hatten. Zugang zu Bildung erhielten nicht mehr nur die Angehörigen des koreanischen Adels, sondern breite Bevölkerungsschichten. Wirtschaft und Infrastruktur wurden rasant ausgebaut.

Gleichzeitig erlebte das Land eine Zeit der Unterdrückung. Koreanische Städte erhielten japanische Bezeichnungen, Japanisch wurde Nationalsprache. Und alle Koreaner mussten japanische Namen annehmen. Im Zweiten Weltkrieg deportierten die Besatzer über zwei Millionen koreanische Männer und Frauen nach Japan, wo sie als Zwangsarbeiter in Rüstungsbetrieben und Bergwerken schuften mussten, während die japanischen Männer an der Front waren. Zehntausende koreanische Mädchen wurden den Soldaten als sogenannte Trostfrauen zugeführt und in Militärbordellen missbraucht.

Kim Il-sungs Partisanenarmee bereitete den Besatzern zwar allerlei Schwierigkeiten, der Rückzug aus Korea war aber vor allem eine Folge der Kapitulation Japans, nach den Atombombenabwürfen der USA auf Hiroshima und Nagasaki.

»Hier an dieser Stelle«, wir schreckten auf, als Herr Chung seine Arme in einer fast segnenden Geste Richtung Triumphbogen ausstreckte, »sprach unser Großer Führer General Kim Il-sung im September 1945 am Tage seiner Rückkehr nach Pjöngjang eine Rede.«

»Was hat er gesagt?« Thanh hielt den Kopf schief wie ein hungriges Küken. Herr Rym zeigte zum Fries über dem Torbogen: »Dort oben ist eingraviert Lied vom General Kim Il-sung.«

»Aha, und wie heißt das?« Ich wollte auch mal eine vorwitzige Frage stellen.

»Lied vom General Kim Il-sung«, antwortete Herr Rym.

Herr Chung holte Luft. Und stimmte das Lied an. Reglos standen wir dabei. Sein klarer Tenor hallte über den Platz. Herr Rym schaute hinauf zum Fries des Siegestores und las vor: »Rot ist geflossen Blut, Blut vom Berg Jangbaek, auch das Wasser vom Fluss Amnok war rot, blutig rot floss es fort, heute blühen Blumen, Blumen wie Blut, Blumen im freien Land. Korea hat es gut.«

»Na, ich weiß ja nicht.« Thanh schüttelte es.

»Toll gesungen«, ging ich dazwischen. »Sehr beeindruckend!«

Herr Chung strahlte. »So. Gehen wir nun unter den Triumphbogen.«

»Was ist das da drüben?« Ich zeigte auf das Bauwerk mit den Flutlichtmasten.

»Das Kim-Il-sung-Stadion, darin wird Fußball gespielt.« Herr Chung trieb uns über die vier Spuren der Mittelstraße. Beinahe wären wir von einem VW Passat überfahren worden. Nur schwarze Limousinen fuhren durch das Tor, Lkws und andere Fahrzeuge nahmen den Weg außen herum. Herr Rym rief stolz: »In das Kim-Il-sung-Stadion passen einhundert Menschen hinein.« Herr Chung sagte etwas auf Koreanisch, Herr Rym nickte und verbesserte sich. »Einhunderttausend.«

Wir staunten. So groß sah es gar nicht aus.

»Es ist in die Erde gebaut«, klärte uns Herr Chung auf.

»Ah, wie das Olympia-Stadion in Berlin. Das ist innen einen Rang tiefer als das Erdniveau außen. Als es gebaut wurde, haben da auch mal hunderttausend Leute reingepasst.« Ich war mir nicht sicher, wie gut jetzt ein Hitlervergleich ankommen würde. In der neunten Klasse hatte ich einmal eine

Hausarbeit über Berlin im Nationalsozialismus geschrieben. Meine Darstellung der Umgestaltungspläne für Berlin und der zahlreichen heute noch stehenden Monumentalbauten war etwas ausgeufert. Am Ende wog die Arbeit zwei Kilo.
»Das Kim-Il-sung-Stadion ist das zweitgrößte Stadion in unserem Korea.« Die Granitwände warfen Herrn Ryms Stimme hin und her. Die meterdicken Pfeiler schienen, je länger man nach oben schaute, aufeinander zuzurücken. Unsere Guides gingen auf Abstand. Damit das Bauwerk wirken konnte.
In sicherer Entfernung von ihnen gähnte Thanh: »Man weiß nicht, wofür das hier gut sein soll.«
»Na, für den Triumph über die japanischen Gangster.« Thanh zog an ihrer Zigarette. »Ick krieg Kopfschmerzen.«
Zurück im Bus schaute ich mir auf dem Digicam-Display meine ersten Fotos von Nordkorea an. Alle zeigten, dank der fürsorglichen Standortempfehlungen unserer Begleiter, den Triumphbogen in seiner monumentalen Pracht sowie einmal uns. Total fröhlich. Das Foto, das ich heimlich gemacht hatte, war verwackelt. Wäre es scharf gewesen, hätte man im Schatten eines Pfeilerkolosses ein grasgrünes Telefon mit Wählscheibe gesehen. Sein Anschlusskabel kam direkt aus dem Pfeiler.
Den größten Triumphbogen der Welt kann man anrufen.

Die Unsichtbaren

Bäder bieten Geborgenheit. Besonders ohne Fenster. Abgekoppelt von der Welt kann man dort gemütlich sitzen. Unser Bad im *Yanggakdo International* verströmte Luxus: weiße Kacheln. Weißer Marmorwaschtisch, braun gemasert. Darunter ein silbernes Treteimerchen. Beiderseits des Waschbeckens je ein Holztablett voller Fläschchen mit Shampoo und Duschgel, dazu Seifen- und Duschhaubenschächtelchen. Die blitzenden Armaturen stammten vom deutschen Badausstatter *Grohe*.

Ein weißer Plastikvorhang machte aus der Wanne eine geräumige Dusche. Über den Schmalseiten der Wanne hingen verchromte Handtuchhalter rechts und eine blinkende Haltestange mit Silberschlauch und Brausekopf links.

Meine Kleidungsstücke lagen verstreut auf dem Fliesenboden. Bis auf die Jeans und das Kapuzenshirt würde ich sie später, nach drei Tagen Dauernutzung, alle in eine Plastiktüte stopfen und die Tüte gut verschließen.

Ich erhob mich, tat, was zu tun war, und kramte dann in meiner Waschtasche nach Zahnbürste, Zahnpasta und Mundwasser. Ich öffnete das Mundwasserfläschchen, träufelte ein paar Tropfen auf die Zahnbürste und gab Zahnpasta hinzu. Begann zu putzen. Schönes Gefühl nach drei Tagen.

Nein. Nach anderthalb. In Peking hatte ich mir dank eines Hygieneartikeltäschchens von *Ethihad Airlines* auf einer Flughafentoilette die Zähne putzen können, während links und rechts Chinesen vor dem Händewaschen ins Waschbecken rotzten.

Ich nahm einen Minischluck aus dem Mundwasserfläschchen und spülte aus. Sein Inhalt musste bis zum Ende der Reise reichen. In allen Reiseempfehlungen wurde vor dem Leitungswasser Pjöngjangs gewarnt. Mit zusammengekniffenen Lippen stellte ich mich unter die Dusche.

»Mann, Hase, jetzt komm aus'm Knick! Was machste denn so lange?«

Es gab drei Möglichkeiten, wie ich antworten konnte. Entweder: »Ich sitze auf dem Deckel eines Klos von Villeroy & Boch und versuche den Hörer eines Alcatel-Wandtelefons aufzuschrauben«, oder: »Ich kämme mir die Haare.« Oder: »Ich suche nach Wanzen.«

In Anbetracht der hohen Wahrscheinlichkeit heimlicher Lauscher wählte ich die Variante mit den Haaren. So, wie ich keine Telefone mit angeschlossenem Triumphbogen kannte, waren mir Bäder fremd, in denen ein Telefon neben dem WC hing. Vielleicht hatte ich bisher in den falschen Ländern Ferien gemacht.

Die braune Badezimmertür erbebte. Thanhs Faust. »Lass mich duschen. Haare kannste draußen kämmen. Ich mag mich selber nicht mehr riechen.«

Weder Sprech- noch Hörmuschel ließen sich öffnen. Wenn sich darin Wanzen verbargen, waren sie sicher.

Ich hängte den Hörer ein, stand vom Deckel auf und drückte gewohnheitsmäßig die Spülung. Nicht sehr logisch, wenn ich mich angeblich kämmte.

»Um acht müssen wir beim Essen sein, um neun ist Besprechung«, teilte ich Thanh mit.

»Na super, und du bist seit Stunden hier drin.«
Sie kam rein. Ich ging raus. Meine Haarbürste blieb drinnen auf dem Waschtisch liegen.

Das *Yanggakdo International* war mit Hilfe französischer Architekten gebaut und 1995 eröffnet worden. Siebenundvierzig Stockwerke. Graue Granitplattenfassade, zwei gläserne Außenaufzüge. Gekrönt von einem Drehrestaurant. Mit hundertsiebzig Metern Nordkoreas zweithöchstes Gebäude. Hier wohnten fast alle Touristen, die gerade im Land weilten. Samt Begleitern. Vermutlich standen trotzdem viele der neunhundertachtzig Zimmer leer.

Für die Durchsuchung unseres Zimmers blieben mir jetzt zwanzig Minuten. Mit einem weißen Frotteehandtuch um die Lenden verharrte ich am Ende des kleinen Flurs und blickte ins Zimmer: Klassischer Hotelgrundriss. Rechteckig, wenn man das Bad mit einschloss, Fenster an der Schmalseite. Es gab zwei Probleme: Wo sollte ich anfangen? Und wie tat ich es so, dass sie es nicht merkten?

Als ich ein kleiner Junge war, saß ich montags bis freitags von achtzehn bis neunzehn Uhr vor dem Fernseher. Die amerikanischen Vorabendserien der Achtziger lehrten mich, was ein Mann wissen muss. Von Stuntman und Kopfgeldjäger Colt Seavers lernte ich, immer parallel zum Gefälle und niemals schräg hinunterzufahren (der Wagen kippt sonst um), das *Trio mit vier Fäusten* brachte mir bei, beim Zuschlagen niemals den Daumen in der Faust zu lassen (weil er dann bricht), und von Amanda King, einer Hausfrau aus Arlington, die als *Agentin mit Herz* dem amerikanischen Geheimdienst regelmäßig aus der Patsche half, stammte die Weisheit, Diamanten am besten zwischen Diamanten zu verstecken.

Ich würde Suchen durch Suchen tarnen.

»Hast du meine Socken gesehen?«

Im Bad plätscherte es. Thanh überhörte mich. Unwichtig. Die Frage war ohnehin nicht für sie bestimmt.
»Ich weiß genau, dass sie auf dem Bett lagen.« Ich wusste genau, dass sie noch im Bad lagen. »Die müssen irgendwo sein.« Ich ließ mich auf die Knie fallen. Der graue Schlingteppich scheuerte auf der Haut, als ich an meinem Bett entlangrutschte.
»Gott sei Dank!«, war Thanhs erster Satz gewesen, als wir das Zimmer betreten hatten. »Einzelbetten.« Ich hatte ihr von Anfang an versichert, dass das so sein würde. Schon damit sich Isabel keine unnötigen Gedanken machte.
Die Betten standen quer im Raum, das Kopfende links an der langen Wandseite. Thanh hatte behauptet, ein Mann müsse das Bett nehmen, das näher an der Tür steht. Mir war das nur recht. Je weiter vom Fenster entfernt, desto besser. Falls es zog. Angela Merkel hatte einmal auf die Frage, was sie an Deutschland im Vergleich zu anderen Ländern so besonders findet, geantwortet: »Dass die Fenster dicht sind.«

Den Blick unters Bett versperrte ein brauner Bettkasten. Auf ihm lag die Matratze. Ein stramm gespanntes Bettlaken darum, ein zweites zum Zudecken darüber. Einzig das an der Wand befestigte Kopfpolster wertete die schlichte Schlafstatt auf. Ich fuhr am überstehenden Rand der Matratze entlang. Nichts.

Beim Aufstehen stützte ich mich am Kopfteil ab. Ließ die Finger über das Polster gleiten. Alles weich. Ein kurzer Blick in die Wandlampe, die über jedem Bett hing. Hinter dem schmutzig weißen Lampenschirmrechteck verbarg sich nur eine einsame Energiesparlampe.

»In der Lampe sind sie auch nicht.« So kam ich nicht weiter. Socken in der Lampe, das glaubte mir kein Mensch.

Mein Problem war, dass wir so gut wie nichts ausgepackt hatten. Demnach konnte nichts verloren gegangen sein.

Mein Blick fiel auf den Samsonite. Der einzige Platz, an dem er nicht im Weg lag, war die rechte Ecke vor dem Fenster gewesen. Ich zerrte ihn unter der Gardine hervor, stieß dabei an einen der beiden Kunstledersessel, die zusammen mit einem Tischchen vor dem Fenster standen, und rammte den mahagonifarbenen Schreibtisch, der die den Betten gegenüberliegende Wand einnahm und schwer an einem Röhrenfernseher trug.

Ich begann meine Sachen zum Kleiderschrank im Flur zu tragen. Er war vom gleichen Holz wie der Schreibtisch: rotbraun, glatt und glänzend. Geschnitzte Trennwände in China-Restaurants verbreiten die gleiche billige Anmutung von Luxus.

Auf die schlumpfblauen Plastikbügel, die an der Kleiderstange hingen, zog ich meine Hemden auf und ließ – hopsala – eines fallen. Auf dem Boden des Schranks lagen nur in Plastikfolie eingeschweißte Frotteebadelatschen mit dem Aufdruck *Yanggakdo*. Ansonsten nichts.

Genauso wenig wie in den Fächern, in denen ich sorgfältig meine T-Shirts stapelte, während ich die Rückwand abtastete. Im obersten Fach über der Kleiderstange waren, exakt auf Kante, zwei rote Kunstfaserdecken gestapelt. Wichtig, falls es kalt würde.

»Wie schäät?« Thanh schien sich die Zähne zu putzen. Hoffentlich dachte sie an die Gerüchte über Pjöngjangs Trinkwasser. Zehn vor acht, sagte meine Uhr, fünf vor acht, sagte ich Thanh.

Die Zeit wurde knapp.

Neben dem Schreibtisch brummte ein Kühlschrankwürfel. Im Kühlschrank nach Wanzen zu fahnden, ergab keinen Sinn. Solange er brummte, würden sie nichts verstehen. Dennoch öffnete ich neugierig die Tür. Das Angebot unserer Minibar war übersichtlich: zwei grüne Glasflaschen koreanisches Bier und zwei Plastikflaschen koreanisches Mineralwasser. Jeweils halbe Liter. Eine Preisliste lag nicht aus. Geschenkt war es bestimmt nicht.

Vor Jahren hatte ich einmal in einem Luxushotel auf Rügen eine Flasche Cola so vorsichtig geöffnet, dass man dem Kronkorken nichts ansah, sie ausgetrunken und den Inhalt durch schwarzen Tee ersetzt. Ich fand das damals sehr subversiv. In Nordkorea gilt der Besitz einer Bibel als subversiv. Wird eine entdeckt, kommt der Besitzer bis an sein Lebensende ins Lager. Samt Familie. Manche haben auch Glück und werden gleich erschossen.

Ich schloss die Tür und kroch unter den Schreibtisch. Der Stecker des Kühlschranks steckte in einer Verteilerdose, in dem auch der Fernsehstecker eingestöpselt war. Die Steckdose an der Wand hatte drei Stecklöcher, die Dosen des Verteilers nur zwei.

»Es gibt Steckdosen für unsere Ladegeräte«, rief ich ins Bad. Die Fotoakkus brauchten Strom.

Von Thanh nur ein »Hmmm«.

Als ich den Verteiler anhob, brizzelte die Steckdose an der Wand. Blaue Funken flogen.

Ich tauchte unter dem Schreibtisch auf.

Der Spiegel darüber erfasste unser gesamtes Zimmer. Und mich. Meine frischgewaschenen Haare standen zipfelig in alle Richtungen ab. Ich ließ die Zipfel lustig wippen. Dann streckte ich mir übermütig die Zunge heraus. »Bäh! Bäh, bäh, bäh!«

Augenblicklich brach ich ab und sagte laut: »Du, ich fand den Triumphbogen vorhin großartig. Das ist schon eine bautechnische Glanzleistung der nordkoreanischen Ingenieure.«

»Ich versteh kein Wort«, kam es aus dem Bad, wo die Dusche rauschte.

»Und hast du bemerkt, wie sauber die Straßen hier sind? Da liegt kein Müll rum wie bei uns in Deutschland.«

Die Badezimmertür ging auf, Wasserdampf, dann Thanhs eingeschäumter Kopf. »Was is' los?«
»Wir müssen gleich starten!«
»Du bist ja noch nicht mal angezogen. Wenn wir fünf Minuten später kommen, ist es auch egal. Wir sind im Urlaub.« Das Letzte stimmte zwar nicht ganz, aber so überzeugend wie sie es sagte, mussten es die hinter dem Spiegel glauben.

»Was machen wir'n jetzt?« Wir standen in einem der sechs Hotelfahrstühle. Thanh stemmte den Zeigefinger gegen die metallene Schalttafel. Ratlos starrten wir auf die Knöpfe für die einzelnen Etagen.
Im Spiegel an der Rückwand des Aufzugs sahen wir aus wie neu. Thanh trug ihre noch nicht ganz trockenen Haare zu einem Dutt gewickelt. Zwei kreuzweise gesteckte Essstäbchen – die hat sie immer dabei – fixierten ihn. Lippenstift und Make-up täuschten Frische vor. Ihre taillierte Leinenbluse saß perfekt, die schwarzen Jeans auch. Nur die roten Doc Martens, knöchelhohe Schnürstiefel, torpedierten die Seriosität ihres Ausgeh-Outfits. Ich war endlich gekämmt, trug meine angemessene dunkle Stoffhose, ein hellblaues Hemd und in der Hand einen Rollkragenpullover.
»Das Restaurant liegt auf der gleichen Ebene wie die Hotelhalle, richtig?«
Thanh nickte.
»Aber hier ist keine Taste 0, 1 oder E«, analysierte ich weiter die Lage.
»'Ne Fünf gibt's auch nicht.« Thanh pustete sich eine schwarze Strähne aus der Stirn. »Und keine 44. Vom Kellergeschoss gar nicht zu reden.«
Auf den ersten Blick hatte das Tableau vollständig ausgesehen. Keine Leertasten oder fehlenden Ziffern. Nur 2, 3, 4, 6, 7 …

»Die Zwei sieht am meisten benutzt aus.« Thanhs Zeigefinger steuerte die Zwei an.

Bevor er sie berührte, hielt ich ihn fest und schaute in den Spiegel: »Wo müssen wir bloß hinfahren, wenn wir zum Essen wollen?«

Thanh blickte mich fragend an. Ich umfasste weiter ihre Hand, fixierte den Spiegel.

Plötzlich schlossen sich die Aufzugtüren von alleine. Wir fuhren los.

Die Grüne Roth

Unser Aufzug hielt auf Etage sieben. Drei Nordkoreaner stiegen ein, zu erkennen an den roten Abzeichen auf der linken Brustseite ihrer schwarzen Anzüge. Einer trug Kim Il-sung, einer Kim Jong-il und einer Kim Il-sung und Kim Jong-il. Ich murmelte eine Mischung aus »'n Abend« und »Good evening«. Thanh schwieg, die Nordkoreaner ebenso. Sie drückten die Zwei, und wir rauschten abwärts.

Unten erwartete uns eine Menschentraube. Kaum waren wir ausgestiegen, stemmten sich zwei livrierte Liftboys mittleren Alters gegen die Fahrstuhltüren. Während die Menschen in den Aufzug drängten, klammerten sich die weiß behandschuhten Finger der Uniformierten um die Türen, die ruckelnd zur Mitte strebten. Die Liftboys gaben nicht nach. Als alle drin waren, ließen sie los, die Türen knallten zu, und die Liftboys stürzten zum nächsten ankommenden Aufzug.

»Komisch, oben blieben die Türen ewig offen.« Thanh beobachtete fasziniert die Türkämpfer.

»Oben muss man den Fahrstuhl eben erst höflich bitten.« Ich steuerte die Piktogramme an der gegenüberliegenden Wand an. Zu Messer und Gabel ging es nach links.

Das *Yanggakdo* verfügt über drei Restaurants. Sie heißen

Nummer eins, Nummer zwei und *Nummer drei. Nummer eins* lag im Dunkeln. In *Nummer zwei*, unmittelbar daneben, brannte kaltes Energiesparlampenlicht. Riesige runde Tische mit weißen Decken und weißen, goldverzierten Holzstühlen gruppierten sich um ein halbes Dutzend spiegelverkleideter Säulen. Ohne das grelle Licht hätte sich so etwas wie Galadinner-Atmosphäre verbreitet.

An den Tischen saßen ausschließlich Touristen westlicher Herkunft. Oft nur zwei an einem Zehnertisch. Die Atmosphäre erinnerte an einen Leichenschmaus, bevor alle betrunken sind.

Nachdem wir unsere Zimmerkarte vorgezeigt hatten, führte uns eine Angestellte quer durch den Saal zu einem freien Zehnertisch in der hintersten Ecke.

Hier liefen die beiden Fensterfronten zusammen, die sich über die Außenseiten erstreckten. Zwei Drittel davon verdeckten bereits bodenlange Vorhänge. Kaum hatten wir auf den gelben Samtpolstern der Stühle Platz genommen, zog die Angestellte auch in unserer Ecke die Vorhänge zu.

»Och«, Thanh reckte den Hals für einen letzten Blick auf die Schwärze draußen, »jetzt kann man gar nicht mehr rausgucken.«

»Oder umgekehrt«, sagte ich und strich das Tischtuch glatt. Weiße Plastikfolie.

»Wer hier reingucken will, braucht aber ein Fernglas.«

Ein Punkt für Thanh. Das *Yanggakdo International* steht auf einer Insel. Ringsum nur das Wasser des Taedong-Flusses. Zwischen uns und den ersten Häusern Pjöngjangs lag ein halber Kilometer.

Eine zweite Servicedame brachte für jeden von uns eine Flasche Bier, 3,2 Prozent Alkohol. Bevor ich es verhindern konnte, goss sie mir ein. »Can we have some water, please?«

»Water, yes«, bestätigte sie ernst meine Bitte. Ihre Wangen glühten rot auf der blassen Haut. Zu viel Rouge.

»And an ash tray?«, ergänzte Thanh. Auch das wurde bestätigt.

»Was ist denn ein ash tray?«

»Ein Aschenbecher.«

Das Wasser kam in Halbliter-Plastikflaschen, den gleichen wie oben in unserer Minibar. Nachdem die Kellnerin eingeschenkt hatte, erhob ich mein Glas: »Auf ...?« Mein Arm verharrte in der Luft.

Wir stießen auf unsere hoffentlich unversehrte Heimkehr an.

Um neun trafen wir unsere Reiseleiter vor dem Restaurant. Wir versicherten glaubhaft, wie gut es uns geschmeckt hatte. Zumindest bei Thanh eine Lüge, denn im Gegensatz zu mir hatte sie kaum etwas gegessen von den gepfefferten Schweine- und Hühnerfleischstreifen und den gefalteten Omeletts und vom Kim-Chi, das ich als Einziges nicht runterbrachte.

»Gehen wir einen Kaffee trinken«, wies Herr Chung an und schob uns in einen dunklen Gang.

Das Hotelcafé lag auf der gleichen Ebene und war eine Ansammlung von Sitznischen, die Kästen mit Grünpflanzen und Milchglasscheiben voneinander trennten. Wer nebenan saß, konnten wir nicht sehen. Herr Chung bestellte, Kaffee für Thanh, Tee für mich, und schaute uns dann betrübt an.

»Es gibt leider in Ihrem Programm einige Änderungen.« Er breitete mehrere A4-Blätter aus. Dünn wir Durchschlagpapier. Wie es um den Wohlstand eines Landes steht, erkennt man an der Qualität seines Papiers. »Morgen fällt bedauerlicherweise ein Besuch in Ihrem Plan aus.«

»Das heißt, wir dürfen ausschlafen?« Thanh bot ihre Malboro-Zigaretten an. Zuerst Herrn Rym. Der wartete, bis Herr Chung sich bedient hatte, und griff erst dann selbst zu.

»Die Abfahrt bleibt erhalten, wir fahren um acht Uhr los.«

Thanh nahm ihre noch nicht angezündete Zigarette aus

dem Mund. »Och nee, Kinder, echt, wir sind seit drei Tagen wach und brauchen wenigstens mal zehn Stunden Schlaf.« Das war für Thanh im Vergleich zu ihren sonstigen Gewohnheiten die doppelte Ration.

»Können wir nicht halb neun sagen?«, schlug ich vor. Spätestens seit unserer Ankunft staunte ich, dass ich bisher noch keine Ausfallerscheinungen zeigte. Dabei lag die letzte Nacht, die ich durchgemacht hatte, Jahre zurück.

»Nee, um neun!«, nuschelte Thanh, die Zigarette ansteckend. Kompromisse waren ihre schwache Seite.

Herr Chung und Herr Rym diskutierten in Landessprache. Unsere Getränke kamen. Nach dem ersten Schluck verzog Thanh den Mund, und Herr Rym sagte: »Guter Kaffee, nicht wahr?«

»Hmmm, Nescafé, sehr gut.« Dafür, dass Thanh nur das als Kaffee bezeichnet, was aus mindestens tausend Euro teuren Vollautomaten fließt, machte sie ihre Sache ganz ordentlich.

»Unser Großer Führer Kim Il-sung hat gesagt, nur glückliche Menschen sind zufriedene Menschen. Und deshalb sollen Sie so glücklich sein, wie die Menschen in unserem Korea. Wir fahren morgen um neun Uhr los.«

»Ihr seid toll!« Thanhs Zigarettenrauch ringelte fröhlich aufwärts.

»Es ist eine Ausnahmsweise. Denn es fällt leider aus der Besuch im Mausoleum unseres Großen Führers Kim Il-sung.«

Wir sahen uns an. Es fielen keine Steine von unseren Herzen. Nein, ganze Gebirge erodierten. Aus unterschiedlichen Gründen.

Nachdem wir uns innerhalb einer Minute einig gewesen waren, gemeinsam nach Nordkorea zu reisen, hatte ich Thanh – die Höchstgeschwindigkeiten und Parkverbote für freundliche Empfehlungen des Verkehrsministers hält und beim Abbiegen nie blinkt – mit einigen aus dem Internet zusammengetragenen Verhaltensregeln für Nordkorea vertraut gemacht. Besonders heikel war der Besuch im Kumsusan-Palast, einem Marmormausoleum von der Größe des Berliner Reichstages. Hier ist der Große Führer in einem gläsernen Sarg aufgebahrt. Eingehüllt in die Flagge der Arbeiterpartei. Die Besucher tragen Überschuhe und werden, bevor sie in den *Saal der Tränen* gelangen, von Riesenföns saubergepustet, damit kein Stäublein die heilige Halle verunreinigt. Laufbänder transportieren die Besucher dann bis zum Sarg, wo sich alle verbeugen müssen. Alle. Auch Ausländer. Die Ansage dazu lautet: »Es wird von den Besuchern erwartet, Respekt zu zeigen.« Thanhs Ansage dazu lautete: »Ich verbeug mich doch nich' vor 'nem Diktator.«

»Aber ...«

»Niemals!«

Auch das Argument, dass sich schon Claudia Roth vor Kim Il-sungs Leichnam verbeugt hatte, überzeugte sie nicht. 2011 war Deutschland Gastgeber der Fußball-WM der Frauen gewesen. Eine Delegation unter Leitung des damaligen DFB-Präsidenten Theo Zwanziger hatte im Vorfeld alle teilnehmenden Länder besucht. Neben der grünen Spitzenpolitikerin reiste auch je ein Vertreter von CDU und SPD mit. Diese verbeugten sich nicht.

Sich zu widersetzen, bringt den begleitenden Guides Ärger ein. Thanh hatte darauf gesetzt, dass sie ohne angemessene Hose ohnehin draußen bleiben musste. Nun war es egal.

»Warum fällt der Besuch aus?«

»Renovierungsarbeiten.« Herr Chung sah nicht von seinen Unterlagen auf. Es war denkbar, dass nicht das Gebäude, sondern Kim Il-sung selbst überarbeitet werden musste. Oder sein Sohn Kim Jong-il, der seit neuestem ebenfalls in einem Glassarg zu besichtigen war. »Aber wir haben einen sehr schönen Ersatzprogrammpunkt für Sie geplant.«

Wir verspannten innerlich.

»Sonntag besuchen wir anstatt von Mausoleum des Großen Führers General Kim Il-sung ein Wiener Kaffeehaus.« Wahrscheinlich hatte ich jetzt doch Ausfallerscheinungen. »Es gibt dort sehr geschmackvollen Kuchen von Sacher.« Thanh machte zweimal den Mund auf und zu. Ich schluckte. Keine Ausfallerscheinung. Zumindest bei uns.

Aus der Ferne drang eine Stimme an mein Ohr, die meinen Namen nannte. Nun halluzinierte ich wohl wirklich. Ich trank meinen schwarzen Tee in einem Zug aus. Jetzt bloß nicht einschlafen.

Das Phantom

Am 15. April 1912, Korea war schon zwei Jahre japanische Provinz, erblickte in Mangyŏngdae, damals ein Vorort von Pjöngjang, ein Junge das Licht der Welt. Nichts wies darauf hin, dass er der Begründer der ersten kommunistischen Dynastie werden sollte. Das gilt so weit als sicher. Eine südkoreanische Propagandalüge könnte jedoch sein, dass Papa Kim Hyong-sik zeitweise als protestantischer Missionar arbeitete und Mama Kang Ban-sok Tochter eines protestantischen Geistlichen war. Ihren Erstgeborenen nannten die beiden Kim Song-chu.

Etwa 1920 emigrierte Familie Kim – Mama, Papa, drei Söhne und eine Tochter – in die Mandschurei, einen nordöstlichen Landesteil Chinas, direkt an der Grenze zu Korea. Hier besuchte der kleine Kim Song-chu sieben Jahre die Schule, lernte Chinesisch und auch Russisch, denn der Norden der Mandschurei grenzte an die Sowjetunion. Und die unterstützte den Kampf gegen die japanische Einflussnahme auf diesen Teil Chinas. 1925 gründete der siebzehnjährige Kim laut nordkoreanischer Geschichtsschreibung (in der er ausschließlich Kim Il-sung heißt) eine Reihe antijapanischer Widerstandsgruppen. Belegt von unabhängiger Seite ist nur eine. Wenn es stimmt, änderte Kim Song-chu in den dreißiger Jahren seinen Namen. Einen Kampfnamen anzunehmen war unter Partisanen durchaus verbreitet. Aus Kim Sungchu wurde Kim Il-sung. »Il« – »die Sonne«. Das war kein Zufall, sondern der Name eines beliebten und berühmten Guerillakämpfers, der Anfang der 1930er Jahre im Kampf gefallen war.

Mitte der 1960er Jahre erblickte im südvietnamesischen Saigon, heute Ho-Chi-Minh-Stadt, ein Mädchen das Licht der Welt. Die USA hatten gerade begonnen, nach einem von ihnen provozierten Zwischenfall im Golf von Tonkin militärisch in die Auseinandersetzungen zwischen dem kommunistischen Nordvietnam und dem antikommunistischen Süden einzugreifen. Zehntausende US-Soldaten wurden in Saigon stationiert. Nach dem Krieg zwischen Nord- und Südkorea fand in Vietnam der zweite große Stellvertreterkrieg zwischen den beiden politischen Lagern statt.

Täglich kamen Hunderte Flüchtlinge ins vergleichsweise sichere Saigon. Darunter die Mutter des kleinen Mädchens. Sie hatte die tausendsechshundert Kilometer vom im Norden gelegenen Hanoi meist zu Fuß bewältigt, die letzten Wochen hochschwanger. Ihr Kind nannte sie Thanh.

Der Frontverlauf in Vietnam wurde immer unübersichtlicher, genau wie das Leben der kleinen Thanh Thi Hoang. Ihren sechsten Geburtstag feierte Thanh in Berlin-Tempelhof. Sie hatte inzwischen neue Eltern bekommen und den Namen Sandra. Das kinderlose deutsche Ehepaar schenkte seiner Sandra viel Liebe und Zuwendung. Warum sie Vietnam verlassen musste, erzählt Thanh bis heute nicht.

Im Westberlin der achtziger Jahre besetzte sie Häuser in Kreuzberg, demonstrierte in Bonn gegen die Stationierung von Pershing-II-Raketen und in Frankfurt am Main gegen den Bau der Startbahn West. Sie heiratete einen Herrn Schäfer, bekam einen Sohn, ließ sich scheiden. Und dann begann die Karriere der Journalistin Sandra Schäfer. Ein Name, der es ihr als Vietnamesin in deutschen Redaktionen erleichterte, Aufträge zu bekommen.

»Hab ich Sie endlich gefunden!« Die Stimme, die unsere Namen durchs Café gerufen hatte, war keine Halluzination gewesen. Die dazugehörige Person erschien. »Ich suche Sie schon seit einer Stunde und dachte, die müssen doch irgendwo sein. Hier geht ja nie jemand verloren. Normalerweise.«

Der Name, mit dem sich unser Gast vorstellte, sagte uns nichts. Herr Chung war aufgestanden, teils aus Höflichkeit, teils um respekteinflößender zu wirken. »Wir haben gerade die Besprechung vom Programm der Reise.«

»Das kann ja einen Moment warten, oder?«

Herr Chung biss sich auf die Lippen.

»Rücken Sie rum? Dann haben wir alle Platz!«, kam es lächelnd aus dem Mund unseres deutschen Gastes. Thanh und ich tauschten Blicke und rückten zusammen.

»Also jetzt noch mal ganz offiziell: Herzlich willkommen in der KDVR.« Das war DDR-Jargon. Im deutschsprachigen Raum nennt sich das Land heute DVRK – Demokratische Volksrepublik Korea –, international DPRK – Democratic People's Republic of Korea. »Hatten Sie eine angenehme Reise?«

»Wir sind hundemüde.« Thanhs Verzicht auf Höflichkeit gefiel mir.

»Tja, früher gab es ja noch Direktflüge von Berlin.« Gemeint war wohl Ostberlin. »Aber dieses Land wird Sie begeistern, glauben Sie mir! Ganz wichtig: Vergessen Sie alles, was Sie über Nordkorea zu Hause gelesen haben. Sie müssen die Festplatte im Gehirn komplett löschen. Diese ganzen Gruselgeschichten von verhungernden Kindern am Straßenrand.« Empörung durchzog jede Silbe. »Kompletter Unsinn.«

Der Großteil der Nordkoreaner ist abhängig von staatlichen Lebensmittelzuteilungen. Die Menge der Rationen richtet sich vornehmlich danach, welcher Klasse man angehört. Es gibt drei Hauptkategorien und über fünfzig Untereinteilungen. Am besten versorgt werden Führungskader, Armee und andere dem Staat gegenüber absolut loyale Bürger. Klasse zwei umfasst »schwankende Elemente«. Als schwankend gelten ideologisch Unzuverlässige, zum Beispiel Familien, in denen es einen Großvater gab, der vor 1945 Händler unter den japanischen Besatzern war, oder Menschen, die auf einem der neuerdings gestatteten Wochenmärkte privat Waren feilbieten. Zu Klasse drei gehören alle »feindlich gesinnten Personen« wie Christen und Buddhisten oder Enkel von Nordkoreanern, die als Beamte den japanischen Besatzern dienten. Um als feindlich gesinnt zu gelten, genügt es, unerlaubt mit einem Ausländer zu sprechen. Oder man wird einfach als feindlich erklärt.

In den letzten Jahren wird das traditionelle politisch motivierte Klassensystem zunehmend für die Durchsetzung wirtschaftlicher Interessen instrumentalisiert. So unterstehen der Volksarmee zahllose Großbetriebe, die als Billiglohnstandorte für das Ausland produzieren und Devisen einbringen. Nicht nur dem Land, auch den Generälen.

Zwischen 1994 und 1999 kam es aufgrund von Überschwemmungen, Missernten und Fehlplanungen zu einer großen Hungerkatastrophe, die – bis auf die oberste Führungsspitze – alle Klassen traf. Nach neuesten Schätzungen starben rund eine Million Nordkoreaner an Unterernährung. Was auf die Landfläche bezogen die Zahl der Hungertoten Afrikas bei weitem übersteigt. Nachdem Kim Jong-il 2005 alle ausländischen Helfer aus dem Land geworfen hatte, musste er nach weiteren Missernten 2011 das Ausland erneut um Nahrungsmittelhilfen bitten. Nach UN-Angaben sind derzeit etwa fünf Millionen Nordkoreaner, vor allem der Klasse drei, vom Hungertod bedroht. Weit mehr leiden an Mangelernährung. Besonders im Winter gehören Gras, Eicheln und Rinde zum Speiseplan. Eine Folge: Laut *Amnesty International* sind nordkoreanische Jugendliche etwa dreizehn Zentimeter kleiner und elf Kilo leichter als gleichaltrige Südkoreaner.

»Ich lebe hier seit zwanzig Jahren und habe nie jemanden verhungern sehen. Das ist alles Propaganda. Möchten Sie noch einen Kaffee? Der im Hotel ist ganz gut.« Wir sollten offensichtlich munter bleiben. »Bestellt doch noch mal Kaffee für die beiden.« Herr Chung sprang auf, bevor ich ihn erinnern konnte, dass ich keinen Kaffee trinke.

Unser mysteriöser Gast redete weiter. »Sie kommen leider ein bisschen zu spät. Vor zwei Wochen war Mandelblüte, das sah wunderschön aus. Die Regengüsse der letzten Tage haben da leider viel angerichtet. Aber vielleicht entdecken Sie noch ein blühendes Mandelbäumchen. Und die Menschen – so freundlich und aufgeschlossen. Das haben Sie in keinem Land der Welt.«

Thanh wurde unruhig. Schnell warf ich ein: »Uns sind heute die vielen Fußgänger aufgefallen.«

»Freitags fahren keine öffentlichen Verkehrsmittel. Zur Stärkung der Volksgesundheit. Und es spart natürlich Benzin. Die Leute hier laufen durchschnittlich dreißig Kilometer am Tag. Deswegen gibt es in Nordkorea auch keine Probleme mit Übergewicht und Diabetes. Sie haben ja sicher die Hochhäuser gesehen. Bis zu vierzig Etagen. Die meisten ohne Aufzug und fließendes Wasser. Das muss per Eimer oder Flaschenzug hochgebracht werden. Traurig, wenn man bedenkt, dass der Norden Koreas dem Süden mal wirtschaftlich überlegen war.«

»Was?« Thanh wollte es nicht glauben. Doch sosehr die verdrehten Wahrheiten unseres Gegenübers Widerstand weckten, den zu äußern wir zu höflich und zu müde waren, die letzte Aussage entsprach den historischen Tatsachen.

Kim Il-sung trieb die Industrialisierung so schnell voran, dass Nordkorea Ende der 1950er Jahre die höchste Wachstumsrate der Welt aufweist. Unterstützung erhält er dabei durch Staaten des Ostblocks, allen voran die Sowjetunion und die DDR, die technisches Know-how, Architekten und Ingenieure entsenden. Bald liegt das Pro-Kopf-Einkommen des Nordens ein Vielfaches über dem des Südens, wo unter dem autokratisch regierenden Präsidenten Rhee Syng-man Korruption und Misswirtschaft herrschen. Den Aufbau im Norden trägt, auch nach Auffassung ausländischer Historiker, ein kollektiver Aufbauwillen der Nordkoreaner. Bald sind in Nordkorea die gewaltigen Kriegszerstörungen beseitigt und moderne Städte entstanden, während zur gleichen Zeit im Süden noch Millionen Menschen obdachlos sind oder in Slums rund um Seoul leben. Damals war Nordkorea tatsächlich das blühende Land, das es heute noch sein will.

Erst 1975 zieht Südkorea beim Pro-Kopf-Einkommen mit Nordkorea gleich. Und dann davon. Den Grundstein für den Aufstieg des Südens legt General Park Chung-hee. Er putscht sich 1961 an die Macht. Zur Zeit der Besetzung hatte Park in der japanischen Armee gedient, ist also auch ein ideologischer Gegner Kim Il-sungs. Inspiriert von den straffen Führungsstrukturen im Norden besetzt Park alle wichtigen Positionen, besonders in der Wirtschaft, mit Militärs. Zudem nimmt Park 1965 diplomatische Beziehungen zum Erzfeind Japan auf und holt so Geld und vor allem Ingenieure nach Südkorea. Gelockt von überdurchschnittlicher Bezahlung – und Sex. Südkorea fördert offiziell die Prostitution. Das spricht sich herum. Am Wochenende fallen ganze Flugzeugladungen japanischer Sextouristen in Südkorea ein, die Flug, Hotel und Hure als Pauschalpaket gebucht haben. Auch das bringt jede Menge Geld ins Land und ist besonders pikant, bedenkt man das Schicksal der koreanischen »Trostfrauen« im Zweiten Weltkrieg.

Südkorea beginnt Japans Aufschwung zu kopieren. Und dessen Produkte. Es unterbietet sämtliche Weltmarktpreise, auf Kosten der zu Billiglöhnen in den Fabriken schuftenden Arbeiter. 1972 löst Park das Parlament auf, seine anschließende Wahl zum Präsidenten ist eine Farce. Er regiert Südkorea nun als alleiniger Diktator. Sein Vorbild: Kim Il-sung. 1974 überlebt Park im Gegensatz zu seiner Frau den Attentatsversuch eines in Japan lebenden Koreaners. Dennoch nimmt sich ein Leibwächter Parks aus Scham nach dem Samurai-Ritus des Seppuku, das wir als Harakiri kennen, das Leben: durch Aufschlitzen des Bauches und Herauspressen der Gedärme.

Park selbst stirbt im Oktober 1979 bei einem Putschversuch seines Geheimdienstchefs. Nach einem kurzen demokratischen Zwischenspiel übernimmt im Dezember erneut das Militär die Landesführung. Diesmal in Gestalt von General Chun Doo-hwan. Es kommt zu Protesten, vor allem von Studenten, die demokratische Reformen fordern. Bei einer Massendemonstration 1980 in Gwangju lässt General Chun Fallschirmjäger in der Stadt landen. Am Ende übersäen Hunderte Leichen die Straßen. Wie seine Vorgänger unterdrückt Chun die Opposition durch Verfolgung, Folter und Mord. Mit den Olympischen Spielen 1988 in Seoul nimmt die Reformbewegung Fahrt auf. Heute ist Südkorea eine Demokratie. Etwa so lange wie der Osten Deutschlands.

Während Südkorea der Aufschwung erfasst, verlangsamt er sich zur selben Zeit in Nordkorea. Ende der siebziger Jahre kommt er schließlich zum Stillstand. Ausländische Kredite können nicht mehr bedient werden. Das Modell Volkseigentum zeigt seine Schattenseiten. Der Ausfall des Ostblocks als Handelspartner stürzt das Land in den wirtschaftlichen Abgrund. Missernten und UN-Wirtschaftsboykotte wegen Nordkoreas Atompolitik lassen die Lage zunehmend aussichtslos werden.

Unser Gast konnte den Lebensbedingungen im heutigen Nordkorea Positives abgewinnen. »In vielen Wohnungen gibt's keine Heizung. Und das, wo es hier im Winter bis zu minus dreißig Grad kalt wird. Aber das hat die Nordkoreaner unglaublich zäh gemacht. Und sie bewahren auch bei größten Schwierigkeiten ihr freundliches Gemüt. Achten Sie mal darauf!«

»Wir haben gelesen, man käme gar nicht in Kontakt mit ...«, Thanh zeichnete Gänsefüßchen in die Luft, »... normalen Nordkoreanern.«

»Natürlich passen Ihre Begleiter auf, dass Sie nicht für Missverständnisse sorgen. Sie fahren sicher zu dieser Landwirtschaftlichen Produktionsgenossenschaft, da lernen Sie Bauern kennen. Und beim Einkaufen werden Sie es auch merken. Auf Ihrem Programm«, und dabei wurde Thanhs Arm getätschelt, »stehen ja mindestens zwei Souvenirläden und der Internationale Buchladen. Und wenn Sie Ihren Guides Dampf machen, dann gehen die mit Ihnen in ein Kaufhaus. Nehmen Sie alles an Sehenswertem mit. Sie beide haben schließlich genug für die Reise bezahlt, was?«

Flüge, Zugfahrt sowie Unterkunft und Vollpension in Nordkorea kosteten uns jeweils rund 2500 Euro.

»Frau Schäfer, darf ich fragen, welcher Ethnie Sie angehören?«

»Sicher.« Thanhs einsilbige Antwort blieb in der Luft hängen. Es kam keine Nachfrage. Dieses Spiel war zu simpel.

»Ich bin in Vietnam geboren, aber in Berlin bei deutschen Eltern aufgewachsen. Und Sie haben hier eingeheiratet?«

»Ach, das ist eine lange Geschichte. Aber sagen Sie, sind Sie ...« Der Zeigefinger schwenkte zwischen uns hin und her.

»Wir sind Freunde.« Wir sprachen es gleichzeitig aus.

»Und wie haben Sie sich kennengelernt?«

»Auf einer Vernissage«, sagte Thanh.

»Beim Theaterspielen«, sagte ich.

Wir hatten uns eigentlich auf Theaterspielen geeinigt. Ich ergänzte: »Wir sind zusammen bei einer Vernissage aufgetreten.«
»Als Hänsel und Gretel.«

Das transsexuelle Osterkaninchen

Hänsel und Gretel‹ war eine Parabel auf die Kunstszene.« Ich versuchte, Thanhs Blackout plausibel zu machen. Das professionelle Schweigen unseres Gegenübers nötigte zu weiteren Erklärungen. »Die beiden verlorenen Kinder versinnbildlichten den suchenden Künstler im Dickicht der Phantasie. Die Hexe war die Metapher für die zerstörerischen Kräfte des Marktes. Ja, wir fanden es auch albern. Aber es wurde gut bezahlt.«

Thanh hob anerkennend die Augenbrauen. Tatsächlich hatten wir uns bei der Eröffnung der Fotoschau »Hase und Mensch« kennengelernt. Der Veranstalter fand es originell, mich aus meinem Buch *Das transsexuelle Osterkaninchen* lesen zu lassen. Das konnte ich hier schlecht erzählen. Thanh war an jenem Abend privat gekommen, aber aus beruflichem Interesse.

»Sie sind also Künstler?« Wir hatten dreimal unsere Berufe angeben müssen. Auf den Unterlagen der Reiseagentur, beim Visumsantrag und in den Einreiseformularen, die man uns kurz vor der Landung in Pjöngjang in die Hand gedrückt hatte. Unwahrscheinlich, dass unser Gegenüber davon nichts wusste.

»Ich bin Dolmetscherin«, sagte Thanh, »für Deutsch und Vietnamesisch, er ist Lehrer.«

»Sie sind Kunstlehrer?«

»Im weitesten Sinne. Ich spiele Theater mit Firmenangestellten.« In die Zeile *Arbeitgeber* hatte ich in allen Unterlagen den Namen eines großen Reisekonzerns eingetragen, dessen Animateure ich des Öfteren in Comedy schulte. Meist kommen die Kunden aber zu mir in Seminare und Einzelcoachings. »Sogenanntes Businesstheater. Hilft bei der Lösung von Konflikten und stärkt das Miteinander im Betrieb.« Ich sagte bewusst nicht »Unternehmen«. »Betrieb« klingt sozialistischer.

Unser Gast wechselte scheinbar das Thema: »Haben Sie das große Kino vor dem Hotel gesehen?«

Als wir auf die Insel fuhren, hatte uns Herr Chung auf den grauen Bau hingewiesen, dessen Waschbetonfassade sich fächerförmig um drei Kinosäle wand.

»Da findet alle zwei Jahre das Internationale Filmfestival statt.« Ein schmales Lächeln. »Da haben schon viele deutsche Filme gewonnen. Wussten Sie das?«

Ich wusste sogar, welcher Streifen aktuell in den Kategorien Bester Film und Bester Hauptdarsteller nominiert war: *Der ganz große Traum* mit Daniel Brühl. Erzählt wird die Geschichte des Englischlehrers Konrad Koch, der 1874 das Fußballspiel nach Deutschland brachte. Der Gag in Minute neununddreißig stammt von mir. Einer von zweien, die es in die Endfassung geschafft hatten. Wusste das unser Gegenüber?

»Ein Filmfestival. Das ist ja interessant«, sagte ich.

»Ich frage deshalb so genau, weil hier manchmal Journalisten unter falscher Identität einreisen.« Unter dem Tisch berührte Thanhs Knie meines. Ich hielt dagegen.

Dann kam unser Kaffee.

Ich bin kein Journalist. Ich bin Autor. Schwerpunkt TV-Comedy. Produktionsfirmen beauftragen mich damit, Gags zu liefern. Für Filme oder TV-Shows. Häufig zu tagesaktuellen Themen. Ein Gag, den ich unmittelbar vor der Abreise für die *Harald Schmidt Show* geschrieben hatte, lautete: »Nordkorea testet Atomrakete. Die Erschütterung durch die Explosion war so stark. Vielen Nordkoreanern fiel beim Frühstück das Reiskorn aus der Hand.« Wir rührten in unseren Kaffeetassen herum. Die nächste Frage ging an Thanh: »Und interessieren Sie sich für Filme?« Sie blickte auf: »Können wir hier mal ins Kino gehen?« »Eine schöne Idee. Verstehen Sie Koreanisch?« Wir lachten alle.

»Also, was führt Sie hierher?«

Endlich konnten wir mal die Wahrheit sagen.

»Er ist schuld.« Thanhs Zeigefinger erstach mich fast. Ich griff in meine Gesäßtasche. Obwohl ich ihn in eine Klarsichthülle gesteckt hatte, tat es ihm nicht gut, dass ich auf ihm saß. Aber ich wollte ihn immer parat haben. Einen Zeitungsartikel aus dem *Neuen Deutschland*, bis 1989 das Zentralorgan der SED. Ich reichte ihn über den Tisch. »Das war meine Schule.«

Der Artikel vom 24. Juni 1988 begann mit: »*Die Oberschule am Parsteiner Ring in Marzahn trägt seit gestern den Namen ›Schule der Freundschaft zwischen der DDR und der KDVR‹.*«

»Ach, Sie sind aus der DDR!« Die Stimme wurde augenblicklich wärmer.

»Nur er!«, zerstörte Thanh Hoffnungen.

Und ich schob eilig hinterher:

»Unsere Schule hatte öfter Besuch von nordkoreanischen Gästedelegationen, für die wir Arbeiterkampflieder sangen.«

Die beiden Fotos zum Artikel wurden ausgiebig studiert. Das eine zeigte Kinder mit Blumen, Ballons und bräsigen Gesichtern. Das andere die Übergabe einer Fahne der nordkoreanischen Pionierorganisation an drei junge Pionierinnen auf der Eingangstreppe unserer Schule. Überreicht wurde sie durch Ho Dam, Erster Sekretär des Zentralkomitees der Partei der Arbeit Koreas. Ganz rechts sah man meine Mitschülerin Jessica in ihrer Funktion als Freundschaftsratsvorsitzende, womit sie das höchste politische Schüleramt bekleidete. Heute bekleidet sie eine Führungsposition beim BKA.

»Ist das Schabowski?« Unserem Gast entging nichts. Tatsächlich stand am anderen Ende der Treppe der Mann, der kaum anderthalb Jahre später die Öffnung der Mauer herbeistotterte. Ich selbst war nicht auf den Bildern.

»Das heißt also, Sie beide unternehmen diese Reise aus nostalgischen Gründen.«

»Fast schon aus romantischen«, rief Thanh, und ich klärte auf: »Damals sah ich in der Schule einen Propa..., einen beeindruckenden Film über Pjöngjang. Darin kam eine riesige regenbogenfarbene Wasserrutsche vor. Die schwirrt mir seit fünfundzwanzig Jahren im Kopf herum. Und ich sagte mir: Eines Tages, eines fernen Tages, wirst du sie mit eigenen Augen sehen.«

Thanh verdrehte ihre Augen. Ich ließ mich nicht beirren. »Können Sie mir helfen, meinen Traum wahr zu machen? Wissen Sie, wo die Wasserrutsche steht?«

Thanh glaubte nicht, dass es die Rutsche gab. Sollte ich aber recht haben, würde das Magazin einer großen Wochenzeitung das Foto von Kim Il-sungs Regenbogenrutsche auf der Titelseite bringen.

»Tja«, unser Gast beugte sich vor, »einen Vergnügungspark gibt es nur in Mangyŏngdae. Draußen beim Geburtshaus des Großen Führers Kim Il-sung. Da fahren Sie sowieso hin. Wenn Sie die Guides höflich fragen ... Aber machen Sie das in einem geeigneten Moment. Vielleicht nicht gleich heute.«

Wir versprachen es.

In den letzten Minuten bis zur Verabschiedung erhielten wir allerlei Insidertipps und die Ermahnung: »Nennen Sie nie nur die Familiennamen der Landesführer. Es gehört immer der Titel dazu. Großer Führer, Geliebter Führer und beim aktuellen ändert sich das alle paar Monate. Wir Ausländer sagen der Einfachheit halber: Nummer eins, Nummer zwei und Nummer drei.«

Ob die drei Restaurants des *Yanggakdo* in Wahrheit viel kompliziertere Namen hatten?

»Also, vergessen Sie die hysterischen Artikel in der deutschen Presse. Achten Sie nur auf das Schöne!«

Als unser Besuch gegangen war, rückten wir wieder etwas auseinander und Thanh flüsterte: »Jetzt sind wir *eingenordet*.«

»So!«, war Herr Chungs erstes Wort seit einer Stunde.

»Wer war denn das?«, fragte ich.

»Machen wir weiter in unserem Programm. Sonntag: sieben Uhr dreißig Frühstück, Abfahrt acht Uhr zum Ehrenhain der militärischen Offiziere, Besichtigung, dann Turm der Juche-Ideologie und Besichtigung ...«

Es war kurz vor Mitternacht. Wir hatten mit Herrn Chungs Hilfe an der Rezeption noch ein Highlight für den morgigen Abend gebucht und warteten nun ganz allein auf einen der Aufzüge. Die livrierten Türhalter schienen schon im Feierabend zu sein. Thanhs Augendeckel senkten sich langsam. Sie schüttelte den Kopf. »Was für eine merkwürdige Person.«

Mein Zeigefinger bearbeitete den Aufzugknopf. Sechs Fahrstühle, und keiner kam. »Wo bleiben die denn?«

»Sag doch deinen Zauberspruch auf, großer Hexenmeister.«

Da platzte es aus mir heraus. »Hänsel und Gretel? Wir haben uns als Hänsel und Gretel kennengelernt?! Geht's noch?«

Thanh hob entschuldigend die Schultern. »Wenn mir Blödsinn erzählt wird, erzähl ich auch Blödsinn.«

»Mann! Wir sind hier nicht bei ›Häkeln für den Frieden‹ oder was du sonst so in deiner Kommune getrieben hast.«

»Hase, bitte ...«

»Du weißt, was ich meine.«

»Mach dir nicht ins Hemd. Du hast es ja toll hingebogen.« Ihr Kompliment verfing, und meine Wut verflog. Das machte mich wieder wütend. »Ich lass mir lieber Blödsinn erzählen, als dass ...«

»Hase, ich bin zu alt, um verarscht zu werden.«

»Ich nicht.«

Sie wuschelte mir durchs Haar.

Der Zaubertee

Die Yanggakdo-Insel teilt den Taedong in zwei gleich große Arme, jeder von der Breite des Rheins. Der Taedong teilt Pjöngjang. Und auf dem Taedong tuckerte ein Bagger.
Es war ein Geräusch, das müde machte, wenn man wach war. Und munter, wenn man schlief. Erst tuckerte und teckelte es im Unterbewusstsein herum. Sobald daraus ein schwaches Bewusstsein geworden war, baute das Geräusch diesen Zustand stetig aus, bis das Bewusstsein sich so weit stabilisiert hatte, dass es Platz für weitere Wahrnehmungen bot.
Wind pfiff durch den Spalt des handbreit geöffneten Schiebefensters. Die Kälte des Morgens drang durch mein Zudecklaken und die Kunstfaserdecke darüber. Rot mit gelben Blumen. Ich schälte mich aus der Kapuze des Kapuzenshirts, in dem ich schlief – dreißig Prozent der Körperwärme gehen über den Kopf verloren –, und lockerte den Schal um meinen Hals.
Vor dem Fenster blähte sich im Dämmerlicht gleichmäßig die weiße Perlongardine, als würde sie atmen.
Vom Bett neben mir kam Thanhs Schnarchen. Rasselndes Luftholen, das ein Liebender gerade noch als süß bezeichnen würde. In den ersten Monaten.

Wir waren keine Liebenden.

Thanh lag auf dem Bauch, das Gesicht zu mir gedreht. Der Kopf ertrank in ihrem schwarzen Haar. Von dem nackten Arm, den sie unter ihr Gesicht geschoben hatte, schaute nur der Ellenbogen hervor. Rauhäutig, braun. Sie schlief natürlich nur im T-Shirt.

Auf dem Fluss kam der Bagger aus dem Takt. Er fing sich nach zwei, drei Hustern und tuckerte weiter. Sein Rhythmus erinnerte an einen alten Wecker.

Ich schlug Laken und Decke zurück und ging zum Fenster. Schob es ganz auf. Kalte feuchte Luft, die nach verbrannter Kohle roch. Süßlich und rauchig zugleich. Eine Morgenerinnerung meiner frühen Jahre: der gebeugte Rücken meiner Mutter, die, mich noch im warmen Bett wissend, vor dem Kachelofen hockte und aus einem Emailleeimer Kohlenbriketts in die Ofenöffnung schob. Dann das Quietschen der kleinen Eisentür, das Scheppern beim Schließen und das metallische Kratzen, wenn sie den Gitterschieber öffnete, damit genug Luft an die Kohlen kam. Erst wenn die Flammen bollerten, musste ich aufstehen.

Ich atmete tief ein.

Graue Wolkenberge hingen über Pjöngjang. Mehrere Brücken verbanden die beiden Teile der Stadt. Mal spannten sich schnurgerade Betonbänder über den Fluss, mal reihten sich regelmäßige Stahlbögen aneinander. Auf beiden Uferseiten erstreckte sich eine Landschaft aus Häuserquadern bis zu den scharfzackigen Bergketten am Horizont. Als hätte jemand weiße und graue Legosteine ausgekippt – manche waren auf der Seite gelandet, andere senkrecht stehengeblieben.

Es gab nur zwei herausragende Bauten. Am rechten Festlandufer ein nadelförmiger Turm, an dessen Spitze eine grellrote künstliche Fackel leuchtete, und im linken Teil der Stadt Nordkoreas höchstes Gebäude: die dreieckige Bauruine des *Ryugyŏng-Hotels*, dessen tragische Baugeschichte regelmäßig durch westliche Gazetten geistert.

Mit dreihundertdreißig Metern kaum kleiner als der Berliner Fernsehturm, war es 1987 als höchstes Hotel der Welt geplant worden und sollte zwei Jahre später zu den Weltfestspielen fertig sein. Um Kosten zu sparen, baute man nicht in Stahlskelettbauweise wie bei New Yorks Wolkenkratzern, sondern komplett in Beton. Eine statische Herausforderung, die zu immer neuen Verzögerungen führte. 1992 ging das Geld aus. Auch weil Einnahmen aus dem Handel mit den implodierten Bruderdiktaturen fehlten. Bis dahin waren angeblich siebenhundertfünfzig Millionen US-Dollar verbaut worden. Einhundertundfünf Geschosse türmten sich zu einer gigantischen Ruine. Durch die Fensterhöhlen der dreitausend Zimmer heulte der Wind. In offiziellen Karten war das unübersehbare Bauwerk nicht verzeichnet. 2008 erwarb der ägyptische Mischkonzern Orascom für hundert Jahre die Nutzungsrechte an der Hotelpyramide. Ab 2009 baute man weiter. Inzwischen verbirgt eine blaue Spiegelfassade die Leere dahinter.

Das Geisterhotel schimmerte kalt im Licht des Morgens.

Der Bagger auf dem Taedong grub den Fluss zwischen uns und der Stadt tiefer.

Acht Uhr zehn zeigte meine Plastikuhr an, als ich Restaurant *Nummer eins* betrat. Thanh hatte sich weder höflich noch unhöflich zum Aufstehen bewegen lassen. Die Neugier auf ein nordkoreanisches Frühstück verdrängte den Gedanken daran, dass wir uns in einem Land befanden, in dem das Brechen von Widerstand perfektioniert worden war. Sippenhaft war hier sehr beliebt.

Den Saal bevölkerte an diesem Morgen eine ähnliche Touristenmischung wie gestern Abend. So viele verschiedene Urlauber gab es ja auch nicht in dem Hotel. Das blaue

Blousonjackenpärchen vom Triumphbogen nickte mir zu, wie die meisten schon weiter mit dem Morgenmahl. Einen Start um neun auszuhandeln, schien sich niemand getraut zu haben.

Brav setzte ich mich an denselben Zehnertisch wie am Abend. Mein Rucksack leistete mir auf Thanhs Platz Gesellschaft.

Die Vorhänge gaben diesmal den Blick nach draußen frei. Regen platschte gegen die Fenster, hinter den Wasserschlieren war Pjöngjang am anderen Ufer nur zu erahnen.

Unser Plan bis zum Mittag: Besichtigung einer Viertelmillion Geschenke an Kim Il-sung, eine Wanderung durchs Myohyang-Gebirge und ein Picknick.

Ich war gerüstet für schlechtes Wetter. Hatte neben meinem Anorak noch eine Regenjacke und einen zweiten Pullover in den Rucksack gestopft. Außerdem mehrere Müsliriegel aus der Eisernen Ration. Wir führten nämlich nicht nur vierzig Lindt-Schokoladentäfelchen mit uns, sondern auch jeder ein Dutzend Energieriegel und Fruchtschnitten. Mit Hilfe einer komplizierten Formel aus dem Internet hatte ich ausgerechnet, dass ich mir zur Aufrechterhaltung aller Lebensfunktionen täglich achthundertsiebzig Kalorien zuführen musste. Das reichte allerdings nur, wenn ich mich nicht bewegte.

Thanh brauchte im selben Fall immerhin siebenhundertzweiundzwanzig Kalorien, obwohl sie neununddreißig Zentimeter kleiner war und schätzungsweise zwanzig Kilo weniger wog. Entweder ergab sich dieser überproportionale Mehrbedarf daraus, dass sie eine Frau war, oder ich hatte die Formel nicht verstanden.

Da ich mit dem Rücken zum Raum saß, dauerte es eine Weile, bis ich begriff, dass morgens nicht bedient wurde. Das Buffet hatte ich beim Reinkommen übersehen. Es bestand aus einem halbleeren Reiskocher, Platten mit einem kalten

Pilz-Reis-Gemisch aus den Resten vom Vorabend und drei Scheiben blasser Tomaten. Das Angebot ergänzte eine Schale mit Portionspackungen des österreichischen Marmeladenherstellers *Darbo*: Erdbeerkonfitüre und Pflaumenmus. Brot gab eine junge Angestellte aus. Sie bediente den Toaster und teilte mir mit ernster Miene zwei geröstete Weißbrotdreiecke zu, die ursprünglich mal eine Scheibe ergeben hatten. Ich lud zwei Löffel Reis und ein Plastikpäckchen Pflaumenmus auf meinen Teller. Fehlte noch ein Getränk. Mehrere Menschen mit Tassen bildeten eine Warteschlange an der dunklen Bartheke gleich neben dem Eingang. Drei Barhocker standen davor. Saß sich bestimmt gemütlich, abends im grellen Energiesparlampenlicht.

Ich stellte mich an. Eine nicht mehr so junge Angestellte verantwortete die Kaffeezuteilung. Das Nescafé-Schraubglas auf der Anrichte hinter ihr verriet, welchen Ursprungs die braune Flüssigkeit war, die sie aus einer Thermoskanne ausschenkte. Jeder, der seine Kaffeetasse gefüllt entgegennahm, machte ein enttäuschtes Gesicht. Als nur noch drei Wartende vor mir standen, sah ich auch, warum. Die Tassen wurden nur zur Hälfte gefüllt. Teetrinker wie ich bekamen mehr geboten, erstens eine volle Tasse und zweitens eine Zaubershow.

Mit der linken Hand griff die nicht mehr so junge Angestellte nach meiner Tasse, stellte sie ab, griff zur Thermoskanne mit heißem Wasser und goss ein. Nun kam ihre bisher unbeteiligte rechte Hand ins Spiel. Deren Daumen und Zeigefinger hielten den Faden eines Teebeutels, der nass und schwer auf dem Grund einer leeren Tasse ruhte. Mit einem Ruck hob ihn die Teemagierin an, schwenkte ihn zu meiner Tasse, senkte ihn ab, das Wasser wurde dunkel, sie zog ihn heraus und schwenkte ihn zurück in die leere Tasse. Ein Vorgang, den zu beschreiben mehr Zeit in Anspruch nimmt, als er dauerte.

Denselben Trick zeigte sie bei meinem Nachfolger und nächstem Teetrinker. Und beim übernächsten. Immer mit demselben Teebeutel. Das Faszinierende daran: Das Gebräu schmeckte wirklich nach schwarzem Tee.

Nach dem Frühstück, auf dem Weg in die Hotelhalle, kam die Erkenntnis: Mit dem Tee hatte ich Pjöngjanger Trinkwasser zu mir genommen. Zum Glück gehörten Kohletabletten zum Inhalt unserer Reiseapotheke. Und Elektrolytpulverpäckchen, die man in Wasser auflösen musste. Ein Teufelskreis, solange ich kein Wasser in Flaschen hatte. Ich musste einkaufen gehen.

Die Währung in Nord- wie Südkorea heißt Won. Außer dem Namen verbindet Nord- und Süd-Won seit 1947 nichts mehr. Damals wurde die Nordkoreanische Nationalbank gegründet und gab eigene Wons aus. Bis zu Beginn der 1980er Jahre existierten in Nordkorea drei Arten von Wons: für Nordkoreaner, für Ausländer aus sozialistischen oder Drittweltländern und für kapitalistische Ausländer. Die Scheine unterschieden sich farblich, die Münzen hatten je nach Nutzergruppe keinen Stern, einen Stern oder zwei Sterne auf der Rückseite.

Im Dezember 2001 wurde der Nordkoreanische Won an den Dollar gekoppelt. Ein Dollar entsprach nun 2,16 Won. Das war keine willkürliche Festlegung, sondern folgte den Gesetzen des nordkoreanischen Geldmarktes. Der Wechselkurs orientierte sich am Geburtstag von Kim Jong-il, dem 16. Februar. In Nordkorea schreibt man den Monat zuerst. Im Juli 2002 wurde der Kurs des Won dann allerdings neu festgelegt. Ein Won entsprach nun hundertfünfzig Dollar.

2009 schließlich wurde die Bevölkerung mit einer echten Währungsreform überrascht. Innerhalb einer Woche, in der alle Geschäfte geschlossen hatten, weil es kein gültiges Geld gab, mussten die Menschen ihre alten Wons bei den Banken gegen neue eintauschen. Ein neuer Won für hundert alte. Bei allen Preisen strich man zwei Nullen. Der neue Won orientierte sich nunmehr am Euro. Zum Zeitpunkt unserer Reise war ein Euro rund hundertachtzig (neue) Won wert. Theoretisch jedenfalls. Außerhalb Nordkoreas eine Bank zu finden, die Won tauscht, gleicht der Suche nach Wasservorkommen auf dem Mars. Es gibt keine. Kreditkarten nützen auch nichts, da es keinen normalen Bankverkehr zwischen Nordkorea und der Welt gibt. So viel wusste ich, als ich auf Shoppingtour ging.

Ein Geschäft fand ich auf halbem Weg in die Hotelhalle. Von der Tür führte ein Mittelgang hinein, den ein U aus Glasvitrinen umschloss. Darin und in Regalen an der Wand wurden die Waren feilgeboten: Schriften Kim Il-sungs auf Englisch, blassbunte Postkarten, Holzteller mit Kranichen, faustgroße Püppchen, die niedlich guckten, chinesische Brillenputztücher ... An einem Pfeiler warb ein Plakat auf Englisch für nordkoreanischen Ginseng. Dem Werbetext zufolge schützte er vor Erkältung, Müdigkeit, Impotenz und – radioaktiver Strahlung. Ungläubig las ich es dreimal. Ein neuer Atombombenversuch der örtlichen Militärs würde uns also nichts anhaben können.

Geschlossene Glasvitrinen, unerreichbare Regale und Verkäuferinnen, die über alle Waren wachen, kennt man aus Juwelierläden. Mich erinnerte dieses Verkaufskonzept an die Intershops in der DDR. Schaufensterlose Läden, die nach Waschmittel und Schokolade dufteten und in denen wir Westwaren gegen sogenannte Forumschecks kaufen konnte, die wir vorher gegen Westgeld tauschen mussten. So kam der Staat schon an Devisen, obwohl man noch gar nichts ausgegeben hatte. Da der kleinste Wert eines Forumschecks fünfzig Pfennig West entsprach, gaben die Intershop-Verkäuferinnen alles Wechselgeld, das unter diesem Wert lag, in Form von kinderdaumengroßen Milka-Schokoladentäfelchen heraus. Manchmal auch in Duplo. Sollte dieses sozialistische Bezahlkonzept noch im kommunistischen Nordkorea gelten, könnte ich versuchen, mit unserem Lindt-Vorrat zu bezahlen.

Alle Touristen beobachteten sich gegenseitig, um herauszufinden, wie der Verkaufsvorgang abgewickelt wurde. Ich bewies Mut. Auf Englisch bat ich eine Verkäuferin um zwei Flaschen Wasser. Sie kritzelte etwas auf ein Zettelchen und schickte mich damit zu einem Kassenhäuschen ohne Dach neben dem Ladeneingang. Darin thronte, leicht erhöht, so dass sie auch im Sitzen auf Augenhöhe mit den Kunden war, eine Frau, für die *Matrone* die ideale Bezeichnung gewesen wäre, hätte sie mehr gewogen. Ich schob mein Zettelchen durch die halbkreisförmige Öffnung in der Trennscheibe. »Dola or Juro?«, wollte sie wissen. »Juro«, sagte ich. Ihre Finger tanzten über einen Taschenrechner. Sie hielt mir die Anzeige hin: *1,60*. Ich wedelte mit einem Zehn-Euro-Schein. Münzen hatte ich nicht, Münzen kriegt man im Ausland nie los. Ihre Finger tanzten wieder, dann gab sie mir mein Wechselgeld: einen Fünf-Euro-Schein und mehrere Scheine chinesischer Yuan, die so abgegriffen waren, dass man den Wert nicht entziffern konnte. Zusätzlich erhielt ich ein von ihr beschriebenes Zettelchen. Das übergab ich einer Vitrinenbewacherin und bekam meine Wasserflaschen.

In der lichtdurchfluteten Lobby, die dem Hotelhochhaus vorgesetzt war, trieben nordkoreanische Reiseleiterpaare ihre Gruppen hinaus zu den Bussen. Die weiblichen Reiseleiter liefen in hochhackigen Schuhen über die spiegelnden Bodenplatten. Man hörte jedoch nicht das typische *Teck-teck-teck*. Die nordkoreanischen Absätze hatten den Durchmesser einer Gurke und machten *bump-bump*.

Die gläserne Kassettendecke, die die Lobby überspannte, begann zwei, drei Meter über den Eingangsdrehtüren und stieg dann schräg auf bis zum vierten Stock des Haupt-

gebäudes. Die Decke hätte leicht und schwerelos wirken können. Doch dicke Betonstreben fassten die Glasquadrate ein und verliehen der Konstruktion eine erdrückende Wucht. Aus der Wand des Hauptgebäudes ragten wie Theaterränge halbrunde Balkons mit goldenen Einfassungen hervor. Auf der rechten Seite der Lobby ruderten in kleinbusgroßen Aquarien riesige Schildkröten durchs Wasser. Schwarze Fische sausten unruhig hin und her. Vom Rand der Hotelhalle aus beobachteten einige einheimische Herren in erdfarbenen Bundjacken das Geschehen. Eine Erinnerung an Kindertage blitzte auf.
»Guten Morgen, haben Sie gut geschlafen?« Herr Rym. Die Erinnerung verschwand.
»Wir haben sehr gut geschlafen.« Das stimmte. »Jetzt sind wir wieder munter.« Das stimmte nur halb. Ob Thanh inzwischen munter war, wusste ich nicht. Meine Uhr zeigte acht Uhr achtundfünfzig. Sie hatte also noch zwei Minuten.

Die Krönung der Königin

»Wo ist Ihre Freundin?«
»Sie wird gleich kommen.« Meine Stimme troff vor Zuversicht.
»Sehr schön.« Herr Rym trug wie gestern einen Anzug. Heute allerdings kombiniert mit einem schwarzen Hemd und einem weinroten Schlips samt Krawattennadel. In den Haaren glänzte wieder Gel. Herr Rym war ein kleiner Dressman. Er schaute auf seine Uhr, aber so, dass ich das Ziffernblatt nicht sehen konnte. Reden würde ihn ablenken.
»Gestern Abend haben wir noch eine Massage gebucht«, sagte ich.
»Massa...?« Offensichtlich kannte er das Wort nicht. Mir fiel nichts Besseres ein, als ihn von hinten an den Schultern zu packen und zuzudrücken. Sofort kam Bewegung in die erdfarbenen Herren am Rand der Halle. Auch Herr Rym erschrak. Als er meine kreisenden Daumen spürte, entspannte er sich. »Ah, Massage.« Auf Empfehlung unseres abendlichen Gastes hatten wir gestern vor dem Zubettgehen für den heutigen Abend ein Wellnessprogramm auf dem Zimmer geordert. Herr Rym erkundigte sich nach der Schreibweise von *Massage*. Mitten in unsere Diskussion über die vielfältigen Möglichkeiten, im Deutschen ein G auszusprechen,

stieß atemlos Herr Chung zu uns. »Guten Morgen, wo ist denn Ihre Freundin?«

»Sie wird gleich kommen.« Ich hing dem Glauben an, dass je öfter ich es sagte, desto mehr die Chance stieg, dass es wahr wurde. Herr Chung, dessen schon bekanntes hellblaues Hemd unter der schwarzen Anzugjacke knitterte, verschwand in Richtung Rezeption. Herr Rym gähnte herzhaft und berichtete, es sei gestern spät geworden. Herr Chung habe bis drei Uhr morgens Bier getrunken, und er selbst habe mitmachen müssen.

Um zehn nach neun kehrte Herr Chung zu uns zurück und wechselte eine paar Worte mit seinem jüngeren Kollegen. In der Halle war es still geworden. Die Schildkröten glotzten herüber. Herr Rym gähnte. Draußen vor der Drehtür rauchte unser Fahrer am Bus. Wir drei drinnen fixierten den düsteren Gang, der zwischen den braunen Glasröhren der Außenaufzüge in die Hotelhalle mündete.

Und dann trat Thanh aus dem Dunkeln ins Licht der Lobby. Kerzengerade durchmaß sie ohne jede Hast die Halle. Sie trug ihren Stehzopf. Ganz oben quollen schwarze Haarspitzen aus dem roten Bandwickel und fielen schirmartig nach allen Seiten. Bei jedem ihrer Schritte wippte ihre Krone.

»Ah!«, entfuhr es unseren Guides synchron. Und Herr Chung fügte hinzu: »Unsere Königin!«

»Guten Morgen. Alle versammelt? Dann können wir ja starten.« Als wäre sie die Reiseleiterin.

»Haben Sie Ihr Telefon in seinem Umschlag gelassen?« Womöglich hatte Herr Chung die halbe Nacht Bier getrunken, um seine Sorgen wegzuspülen. Thanh zögerte einen Moment.

Nein! Nein, nein, nein! Das durfte nicht wahr sein. Bitte nicht!

»Natürlich. Alles bestens.«

Alles bestens mit dem Telefon oder mit dem Umschlag?

Aus ihrer Umhängetasche kramte sie das weiße Päckchen hervor. Es schien unversehrt.

Kaum waren wir losgegangen, sagte Thanh dicht neben mir leise: »Ich hab's nicht aufgekriegt, ohne dass das Papier einreißt.«

Meine Vorhaltungen auf dem Weg zum Bus ignorierte sie.

»Und außerdem ...«, beim Hinsetzen hielt ich ihr demonstrativ meine Uhr vor die Nase. »Es ist neun Uhr zweiundzwanzig!«

Stumm deutete Thanh nach vorn zum Armaturenbrett. Die Digitaluhr zeigte in leuchtendem Grün: *9:02*.

»Aber Herr Rym hat mir gestern gesagt, welche Zeit ich einstellen muss.«

»Dann hat er dich auf den Arm genommen.«

Oder der Unpünktlichkeit von Kapitalisten vorgebeugt.

Kaum hatten wir den Schutz des Vordaches verlassen, prasselte Regen aufs Dach unseres kleinen grauen Busses. Wo gestern nur nackte Metallbügel klemmten, glitten heute neue Scheibenwischerblätter über die Windschutzscheibe.

In Höhe des Kinos, auf dessen graubrauner Betonfassade der Wind bizarre Wassermuster zeichnete, kam uns eine Kolonne Bauarbeiter entgegen. Soldatengleich in ihren identischen Jacken, Hosen und Stiefeln. Schirmmützen und Rücken fast schwarz vor Nässe, marschierten sie in Zweierreihen zum Bauplatz. Der musste irgendwo zwischen Kino und Hotel liegen. Kurz vor der Brücke drängten sich, halb versteckt hinter planenbespannten Zäunen, dutzende Armeezelte unter nassglänzenden Bäumen auf schlammigem Grund. Die Unterkünfte der Baukolonnen.

Trotz des Regens waren in Pjöngjang wieder unzählige Menschen zu Fuß unterwegs. Schleppten Rucksäcke oder Kinder auf dem Rücken. Schoben Fahrräder. Liefen ohne nach links oder rechts zu schauen auf die Straße und Herrn Pak vor den Kühler, so dass unser Fahrer mehrmals hart in die Bremsen stieg und schimpfte. Mit Verkehr rechnete hier anscheinend niemand.

Mit der Zeit beschlugen die Scheiben, und wir gaben es bald auf zu wischen. Während Pjöngjang in kastenförmigen Silhouetten an uns vorüberzog, hing Herr Chung am Telefon. Dafür, dass der ägyptische Konzern Orascom das hundert Jahre währende Nutzungsrecht am riesigen Ryugyŏng-Hotel bekam, verpflichtete er sich, in Nordkorea ein Mobilfunknetz zu errichten. Das nutzte Herr Chung gerade ausgiebig. Thanh verkürzte ihren Stehzopf um eine Bandwindung. Bei Schlaglöchern stieß sie sonst ans Dach.

»Weißt du, wann du diese Frisur zuletzt getragen hast?«

Thanh erkannte, dass ich nur rhetorisch fragte, und schwieg.

»Am 31. Januar.«

Jetzt schwieg sie vor Verblüffung.

»Das war der Tag, an dem ich bei dir um die Ecke ein Seminar gab und dich abends besucht habe.«

»Dein Gedächtnis macht mich wahnsinnig.«

»Du vergisst ja sogar deinen Namen.«

Bevor Thanh sich von diesem Volltreffer erholen konnte, drehte sich Herr Chung im Beifahrersitz zu uns um: »Meine Königin«, sein Lächeln erinnerte entfernt an Clark Gable, »ich möchte nun das Programm von heute sagen. Ist unsere Königin bereit?« Entweder wusste er Thanhs Namen auch nicht mehr, oder er traute dem angegebenen nicht. Am wahrscheinlichsten war, dass er Thanhs Wunsch, sie nicht als Frau Schäfer anzusprechen, erfüllen und gleichzeitig vermeiden wollte, sie bei ihrem Vornamen zu nennen, da es den hiesigen Gepflogenheiten widersprach.

»Das Programm haben wir doch schon gestern gehört.«

»Aber vielleicht hat der Schlaf Ihr Gedenken aufgegessen?«

»Mein Gedächtnis. Ja, das kann sein. Zum Beispiel weiß

ich nicht mehr, wie ihr heißt. Du bist Rim, stimmt's?«, sagte Thanh zu Herrn Chung.

»Was wissen Sie über Namen in Korea?«

»Hier heißen viele Leute Kim.« Wie viel Wahres in dem Sprichwort mit dem Gold und dem Schweigen steckt, schien Thanh noch nicht durchschaut zu haben. »Ich hab irgendwo gelesen, dass fast die Hälfte aller Koreaner Kim heißen.« Noch mehr Silber. Als wären *die Kims* irgendwelche Müllers, Meiers, Schulzes.

Herr Chung ließ sich nichts anmerken. »Als Erstes wird in Korea immer der Name von der Familie genannt. Dann kommt der Name wie bei Ihnen. Beispielsweise Sandra. In Korea er ist zusammengesetzt aus zwei einzelnen Silben. Insgesamt es gibt in Korea etwa zweihundertfünfzig verschiedene Familiennamen. Diese Familiennamen hat früher der König vergeben als Auszeichnung.«

Herr Chung übte mit uns Aussprache. Herr Rym sprach sich nicht »Rim« aus, sondern fast »Rüm«. Das R musste kurz, aber stark mit der Zunge gerollt werden. Herr Chung sprach sich »Tschung«, wobei es das U annähernd zu verschlucken galt, damit es so klang, wie wenn man eine stark gespannte Bogensehne schnipsen lässt. Mich lobten sie. Thanh scheiterte an beiden Namen. Unsere Guides fanden das lustig, war Thanh als Asiatin doch irgendwie eine von ihnen.

»Kann ich euch nicht beim Vornamen nennen?« Unsere Guides lachten. Als Thanh später zum zweiten Mal fragte, sagte Herr Rym: »Schauen Sie mal, unser Eishockeystadion«, und beim dritten Mal schweigen sie einfach.

»Wie sagt ihr denn zueinander?«

»Herr Chung«, sagte Herr Rym.

»Herr Rym«, sagte Herr Chung.

Trotzig kündigte Thanh an, das »Herr« von nun an wegzulassen. Unsere Begleiter nickten höflich.

Am Stadtrand kontrollierte ein samt Militärmütze komplett in eine durchsichtige Regenpelerine eingehüllter Posten unseren Passierschein, dann waren wir auf der Autobahn. Sie gehörte uns ganz allein, und bis zum Ziel unseres Ausflugs gab es keine einzige Abzweigung. Das vierspurige, einhundertsechzig Kilometer lange Betonband war nur gebaut worden, um Pjöngjang mit den Geschenkesammlungen der Kims im Myohyang-Gebirge zu verbinden.

Der falsche Buddha

yms Gesicht schob sich von hinten zwischen unsere Köpfe: »In den Myohyang-Bergen leben viele wilde Tiere.«
»Nein, wirklich. Welche?«
Es kam zu einem längeren Wortwechsel zwischen Rym und Chung. Chung begann in einem Wörterbuch zu blättern.
»Macht sie doch nach«, schlug Thanh vor.
Dafür waren die beiden sofort zu haben. Den Bär konnte Chung hervorragend. Ryms Hirsch war auch nicht schlecht, vor allem in der Brunft. Die Krönung aber lieferte Chung als Hase. Allein schon, weil er die richtigen Zähne dafür besaß.
»Und wie heißt dieses Tier auf Koreanisch? *Wau-wau-wau*«, bellte ich durch den Bus.
Chung und Rym zuckten mit den Schultern.
Ich hechelte und sah Thanh treuherzig an.
»Wenn du mich jetzt ableckst, steige ich aus.«
Thanhs Hund Uncle Sam schlabbert gerne Ohren ab, am liebsten, wenn er auf der Rückbank eines Autos sitzt und der Fahrer lenken muss. Eigentlich sollte sie es mögen.
Rym hinter uns dämmerte es. »Es bedeutet ›Hund‹. Aber bei uns in Korea ... Hunde machen *wuang-wuang*.«
Wir übten nun alle das Bellen in einer Fremdsprache. Und

hatten auf der zweistündigen Fahrt bis in die Berge tierischen Spaß, den Herr Pak am Steuer stoisch ertrug.

Laut der leicht lädierten Landkarte, die Chung uns vor die Nase hielt, lag das Myohyang-Gebirge nördlich von Pjöngjang, etwa da, wo beim Seepferdchen das Auge ist. Die letzten Kilometer bis zum Ziel erinnerten an den Harz: von tiefgrünen Nadelhölzern bewaldete Hügelketten, dazu eine einsame Straße, die zwischen den dicht stehenden Bäumen bisweilen nachtdunkel wurde. Eine Brücke markierte den Eingang in die wilde Bergwelt. Ein einsamer unbewaffneter Soldat unter einem schwarzen Regenschirm hielt Wache. Kurz darauf überraschte uns ein weißes Hotel neben der Straße. Dem Architekten hatten wohl zwei zum Dreieck gefaltete Servietten als Vorbild gedient, die mit ihren Rücken aneinanderstießen und eine gemeinsame Spitze bildeten. Die Mittelachse des Baus bildete ein gläserner Aufzugschacht, der in ein Drehrestaurant mündete. Es war genau dort aufgepflanzt, wo die Spitze hätte sein sollen.

»Hyangsan-Hotel«, erklärte Chung, ohne sich umzudrehen.
»Wart ihr da schon mal drin?«, fragte Thanh.
»Ja.«
»Wie sieht's da drinnen aus?«
Chung wandte sich lächelnd um. »Sehr schön.«
»Hat es zurzeit geöffnet?« Der Bau zeigte keine Spuren irgendwelchen Lebens.
»Es wird renoviert.«
Kurz darauf wurden wir von einem Militärposten nach dem üblichen Schema kontrolliert – Fenster runter, Papierchen raus, Papierchen rein –, schließlich hielten wir vor einem grauen Verwaltungsgebäude. In dessen Eingang standen zwei junge Nordkoreanerinnen. Die Gesichter püppchenhaft, rotwangig und ebenmäßig. Ihre schlanken Schultern ragten aus glockigen Seidenkleidern heraus. Als die

beiden Thanhs Haarturm erblickten, hielten sie ihre kleinen Hände vor den Mund, und ihre Schultern bebten. Thanh winkte ihnen zu. Da kicherten sie noch mehr und drehten sich weg. Jetzt bebten die propellergroßen Schleifen an ihren Rücken.

Chung wurde laut. Auf Koreanisch. Die Frauen huschten sofort hinter die gläserne Eingangstür. Von drinnen schauten sie uns schnatternd nach.
»Wer wohnt denn da drin?«
»Soldaten.«
»Das sind aber hübsche Soldaten.«

Aus dem prasselnden Regen war ein nebliges Nieseln geworden. Kalter Wind trieb die feinen Tropfen waagerecht vor sich her. Ich ließ mich von Thanh vor einem blühenden Mandelbäumchen fotografieren. Chung wies auf einen Hain dunkelgrüner Nadelbäume hin, so groß wie Weihnachtstannen auf deutschen Marktplätzen.
»Wacholder! Eine Spezialität von Myohyang-Gebirge.«
»Wow!«, staunte Thanh.
Sie fotografierte den Wacholderhain.

Hinter der nächsten Wegbiegung, an der ein Soldat vor dem Regen geschützt in einem Holzhäuschen ein Gewehr mit aufgepflanztem Bajonett festhielt, tauchte wie aus dem Nichts ein Zwitterbau auf: unten Bunker, oben Tempel.
»Bei diesem Gebäude handelt es sich um die Ausstellung der Internationalen Freundschaft vom Geliebten Führer Kim Jong-il. Darin befinden sich die Geschenke aus aller Welt. Über siebzig!« Chung wies Rym auf seinen Fehler hin. Verschämt korrigierte sich Rym: »Siebzigtausend.«
»Das müssen aber sehr kleine Geschenke sein«, schlussfolgerte Thanh. Der Tempelbunker war kaum größer als ein Kleinstadtrathaus.
»Oh, das ist nur der Eingang. Museum ist im Berg.« Rym

kniff die Augen zusammen und ließ die Kiefermuskeln spielen. »Geschützt vor unseren Feinden.«

»Leider können wir es nicht besichtigen«, bedauerte Chung.

»Warum?« Als ob Thanh darauf Lust gehabt hätte.

»Weil wir zu wenig Zeit haben.«

»Och, schade.« Ich fand, Thanh übertrieb.

Der Geschenkebunker von Kim Il-sung lag hinter der nächsten Wegbiegung. Er glich dem von Kim Jong-il, nur dass er doppelt so groß war und der Tempelteil des Bunkers nicht eines, sondern zwei grüne Pagodendächer übereinander trug. Beiderseits einer mächtigen Flügeltür hatte man auf kleinen Sockeln zwei Statuen aufgestellt. Ich war tief beeindruckt. »Wahnsinn, wie echt die aussehen.«

»Hase, putz deine Brille, die sind echt.«

Über das Oliv ihrer Uniform lief von der Schulter schräg zur Hüfte ein weißer Schulterriemen, weiß auch ihr Gürtel und ihre Handschuhe. Die Gesichter unter den Militärmützen wie gemeißelt. Völlig identisch. Sie blinzelten nicht einmal.

Plötzlich bewegte sich einer der Türflügel, und eine resolute kleine Person um die fünfzig schoss heraus. Ihr gelbes, blumenbesticktes Kunstseidenkleid fiel ab der Brust weit herab und reichte bis zum Boden. Ihre schwarzen Haare lagen in kurzen modischen Wellen eng am Kopf. Lippenstift und Rouge machten sie nicht jünger. Sie gurrte eine Begrüßung, dann ruckte zweimal ihr Kopf, als Zeichen, dass Chung übersetzen sollte.

»Unsere Geidinn sagt ...«

»Wer?«, fragte Thanh.

Ich sprang dem verdutzten Chung bei: »Der Guide – die Geidinn.«

»Ah! 'tschuldigung. Kannst weitermachen.«

»Ja, also Geidinn sagt: Herzlich willkommen in der Internationalen Freundschaftsausstellung. Dieses Gebäude besitzt über hundertfünfzig Säle, es hat eine Gesamtgröße von fünfzigtausend Quadratmetern. Das sind sieben Fußballfelder. Alle wurden von vielen Freiwilligen tief in den Berg gebaut.«

»Wegen unseren Feinden.« Rym machte sein Kriegsgesicht. Eine düstere Eingangshalle tat sich auf.

»Wir geben hier alle Sachen ab. Sicherheit!«, raunte Chung. Ein zischendes Echo sauste zwischen den grauen Wänden umher.

Die gelbe Geidinn überreichte uns blaue Überzieher für die Schuhe. Thanh hielt sie zwischen Daumen und Zeigefinger und betrachtete sie einen Moment zu lang.

»Schön, nicht wahr?« Rym strahlte den Enthusiasmus eines Kindes aus, das von seiner Mutti erwartet, in drei krakligen Kreisen einen Schneemann zu erkennen.

»Ich bin begeistert.«

Rym war jede Ironie fremd. Er stand kurz vor einem Freudenhopser. Seufzend überzog Thanh ihre Doc Martens mit Himmelblau.

Die gelbe Geidinn positionierte uns vier vor einem Metalldetektor wie am Flughafen. Im Gänsemarsch schlitterten wir hindurch. Gleich danach begann sie wieder zu gurren und zu rucken. Chung übersetzte. »In der Ausstellung der Internationalen Freundschaft sind ausgestellt 218 400 Geschenke aus hundertachtundsiebzig Ländern der Erde.« Kim Il-sung leitete die Geschicke Nordkoreas von 1948 bis zu seinem Tod 1994. Pro Jahr erhielt er demnach durchschnittlich 4747 Geschenke, dreizehn am Tag. Damit niemand den Überblick verlor, zeigte eine Tafel den aktuellen Geschenkestand.

Eine Weltkarte an der Wand bildete links die Eurasische Platte zusammen mit Afrika als einen Kontinent ab, rechts breitete sich der amerikanische aus. Und genau im Zentrum leuchtete rot Korea, ganz Korea, als Mittelpunkt der Welt. Genau dort, wo auf unseren Karten Europa liegt.

Die gelbe Geidinn huschelte zu einer Flügeltür, deren goldene Griffringe in Höhe ihres Kopfes angebracht waren. »Jeder Türflügel wiegt vier Tonnen«, erklärte Chung stolz. Thanh ließ ein »Wow« ertönen, und die Geidinn zog die Tür mit zwei Fingern auf.

»Das sieht aber sehr leicht aus.«

»Der Grund dafür ist die bewundernswerte Kunst unserer Handwerker.«

»Wow!«

Unmittelbar hinter den Wundertüren folgte dieselbe Konstruktion noch einmal. Und plötzlich umfing uns feierliche Orchestermusik in einem Saal ohne Fenster. Spiegelnder Marmor, kunstvoll geschnitzte Holztafeln über weißen Wandnischen, von der strahlend weißen Kassettendecke hing ein halbes Dutzend Kronleuchter herab. Mannshohe Vasen in Glasvitrinen bildeten ein Spalier. An dessen Ende eine weiße Statue. Offenbar inspiriert vom Lincoln-Denkmal in Washington. Nur war die Gestalt, die da im Sessel saß, wohlgenährter. Gütig schaute sie auf uns herab. Die Museumsführerin, Chung und Rym blieben stehen. Synchron verbeugten sie sich, bis ihre Körper jeweils einen rechten Winkel bildeten. Ich senkte aus einem lemminghaften Impuls heraus ebenfalls meinen Oberkörper, nur nicht ganz so tief. Dafür war ich mir völlig darüber im Klaren, vor wem ich mich verneigte. Neben mir tat Thanh dasselbe. Mit dem Gesicht in Richtung Marmorboden flüsterte ich: »Du weißt schon, wer das ist?«

Thanh fuhr auf. Machte noch schmalere Augen.

Ich half ihr auf die Sprünge: »Du hast dich gerade vor Kim Il-sung verbeugt.«

»Ich hab meine Brille nicht auf.«

»Du trägst Kontaktlinsen.«

»Ich dachte, das ist Buddha.«

Mein Auflachen hallte fürchterlich. Durch Räuspern und Röcheln versuchte ich, die bösen Blicke aller Anwesenden zu entschärfen.

Wir durchschritten eine Tür. Der Gang dahinter war so lang, dass sich seine Fluchtlinien am Ende in einem einzigen Punkt trafen. Auf beiden Seiten gingen alle paar Meter weitere Türen ab. Sie führten in Ausstellungssäle, von denen weitere Türen in weitere Säle abgingen. Das Museum war eine Mischung aus *Das verrückte Labyrinth* und Adventskalender.

Unsere Museumsführerin erkundigte sich, woher wir stammten. Deutschland wurde Thanh nicht abgenommen. Vietnam stellte die Führerin zufrieden. »Die Geidinn wird Ihnen später zeigen, welche Geschenke der Große Führer Kim Il-sung aus Ihren Ländern erhalten hat.«

Alle Geschenke lagerten in Glaskästen. Mancher Saal umfasste die Geschenke nur eines Landes, zum Beispiel der Sowjetunion, dann wieder gab es Säle, in denen lediglich eine Wand voller Vitrinen ein Land repräsentierte. Die Gaben ganz geiziger oder kleiner Länder teilten sich eine Vitrine. Ein kleiner Pappaufsteller vor jedem Geschenk verriet in Koreanisch und Englisch Name, Herkunft und Spender des Präsentes.

Wir hatten vier oder fünf Säle hinter uns gelassen und befanden uns nun tief unten im Berg. Falls die Amerikaner innerhalb der nächsten Stunde Nordkorea angriffen, es würde uns an nichts mangeln. Morgens würde ich auf dem von François Mitterrand vermachten Chrom-Glas-Konferenztisch eine der hübsch gestickten Decken von Robert Mugabe ausbreiten und den Tisch mit dem weißblaugoldenen Kahla-Geschirr von Erich Honecker decken. Später ließe sich damit das Mittagessen servieren. Denn neben Tellern, Tassen, Kaffee- und Teekannen umfasste Erichs edles Porzellan auch eine Suppenterrine. Als Ersatz für ihren Hund müsste

Thanh mit einem ausgestopften Löwen vorlieb nehmen, Geschenk des äthiopischen Diktators Mariam, Beiname »Der Schlächter«. Abends säßen wir dann in zwei identischen Polstersesseln von General Tito, ich Tee aus einer Tasse von Ceaușescu trinkend, Thanh den Bierhumpen eines bayerischen Maschinenherstellers in der Hand.

Knobeln müssten wir, wer wo schläft. Ich tendierte zu Stalins Präsent, einem schwarzen Ungetüm von Eisenbahnwaggon voller Samt, Plüsch und Etagenbetten. Ihrer asiatischen Wurzeln wegen bekäme Thanh das ähnlich ausgestattete Schienengeschenk von Mao, das sogar etwas länger war und neckische Rundbogenfenster hatte. Die Waggons standen hintereinander in einem eigenen Raum.

Nachdem wir einen silbernen Sattel von Gaddafi bewundert hatten, Thanhs Wows verloren zunehmend an Kraft, raschelte unsere Museumsführerin zur nächsten Vitrine. Ihr Gesicht fiel auf diesen kurzen Strecken immer etwas zusammen. Sobald sie sich aber umdrehte und zu erzählen begann, woher und zu welchem Anlass der Große Führer dieses Schwert oder jene Flechtware erhalten und was er beim Empfang des Geschenks gesagt hatte, erinnerte sie mich an ein junges Mädchen, das seiner Freundin vom ersten Kuss berichtet.

Ihr aktueller Vortrag dauerte schon eine Weile und drehte sich um Stifte von Fidel Castro. Wenn sie mit ihren Ruckerchen Chung das Zeichen zum Übersetzen gab, schien er von Mal zu Mal schwerer Luft zu holen.

Dann fiel der Strom aus. Schwärze umschloss uns.

Das Letzte, was ich gesehen hatte, war ein grinsender Alligator, der auf den Hinterbeinen stehend ein Tablett mit Whiskygläsern servierte.

Totenstille. Die Ohren schienen wie zugeklebt. In dieser Finsternis würde ich unser Frühstücksgeschirr nie finden.

Es raschelte. Es wurde hell. Der Alligator grinste, die

Geidinn kicherte und Chung sagte: »Wenn wir uns nicht bewegen, das Licht geht aus. Fortschrittliche Technik für Umweltschutz.«

»Wow!«

Der kellnernde Alligator stammte von Daniel Ortega, Präsident Nikaraguas, dessen Aufbau eines sozialistischen Staatswesens ich als achtjähriger Abonnent der *ABC-Zeitung* monatlich verfolgt hatte. Die bildreichen Reportagen aus Mittelamerika folgten unmittelbar auf den Comicstrip über die Abenteuer des Jungpioniers Manne Murmelauge.

Wenn im Berg mal wieder das Licht erlosch und sich Finsternis über alle Staatsgeschenke ausbreitete, wussten wir nun, was zu tun war. Und wenn das Licht wieder aufflackerte, stand mindestens einer von uns mit noch vom Winken erhobenem Arm da.

Plötzlich wandte sich unsere Führerin direkt an Thanh. Chung übersetzte: »Geidinn sagt: Es ist ihr eine große Ehre, Ihnen zu zeigen die Staatsgeschenke von Vietnam an den Großen Führer Kim Il-sung. Dazu machen wir einen kleinen Umweg.«

»Das ist echt nett, aber das muss wirklich nicht sein.«

»Es ist eine Ehre für uns, meine Königin.«

Der Umweg war kaum länger als sechs oder sieben Säle. Thanh rutschte neben mir über den Steinboden. »Ich mag diesen Plunder nicht mehr sehen. Und ich hab Rückenschmerzen.«

»Was sagst du auch dauernd ›Wow‹? Da muss sie ja glauben, dir gefällt's.«

»Du sagst ja gar nichts.«

»Ich nicke. Aber du bist richtig unaufrichtig.«

»Merken die denn nicht, wie absurd das alles ist?«

»Ja, nu is' gut.«

»Nein, ist es nicht.«

Der vietnamesische Präsident Ho Chi Minh hatte ein

silbernes Teeservice verschenkt. Die gelbe Geidinn gab sich besonders viel Mühe, die handwerklichen Feinheiten der Tässchen hervorzuheben. Thanhs Atem ging schneller. Ihre rechte Fußspitze begann zu wippen. Als Chung die deutsche Vokabel »Henkel« nicht einfiel, rief Thanh in die Pause hinein: »Das ist wirklich wunderhübsch. Aber ich müsste leider mal dringend zur Toilette.«

Die Bienenwachs-Verschwörung

Der Ausblick überwältigte. Dicht und dampfend, beide Seiten des Tales herabfließend und sich unten vereinigend, glichen die Kronen der Wacholderriesen grünen Meereswogen. Feuchte Schleier hingen zwischen den Berghängen. Hunderte Vögel zwitscherten.

Nach drei Stunden Schlitterns durch den Geschenkebunker endlich frische Luft. Thanh gab Zigaretten aus.

Wir hatten den Rückweg durch gefühlt zwanzig Säle im Eiltempo genommen, unsere Überzieher abgegeben, einen WC-Besuch absolviert – vor dem mir Thanh zuzwinkerte, weil sie gar nicht musste –, im Souvenirshop für acht Euro einen Museumskatalog und für fünfzig Cent ein hölzernes, scharfzackiges Ei erstanden. Irgendwas musste man den Lieben daheim ja mitbringen. Nun standen wir zu viert auf einer Terrasse unter einem von bunten, rissigen Holzbalken getragenen Pagodendach.

In der riesigen Türöffnung zur Terrasse erschien eine junge Koreanerin in einem violetten Anorak. Sie war ausnehmend hübsch und die erste Frau auf unserer Reise, die kein Make-up trug. Chung hatte vorhin bei ihr für alle Tee bestellt.

»Would you like some sugar or milk in your tea?«

Thanh fuhr herum. »Wow, your pronunciation is excel-

lent! Genuine Oxford English. I am very impressed.« Die junge Frau senkte den Kopf. Rym ging sofort dazwischen.
»Was haben Sie zu ihr gesagt?«
»Dass sie sehr gutes Englisch spricht.« Sie wandte sich wieder an die Bedienung. »Have you ever been to Oxford?« Ich verspürte den Drang, meine Stirn gegen einen der bunten Holzpfosten zu hämmern.
»No Oxford«, die junge Frau reckte das Kinn. »Kim-Ilsung-University! ... Your tea is waiting for you.«
»Oxford?!«, fauchte ich.
»Hätte doch ...«
»Hätte nicht!«
Wir gingen hinein. Während wir um einen niedrigen Tisch herumhockten und Tee schlürften, wurde klar, warum die junge Frau einen dick gefütterten Anorak trug. Der Raum war ungeheizt. Die Wärme, die unsere Körper erzeugten, sammelte sich oben unter der fünf Meter hohen Decke.
»Wollen Sie sich in das Gästebuch eintragen, meine Königin?« Chungs Frage war eher eine Aufforderung.
»Das macht er«, zog sich Thanh aus der Affäre. »Er ist der Schreiber von uns beiden.«
Warum sagte sie nicht gleich »Journalist«? Immerhin fiel es ihr sofort auf. »Also er schreibt viel schöner. Meine Schrift kann man überhaupt nicht lesen.«
Isabel kam mir in den Sinn, wie sie über meinen Liebesbriefen saß und meine Sauklaue verfluchte.
»Gut, dann schreibt der König.«
Ha, König! Nun war auch ich gekrönt. Ich grinste Thanh an, sie verdrehte die Augen.
Auf Geheiß von Chung schleppte die junge Frau ein Gästebuch herbei und schlug es vor mir auf. Eintragungen von Menschen aus aller Welt, meist in Englisch. Manche übertrieben blumig, andere bemühten sich um Distanz. Am schönsten fand ich einen deutschen Eintrag: »Geschenke

aus der ganzen Welt, ein jedes uns gefällt. Das zeigt die Anerkennung für den Großen Führer Kim Il-sung. – Heidi & Günter Geigele, Künzelsau, Germany.«

Mein Eintrag musste sowohl unseren Guides gefallen als auch Thanh. Alle schauten auf den Stift in meiner Hand. Ryms warmer Atem ging auf meiner Wange nieder. Ich schrieb, setzte unsere Namen darunter, schlug das Buch zu und reichte es Chung.

»Lesen Sie vor!« Er fand mit einem Griff meinen Eintrag wieder. Ich holte tief Luft: »Die umfangreiche Sammlung des Freundschaftsmuseums hat uns sehr beeindruckt. Dank der interessanten Erklärungen unserer überaus freundlichen Führerin werden wir diesen Tag nie vergessen.«

Keiner sagte etwas. Chung, der parallel übersetzt hatte, nahm mir stumm das Buch aus der Hand. Die junge Frau schaute zu Boden. Thanh funkelte mich an. Rym sagte tonlos: »Wenn Sie bezahlt haben, können wir zurückgehen.«

Die Rechnung für vier Tassen Tee betrug acht Euro. Wie sich herausstellte, befanden wir uns bereits wieder im Eingangsgebäude. Eine Treppe führte uns an den Ausgangspunkt unserer Besichtigung zurück. Doch es ging noch nicht zur Gepäckausgabe. Chung straffte die Schultern. »Es kommt jetzt der Höhepunkt vom Besuch in der Internationalen Freundschaftsausstellung.«

»Oho!«

Da ich Thanh lange genug kannte, hörte ich ihren spöttischen Unterton. Wir steuerten auf eine verschlossene Tür zu. Die gelbe Geidinn musterte mich ernst – meine Schuhe, meine dunklen Jeans, meine schwarze Jacke. Sie ließ ein Knurren vernehmen. Kein Gurren. Ihr Kinn schnellte auf und ab. Chung flüsterte: »Sie müssen Jacke schließen.«

Eilig zog ich den halb herabgezogenen Reißverschluss meiner Jacke zu. Bei Thanh keine Beanstandungen. Die Geidinn schloss die Tür auf.

»Großer Führer Kim Il-sung und Geliebter Führer Kim Jong-il.« Ryms Stimme zitterte: »In Bienenwachs!«
Jetzt zitterten wir auch ein bisschen. Man schob uns durch die Tür. Majestätisch erhob sich vor uns ein schneebedeckter Berggipfel. Vogelgezwitscher. Sphärische Klänge eines Streichorchesters. Am pfirsichrosafarbenen Himmel zogen Kraniche den Horizont entlang. Zwei Regenbogen überspannten das Panorama. Und vor einer sattgrünen Wiese, umgeben von blühenden Blumen, lachten sie herüber. Die Hände auf dem Rücken verschränkt. Kim Il-sung im schwarzen Anzug und Kim Jong-il in seiner khakifarbenen Schlafanzuguniform aus Vinalon, einer Kunstfaser, die es nur in Nordkorea gibt.

Chung, Rym und die Geidinn verbeugten sich vor den Wachsfiguren. Ich war fast sicher, dass uns Rym zwischen seinen Beinen hindurch beobachtete.

Thanh hielt sich bis in die Spitzen ihres Haarturms gerade. Ich wusste nicht so recht, ob ich Teil dieser Verschwörung gegen das Regime sein wollte. Schließlich machte mein Kopf ein einzelnes Ruckerchen, wie ich es bei der Geidinn gelernt hatte. Ich hoffte, Rym nahm die Bewegung wahr. Und Thanh nicht.

Fünf Minuten später rannten wir durch peitschenden Regen zum Bus. Herr Pak war uns mit dem Bus bis zur Ecke entgegengekommen, an der der Bajonettsoldat in seinem Holzhäuschen wachte. Rym und Chung stürmten vor uns her. Silbern zerplatzten fette Tropfen auf ihren Anzügen. Thanh schützte meine zweite Jacke vor der kalten Nässe. Ihr Stehzopf schaukelte bedenklich, während wir eine Pfütze übersprangen.

»Jetzt sag endlich, was an meinem Eintrag im Gästebuch falsch war!«

»Du hast mit keiner Silbe den Großen Führer erwähnt

und stattdessen die Führerin gelobt, wo hier doch nur die Volksmasse zählt. Hast du denn gar nichts gelernt in der DDR?«

»Dann hättest du es doch selber ...«

Wir hechteten in den Bus. Als alle saßen, drehte sich Chung herum, Wasser rann aus seinen Haaren die Stirn herab. »So. Koreanischer Regen ist sehr nass. Deswegen ist unser Plan geändert. Wir machen ein Spezialpicknick.«

Er drehte sich wieder zurück. Thanh schälte sich aus meiner Jacke und fragte: »Willst du uns nicht verraten, was daran ›spezial‹ ist?«

»Überraschung!«, zwinkerte uns Chung im Rückspiegel zu.

Das Kloster der verschwundenen Mönche

Alle außer Thanh nagten an Hähnchenschenkeln. Über unseren Köpfen das gleichmäßige Stakkato des Regens auf dem Dach des Busses. Draußen ließ der Wind die Wacholderwipfel wanken. Chungs Spezialpicknick hatte sich als Mittagsmahl im Bus auf dem leeren Parkplatz eines Buddhistentempels entpuppt.

Mit unserer ausdrücklichen Erlaubnis entledigten sich Chung und Rym ihrer Jacketts und hängten sie zum Trocknen über die Kopfstützen. Auf Chungs Schultern und Rücken zeichnete sich ein dunkler Fleck ab. Und die dicken Nähte seines Unterhemdes.

»Schmeckt gut, nicht wahr?« Rym kaute hinter uns mit offenem Mund.

»Sehr gut.«

Jeder balancierte eine durchsichtige Plastiklunchbox auf den Knien, die außer dem Hahnenbein noch mit Essig gewürzten Reis, Streifen von grünem Salat und einen Apfel enthielt. Obwohl alles kalt war, schmeckte es so hervorragend, dass es mir keine Mühe machte, auch Thanhs Hähnchenschenkel zu übernehmen.

Chung telefonierte. Rym puhlte hinter uns Hähnchenfetzen aus seinen Zähnen.

Pappsatt putzte ich mir mit der Serviette den Mund ab,

knüllte sie zusammen und warf sie zum Plastikbesteck und einigen Salat- und Reisresten in die Lunchbox.

»Och Hase, echt!«

»Was denn?« Thanhs Besteck und Serviette lagen auf der Plastikkiste, in der wie bei mir Reis und Salat übrig geblieben waren.

»Meins kann der Fahrer noch mit nach Hause nehmen.«

So weit hatte ich nicht gedacht. Andererseits: »Der übernachtet doch nicht zu Hause.«

»Weißt du's?«

Die Tempelführerin war im Wesentlichen violett. Das lag an ihrem taillierten Wollmantel, dessen Violett exakt dem Grundton ihres Seidenkleides darunter entsprach. Modisch überließ man hier nichts dem Zufall. In Alter und vor allem Frisur glich sie der gelben Geidinn. Nordkoreanischen Frauen stehen, nach Auskunft unseres deutschen Gastes am Vorabend, achtzehn verschiedene Damenfrisuren zur Verfügung. Männern nur zehn. Bildtafeln in jedem Friseursalon zeigen die entsprechenden Varianten. Für beide Geschlechter gilt: keine Farbe, keine Strähnchen. Bei Männern zusätzlich: Stirn und Ohren frei. Kim Jong-uns Haarschnitt, an den Seiten raspelkurz, oben eine Tolle, gehört nicht zu den Standardfrisuren bei den Männern Nordkoreas, wohl aber bei Fußballikone David Beckham.

Das violette Outfit unserer Tempelführerin komplettierte ein violetter aufgespannter Schirm, unter dem sie uns begrüßte. »Herzlich willkommen im Pohyon-Tempel. Er gehört zu Koreas nationalen Heiligtümern«, gab Rym wieder. Anscheinend war er jetzt dran mit Übersetzen. Immer wenn ein Vortrag der Violetten endete, hob und senkte sie zackig den Schirm wie der Führer eines Spielmannszuges seinen Stab.

Wir drängten uns unter dem mittleren der drei Tore des

Tempels hindurch. Das äußere bildete die Grenze in Richtung Parkplatz, ein schmiedeeiserner Zaun verhinderte den Durchgang. Wir waren durch eine Seitentür eingetreten. Weitere Gebäude verteilten sich großzügig auf dem ansteigenden Gelände, alle mit rötlichen Stütz- und bunt bemalten Giebelbalken, deren Enden als wild züngelnde Drachenköpfe unter den geschwungenen Ziegeldächern hervorragten. Hier schienen die Vorbilder für die Schatzbunkereingänge der Kims zu stehen.

»Rym, wie viele Klöster gibt es denn in Nordkorea?« Thanh wickelte ihr Haarband ab.

»Sehr viele.«

»Ach, und jeder darf hier Buddhist sein?«

»Ja, wir haben freie Religion. Es gibt in Pjöngjang auch Kirchen für ...« Chung musste aushelfen: »Katholiken.«

»Echt?« Thanh wollte es nicht glauben.

»Doch, das stimmt«, sagte ich. Chung und Rym eilten durch den Regen. Ich setzte eine Schiebermütze aus Tweed auf. »Allerdings gibt es hier keinen einzigen geweihten Priester. Amnesty vermutet, dass die Gemeindemitglieder, die Ausländern gezeigt werden, Schauspieler sind.«

»Nicht dein Ernst?« Thanh löste ihren Zopf auf und stopfte ihre Haare unter ein blaues Basecap.

»Unsere Gastgeber stehen im Weltverfolgungsindex für Christen auf Platz eins. Vor sämtlichen islamischen Staaten. Seit mehr als zehn Jahren.«

»Wenn du das alles so fein gelernt hast, sag doch mal was.«

»Um genau was zu erreichen?«

Thanhs Antwort blieb offen, da man uns schon im größten und letzten der drei Tore erwartete, wo beiderseits des Mittelgangs übermannshohe, grellbunte Figuren im Schneidersitz hockten. Von ihren verzerrten Gesichtszügen würden zartbesaitete Seelen Alpträume bekommen.

»Oh, wer sind die denn?«

»Wächter!« Rym riss die Augen auf. Zum ersten Mal sah man seine Pupillen.

»Und wie heißen die?«

Rym fragte Chung, Chung fragte die Violette, deren Antwort sagte Chung Rym und der uns. »Sie haben alle den gleichen Namen.«

»Welchen?«

»Ich werde es gleich sagen. Aber erst Geschichte: In Korea es gab drei große Reiche zur selben Zeit. Die Königreiche dauerten ungefähr von 50 Bissi bis etwa 700 unserer Zeit und eines sogar bis 900 unserer Zeit. Ungefähr.«

»Bissi?« Es war Thanhs zehnte Frage in fünf Minuten.

»Er meint vor Beginn der Zeitrechnung. BC – *before Christ*.«

»Ach, das ist erlaubt?« Keiner ging darauf ein. Die violette Führerin fuhr fort. Genauso wie Rym. »Es waren die Reiche Goguryeo, Baekje und am längsten von allen Silla. Zuerst wurde der Buddhismus eingeführt in Goguryeo, das war 372 unserer Zeit. Dann in Baekje und dann in …? Königin?«

»Silva?«, antwortet Thanh nach kurzem Zögern.

»Silla!«

»Ach so, ja, ich kann mir doch keine Namen merken. Und wo kam der Buddhismus her?«

Rym hielt ohne Zwischenschalten von Chung direkte Rücksprache mit der Violetten. »Er wurde gebracht von einem chinesischen Mönch. Alle drei Könige nutzten den Buddhismus zur Erhaltung ihrer Macht.«

»Dabei ist das eine so friedliche Religion.«

»Jetzt unterbrich ihn doch nicht immer.«

»Es geht weiter: Der König von Silla besiegte im 7. Jahrhundert unserer Zeit die anderen Könige, und bis Ende vom Jahrhundert war Korea dann ein Land. Daraus entstand die Goryeo-Dynastie. Und der Name ›Goryeo‹ ist der Ursprung für das Wort ›Korea‹.«

»Goryeo … Korea«, murmelte ich.

»Unterbrich ihn doch nicht immer!« Thanh feixte.
»Und aus der frühen Zeit der Goryeo-Dynastie stammt dieser Tempel. Er wurde gegründet im Jahr 1024.«
Zum nächsten Gebäude, in derselben Achse wie die Tore, führten einige Stufen hinauf. Sie glichen das Geländegefälle aus. Ich strich über eine der bauchigen Säulen des Tores und stieß Thanh an. »Klopf mal.«
Sie schlug ihre Fingerknöchel gegen die Säule. »Aua!«
»Das ist Beton.«
»Von 1024?«
»Wenn nicht noch älter.«
Thanh rückte ihre Kappe zurecht. »Rym, sag mal, leben hier denn Mönche?«
»Ja, Mönche.«
»Und wo sind die?«
»In der Schule.«
»Und wo ist die Schule?
Ryms Hand wedelte vage in der Luft. »Wir wollen sie nicht beim Lernen stören.«
Thanh schrieb später ins Gästebuch: »Mit großer Bewunderung haben wir die Stille in diesem wunderschönen Tempel genossen, der dank der Fürsorge des Großen Führers Kim Il-sung wie neu erstrahlt.«

Die Entführung

Die Schultern zusammengezogen, das Kinn gesenkt und die Arme fest vor sich verschränkt, hing Thanh in ihrem Stuhl. Ich kramte in meinem Rucksack.
»Willst du meine Regenjacke überziehen?«
»Das dünne Ding macht's auch nicht wärmer. Darf ich rauchen?«
»Ich esse.«
»Dann beeil dich.«
»Wenn ich dein Fleisch nicht mitessen müsste ...«
Auf der Fahrt zurück über die Autobahn hatte uns Rym begeistert angekündigt: »Es gibt rohes Fleisch vom Schwein.«
Nun saßen wir im Hinterraum eines Restaurants, der so kalt war wie das Licht der Energiesparlampen, die jeden Winkel ausleuchteten. Um uns herum dunkelbraune, rechteckige Tische. An den Wänden eine stilisierte Silhouette Pjöngjangs. Braune Kacheln als Häuser, weiße als Himmel.
Unser Essen nannte sich »Bulgogi«. In der Mitte des Tisches glühte Holzkohle unter einem Grillrost. Ihn umringten Schüsselchen voller Knoblauch- und Chilistückchen in Öl, in die wir die rohen Fleischstreifen vor dem Grillen tunken sollten. Als Beilagen standen bereit: ein Berg grüner Salatblätter, für jeden ein mehrfach gefaltetes Omelett, Kim-Chi, rohe Zwiebeln und eine Halbliterflasche Schnaps.

»Du musst mein Fleisch nicht essen. Wir können es einfach liegen lassen.«
»Wie sieht denn das aus? Guck mal, wie die reinhauen!« Chung, Rym und Herr Pak – ihren Tisch trennte ein Gang von unserem – schaufelten sich, während das Fleisch zischend garte, unablässig Omelett und Kim-Chi in den Mund, ihre Metallstäbchen dabei artistisch handhabend.
Nordkoreanern, denen die Flucht nach Südkorea gelingt, muss in Eingliederungskursen oft ihr wolfsgleiches Essverhalten abtrainiert werden. Wölfe fressen von ihrer Beute so viel wie möglich, häufig bis zum Erbrechen, da sie nicht wissen, wie viele Tage es dauert bis zur nächsten erfolgreichen Jagd.
Ich drehte mich von Thanh weg. Hin zu den Fenstern, deren Milchglasscheiben Aus- und Einsicht verhinderten.
»Biste jetzt fertig?«
»Nein«, ich kaute krachend, »ich will mich nur von der Seite aufwärmen.«
»Du isst da nicht gerade eine rohe Zwiebel?!«
»Doch.« Ich spülte mit Wasser nach.
»Hase, wir schlafen in einem Zimmer!«
»Zu spät.« Wie es uns die Kellnerin gezeigt hatte, nahm ich ein Salatblatt von dem grünen Berg, den Gedanken an das Pjöngjanger Wasser verdrängend, faltete es so, dass es zwischen Daumen, Zeige- und Mittelfinger passte, und nahm mit dieser grünen Zange einen frisch gegrillten Fleischstreifen auf. Dabei verdrängte ich, dass aufgrund schwankender Energieversorgung die Kühlung des Frischfleisches womöglich unterbrochen worden war. Thanh kommentierte mein Tun: »Bah!«
»Es ist zynisch, das alles liegen zu lassen. Du weißt doch, wie es hier um die Ernährung steht.«
»Es ist zynisch, das alles zu essen. Das sollen sich lieber die Küchenhilfen einpacken und mit nach Hause nehmen.«

»Du glaubst nicht im Ernst, dass das erlaubt ist?«
»Wieso?« Sie goss sich vom Schnaps ein.
»Weil ...«
»Schmeckt nicht gut?«, fragte Rym. Öl lief ihm aus den Mundwinkeln.
»Doch«, Thanh griff zum Schnapsglas, »aber es ist sooo, soooo viel ...«
Rym war zufrieden.
»Gib es ihnen doch rüber, Hase.«
»Dann denken sie erst recht, uns schmeckt's nicht.«
»Du bist zu Hause so ein Mäkelfritze, und hier ...« Sie trank vom Schnaps und rang nach Luft. Es brannte wohl in der Kehle. Dann würde er auch in meinem Magen brennen und alle bösen Bakterien töten. Ich legte neues Fleisch übers Feuer.
»Solange es Essen gibt«, sagte ich freudiger gestimmt, »esse ich. Ich habe mir in Berlin sogar ein zusätzliches Kilo angefuttert.«
»Wieso das denn?«
»Falls wir länger bleiben müssen. Und dann nicht mehr im Hotel wohnen. Reich mir mal den Schnaps.«

Zwei Stunden später lag jeder von uns unter einer Chinesin.
Ich mit nackten Beinen und freiem Oberkörper auf meinem Bett. Thanh in T-Shirt und Jogginghose auf ihrem. Sie hatte sich geweigert, etwas auszuziehen.
Unsere Masseurinnen aus dem Reich der Mitte plapperten unentwegt. Vielleicht sahen sie sich nur während der Behandlungen. Um Zeit zu sparen, redeten sie gleichzeitig. Thanh und ich hatten seit zwei Stunden keinen vollständigen Satz mehr gewechselt. Das wollte ich ändern.
»Bist du schon entspannt?«
»Weiß nicht. Ich glaube, mein Zeh ja.«
»Welcher?«

»Der kleine.«
»Links oder rechts?«
»Rechts.«
»Woran merkst du das?«
»Was?«
»Dass dein Zeh entspannt ist.«
»Ich spür ihn nicht mehr.«
»Dann hat sie bei dir noch mehr gezogen als bei mir.«
»Sie wollte ihn abreißen.«
»Du hättest was sagen sollen.«
»Ich kann doch kein Chinesisch.«
»›Aua‹ ist international.«
»Aua!«
Ich konnte nicht zu Thanh hinüberschauen, da mein Gesicht in diesem Moment in mein Kissen gepresst wurde. Hier nannten sie es wohl Kopfmassage. Meine Nase drückte gegen den Schädel. Ich bekam keine Luft mehr. Weiße Blitze zuckten vor den Augen. Panik rollte an. Und plötzlich wurde mir alles ganz klar.

Thanh ist eine Virtuosin an der Kamera. Ich bin Comedy-Experte. Auf uns saßen keine chinesischen Masseurinnen, sondern Agentinnen des nordkoreanischen Geheimdienstes.

Sommer 1978. Die südkoreanische Schauspielerin Chungi Eun-hee erhält eine Einladung von Filmproduzenten. Sie fliegt nach Hongkong.

Chungi Eun-hee und ihr Mann, Regisseur Shin Sang-ok, prägten in den fünfziger und sechziger Jahren das südkoreanische Kino. Beide waren Stars in Südkorea. Dann brachen düstere Jahre an. Ehekrise, Trennung, Regimewechsel, Repressalien, Schließung ihrer Produktionsfirma *Shin Films*.

Die Einladung nach Hongkong kommt für Chungi Eun-hee also gerade recht. Doch anstelle von Produzenten warten in der britischen Kronkolonie Menschenfänger auf Chungi

Eun-hee. Die Schauspielerin bekommt ein Beruhigungsmittel verabreicht und wird auf einem Schiff in die nordkoreanische Hafenstadt Namp'o gebracht.

Namp'o stand für Montag auf unserem Reiseplan.

Als Shin Sang-ok nichts von seiner Exfrau hört, reist er ihr nach. Verfolgt ihre Spuren in Hongkong. Ihn verfolgen Agenten Nordkoreas. Sie stecken Shin Sang-ok in einen chloroformgetränkten Sack und verschleppen ihn ebenfalls. In Nordkorea erwartet den Regisseur der größte Filmproduzent der koreanischen Halbinsel: Kim Jong-il.

Während zu dieser Zeit, den späten Siebzigern, Vater Kim Il-sung seit einem Vierteljahrhundert eisern Nordkorea regiert, dreht sich im Leben des dreiunddreißigjährigen Kim Jong-il alles um Vergnügungen mit F: Frauen, Film und französischen Cognac, den er kistenweise importieren lässt. Doch nicht nur den. In einer seiner Schriften fordert Kim Jong-il die *Revolution der Regie*. Seiner Ansicht nach taugen die einheimischen Filmschaffenden dafür nur bedingt. Und so importiert er nun ausländische Filmkünstler.

Wie mochte es aktuell in Nordkorea um die Comedy stehen? War es nicht denkbar, dass der neue Machthaber Kim Jong-un während seiner Zeit im Schweizer Internat die *Harald Schmidt Show* gesehen hatte?

Der offiziellen Propaganda zum Trotz haben die Kims ein Faible für alles Amerikanische. Basketball ist eine der Nationalsportarten. Kim Jong-un zelebriert eine Freundschaft zu Dennis Rodman, einem Exstar der US-Basketballliga. Im Hof der nordkoreanischen Botschaft in der Berliner Glinkastraße hängen zwei Basketballkörbe.

Kim Jong-un wurde überhaupt nur deshalb Landesführer, weil sein eigentlich für diesen Posten vorgesehener älterer Bruder Kim Jong-nam 2001 heimlich zum Erzfeind Japan reiste. Er gab sich als chinesischstämmiger Bürger der Dominikanischen Republik aus. Grund seiner Reise: Er wollte das Tokioter Disneyland besuchen. Die Zollbeamten wurden stutzig, als sie den Namen in seinem falschen Pass lasen: *Pang Xiong* – »Fetter Bär«. Vater Kim Jong-il war so sauer, dass Kim Jong-nam sämtliche Posten verlor. Er flüchtete nach Macau, wo er 2009 um politisches Asyl bat. Inzwischen versteckt er sich in Kuala Lumpur, Malaysia.

Und letzter Beweis der paradoxen USA-Verehrung Nordkoreas: Kim Jong-ils Sarg fuhr man Ende Dezember 2011 stundenlang durchs verschneite Pjöngjang – auf einem schwarzen 76er Lincoln Continental.

Da lag es doch auf der Hand, dass Kim Jong-un ein weiteres amerikanisches Kulturphänomen in Nordkorea etablieren wollte: Die *Late Night Show*. Uns würde Böses blühen.

Schauspielerin Chungi Eun-hee stecken die Entführer nach der Ankunft sofort in ein Umerziehungslager. Ihr Mann wird komfortabler untergebracht und soll ein Drehbuch schreiben. Seine Lebensbedingungen ändern sich schlagartig, als er vier Monate später versucht, durch Aufspringen auf einen chinesischen Güterzug außer Landes zu flüchten. Die Folge: Lagerhaft.

Im Jahr 1983, nach fast fünf Jahren im Arbeitslager, bringt man Shin Sang-ok eines Abends auf eine Dinnerparty von Kim Jong-il. Und plötzlich steht der Regisseur seiner Exfrau gegenüber, ebenfalls frisch aus dem Lager. Kim Jong-il arrangiert eine Umarmung. Und später die erneute Hochzeit. Nun lebt das Künstlerpaar wieder in relativem Luxus. Sie produzieren in drei Jahren sieben Filme. Der bekannteste ist *Pulgasari*, ein Fantasy-Epos von 1985 über ein Godzilla-ähnliches Monster aus der Sagenwelt Nordkoreas. Damit Pulgasari möglichst glaubwürdig wirkt, lässt Kim Jong-il aus Japan das für die Godzilla-Filme verantwortliche Special-Effects-Team einfliegen. Unter dem heiligen Versprechen, dass nach den

Dreharbeiten alle unversehrt nach Hause zurückkehren werden. Teil des Teams ist auch der Darsteller, der damals im Godzilla-Kostüm durch japanische Kulissen stapfte. Nun stapft er als Pulgasari durch Nordkorea.

Die Chinesin auf mir schien eine Nachfahrin Pulgasaris zu sein. Ihre Klauen pressten mich ins Kissen. Unmöglich, den Kopf zu wenden. Alles drehte sich. Sauerstoffmangel oder die Folge meines Schnapsschlückchens nach dem Essen?

1986, bei einer Motivsuche in Ostberlin, der nächste Film wird vorbereitet, gelingt es dem zwangswiederverheirateten südkoreanischen Künstlerpaar, in die US-Botschaft zu flüchten. Die Amerikaner verstecken sie mehrere Jahre. 1994 kehren beide nach Südkorea zurück. 2007 stirbt Shin Sang-ok.

Ich wollte Thanh nicht heiraten!
    Mit letzter Kraft riss ich den Kopf hoch. Die angebliche Chinesin kippte auf ihren Hintern, genau zwischen meine Beine. Nur einen Moment verdutzt, lachte sie:
    »All good? You okay?«
    Ihre Augen funkelten so unschuldig heiter, dass ich innehielt und meine Optionen überschlug. Das ist wichtig. »Konsequenzanalyse« nennt das Lisbeth Salander, die soziopathische Computerhackerin aus der *Millennium*-Trilogie des schwedischen Thrillerautors Stieg Larsson.
    Option eins: Die Damen waren nordkoreanische Agentinnen.
    Eins A: Ich griff sie an, setzte sie außer Gefecht. Wie weit würden wir kommen? Höchstens bis in die Lobby. Und dann?
    Eins B: Sie setzten uns außer Gefecht ...
    Eins B eins: ... nachdem ich sie angegriffen hatte.

Eins B zwei: ... ohne dass ich sie angegriffen hatte. Da uns Kim Jong-un brauchte, würde man uns bei Eins B zwei nicht töten. Das wäre bei Eins A und Eins B eins nicht sicher. Also: stillhalten und abwarten. Dafür sprach zudem Möglichkeit zwei: Die Damen waren keine Agentinnen, sondern harmlose Chinesinnen. Wenn ich die angriff ...
Ich legte mich wieder hin. Obwohl die Geschichte des südkoreanischen Künstlerpaars kein Einzelfall ist. Nordkoreas Kidnapping-Kommandos entführten auch Holländer, Libanesen, Italiener und Franzosen und mehr als ein Dutzend Japaner. In allen Fällen, um von ihrem Know-how zu profitieren.

Heimtücke konnte man den beiden Chinesinnen nun wirklich nicht vorwerfen, so scham- und hemmungslos, wie sie an unseren Beinen herumhebelten. Thanh stöhnte. »Jetzt machen sie einen Knoten rein.«

»Glau-aaa-be ich nicht.«

Wir mussten uns aufsetzen. Von hinten hakten die kleinen Frauen ihre Arme unter unsere Achseln, rammten ihre Knie in die Nieren und schleuderten unsere Oberkörper nach links und rechts, dass unsere Knochen krachten.

»Ich bin blockiert«, stöhnte ich.

»Ich bin gelähmt«, keuchte Thanh.

Dafür erhielten die Folterfrauen von jedem fünfzig Euro.

Vor dem Einschlafen überschlug ich unsere Ausgaben. Für Wasser, Museumskatalog, Stachelei, Tee und Massage hatten wir heute fast hundertzwanzig Euro ausgegeben. Ein Drittel unserer gesamten Barschaft. Die wir hier nicht auffüllen konnten.

Geheime Botschaften

Nacht war gut. Abgesehen davon, dass T. im Schlaf halb NK gerodet hat. Ohrstöpsel retten mich. Sind jetzt den fünften Tag ununterbrochen zusammen. Wahnsinn! Die längste Zeit, die wir in den letzten sechs Jahren miteinander verbrachten, waren zwölf Stunden.«

Ich schlug mein Reisetagebuch zu, griff zum Netbook und steckte die Speicherkarte der Digicam ein. Sofort öffnete sich ein Fenster mit den bisherigen Nordkorea-Fotos. Ich wählte den Festplattenordner des Netbooks aus und klickte mich durch zu den Unterordnern mit den Systemdateien. Nun verschob ich Fotos. Darunter das verwackelte Bild vom grünen Telefon am Triumphbogen und das von dem Wachsoldaten beim Serviettenhotel in den Bergen. Nie mehr als drei je Ordner. Bei jedem Foto änderte ich die Dateiendung so, dass die Icons denen der Systemdateien glichen. Es war das Amanda-King-Prinzip: Tarne Gleiches mit Gleichem. Dieses System benutzte auch WikiLeaks-Gründer Julian Assange zum Schutz seiner gekaperten Geheimdaten. Später würde ich die Dateiendung zurück in JPG verwandeln und die Fotos wieder lesbar machen – sofern ich sie fand und das System aufgrund meines Eingriffs in seine Eingeweide nicht kollabierte. Abschließend löschte ich die verschobenen Fotos von der Speicherkarte mit einem

Programm, das damit warb, auch vom US-Geheimdienst benutzt zu werden.

Ich war sicher, dass sie unsere Fotos kontrollieren würden. Unsicher blieb, ob meine dürftigen Computerkenntnisse sie austricksten.

Thanh wälzte sich in ihrem Bett zu mir herum. »Ich hätte jetzt gerne eine Tasse Kaffee ans Bett. Was is'n heute für'n Tag?«

»Sonntag.«

»Deswegen fühle ich mich auch so.«

»Wie?«

»So gemütlich.«

»Moment, das muss ich notieren.« Ich klappte mein Tagebuch auf. »*Madame findet es in Nordkorea gemütlich.*«

»Quatschkopp.«

»Ich erlaube mir zu bemerken, dass du schon die zweite Nacht mehr als acht Stunden am Stück geschlafen hast.«

»Gar nicht.«

Mit Hilfe meiner Finger zählte ich ihr unsere Schlafstunden vor. Thanh wurde bleich: »Das ist ja schrecklich.«

»Nein, das nennt man Ferien. Ist doch mal ganz schön ohne Handy, E-Mail und Abgabetermine, hm?«

Sie schlug ihr Laken beiseite und schwang die Beine aus dem Bett. »Ich werde jetzt packen.«

Es war Thanhs widerborstigem Wesen durchaus zuzutrauen, dass sie von den Zwängen, denen man als Nordkorea-Tourist unterworfen ist, die Nase voll hatte und nun abreisen wollte. Obwohl sonntags keine Flüge oder Züge ins Ausland gingen. In diesem Fall jedoch war die Packerei dem Umstand geschuldet, dass wir am Nachmittag Pjöngjang verlassen und unsere nächste Nacht in einem Hotel mit heißen Quellen verbringen würden.

Sie warf ihre Reisetasche aufs Bett und begann ihre Sachen zusammenzusuchen. So fuhr ich allein hinunter. Es musste schon viel passieren, dass ich aufs Frühstück verzichtete, schon deshalb, weil ich damit rechnete, dass noch viel passieren würde. Heute hielt das Buffet in Restaurant *Nummer eins* zusätzlich Honig bereit und einen dünnen Koch. Er hatte eine beulige Kochmütze auf dem kahlgeschorenen Kopf und eine Bratpfanne in der Hand. Auf Wunsch bereitete er auf einer Elektrokochplatte frische Omeletts zu. Neben ihm rotierte im Plastikbehälter eines Zapfautomaten ein Dreharm und wirbelte gelben Saft durcheinander. Er schmeckte laborig.

In der Hotelhalle herrschte wie am Vortag ein Gewusel aus Reiseleitern, Touristen und Schildkröten. Auch die schwarzen Fische sausten wieder hin und her. Ähnlich nervös mussten die Lieben daheim sein aus Sorge um unser Wohlergehen.

Schräg hinter den Aquarien verbarg sich die *Business Center* genannte Poststelle, ein Geviert aus brusthohen Holzwänden. Drei Röhrenmonitore flimmerten auf einem Tisch. Die Postbeamtin am Bedientresen überragte mich deutlich, aber nicht, weil sie zwei Meter groß war, sondern weil ihr Fußboden höher lag als meiner. Es drängte sich der Eindruck auf, dass Kunden hier Menschen waren, auf die man herabschaute.

Ich trug meinen Wunsch vor, eine E-Mail zu schreiben, und erhielt ein hauchdünnes Papierformular, kaum größer als ein Personalausweis. Es wurden verlangt: Name, Vorname, Geburtsdatum, Heimatland und -anschrift, Zimmernummer, Name des Empfängers und E-Mail-Adresse des Empfängers sowie meine Unterschrift. Als ich alles in meiner schönsten Schrift eingetragen hatte, ließ sich die Beamtin zu mir herab, führte mich zu einem Computer und öffnete das Dateifenster eines Schreibprogrammes. »Write and come back when you are done!«

Ich begann zu tippen. Meine Mutter würde in meiner

E-Mail zuerst die letzten zwei Zeilen lesen. Nach allgemeinen Sätzen über Anreise und Unterkunft und die schöne Aussicht, schrieb ich: »*Kann gut schlafen hier. Sei herzlich gegrüßt* ... *P. S. Grüße an Frau Schwab!*« Das Postskriptum war ein spontaner Einfall. Isabell ist Schwäbin. Offiziell war ich hier Single. So nahm ich ihnen eine Möglichkeit, mich emotional zu erpressen. Eine Mutter hat jeder, zudem brauchte ich eine verlässliche Kontaktperson in Deutschland. Meine Mutter kannte ich seit meiner Geburt, Isabell erst zehn Monate. Entscheidend in meiner Mail waren die Anfangsbuchstaben der ersten drei Wörter des letzten Satzes: KGS – Kein Grund zur Sorge. Als Grußformeln standen mir, neben dem geschriebenen, noch »Bis bald« und »Viele liebe Grüße« zur Verfügung. Fehlten diese Codes, sollte sich meine Mutter nach einem Tag Wartezeit mit dem Auswärtigen Amt in Verbindung setzen.

Ich holte die Beamtin. Sie markierte meinen Text, kopierte ihn, öffnete ein E-Mail-Fenster, fügte meinen Text ein und zeigte mit dem Finger auf die Adresszeile. Entsprechend lautete ihre Anweisung: »Address!« Ich gehorchte, tippte und griff nach der Maus, um auf *Send* zu gehen. Das trug mir eine Ermahnung ein. Die Beamtin nahm selbst die Maus und verschickte, mit dem Hotel als Absender, meine E-Mail. Der nordkoreanische Geheimdienst würde sie dann weiterleiten.

Für diesen Service bezahlte ich zwei Euro fünfzig.

Anschließend fuhr ich hoch aufs Zimmer. Und packte auch.

»Guten Morgen, Königin!« Rym nahm Thanh die Reisetasche ab. »Guten Morgen, König.« Chung griff nach meinem Koffer. Ehe wir protestieren konnten, schleppten sie unser Gepäck zum Bus.

»Wieso bist *du* eigentlich König?«

»Was soll ich sonst sein? Das Prinzchen?« Als Gäste standen Thanh und ich auf einer Hierarchiestufe. »Wenn's dir lieber ist, bin ich König von einem anderen Land.«

»Ja, DDR-König.«

»Und wovon bist du Königin? Bundesrepublik oder Vietnam?

»Was weiß denn ich!«

Der Berg der Masken

»Können ...«, Thanh rang nach Luft, »... können wir mal ... eine Pause einlegen?« Etwa die Hälfte des Anstiegs auf den Berg Taesŏng im Norden der Stadt lag hinter uns. Soldatenkohorten in Zweierreihen zogen vorbei. Die olivgrünen Bürschchen mochten mangelhafter ernährt sein als wir, aber das Treppensteigen schien ihnen nichts auszumachen. Thanh dagegen schnaufte wie ein Pferd im Galopp, mit dem Unterschied, dass sie stand.

Rym und Chung bemühten sich, ihr Keuchen zu verbergen. Ich verkniff mir eine Bemerkung, die das Wort »Raucherlunge« beinhaltete, und tröstete Thanh stattdessen: »Dann werden dir heute Abend die heißen Quellen besonders guttun.«

»Na, vielen Dank auch. Mir reicht das Wellnessprogramm von gestern. Mein Zeh ist immer noch taub.«

Zweck unseres morgendlichen Treppenlaufs war der Besuch von Kim Il-sungs bronzener Partisanenarmee, die hoch über der Hauptstadt die Stellung hält. Ich fürchtete mich seit dem Aufwachen vor dem Verbeugenmüssen.

»So, geht wieder ...« Thanh nahm die nächste Stufe in Angriff.

Drei Dutzend Schnaufer später erreichten wir das Plateau.

Sie starrten uns an.

»Versteinerte Menschen!«, rief ich.
»Die sind aus Bronze, Hase.«
»Gipsköppe«, hatte sie am ersten Abend unser mysteriöser Gast in einem Moment verdächtiger Vertraulichkeit genannt.

Den Berghang hinauf standen zu beiden Seiten einer weißen Treppe lebensgroße, braun glänzende Büsten auf hellen, einen Meter hohen Steinsockeln. Endlos hintereinander gestaffelte Neunerreihen von Menschenabbildern, die unter dem Brustbein endeten. Alle waren in Uniform. In jedem Büstensockel eingraviert die Namen und Lebensdaten. Vor jeder Reihe ein breiter Absatz, damit die Nachfahren der Revolutionäre an den toten Helden entlangschreiten konnten, hinter jeder Büstenreihe, allerdings schon auf dem nächsthöheren Absatz, eine grüne, sorgfältig gestutzte Buchsbaumhecke als Hintergrundkontrast.

Alte und junge Gesichter, volle und hagere Männer- und Frauengesichter. Je Reihe ein Brillenträger. Kurzsichtige Intellektuelle hatten also auch mitgekämpft.

Doch die Individualität täuschte. Wenn man begann, sich einzelne der maskenhaften Mienen zu merken, begegneten sie einem immer wieder. Hier standen die Prototypen eines Volkes.

»Großer Führer Kim Il-sung suchte diesen Hang für die besten Offiziere seiner Armee aus, damit sie auf das neue Pjöngjang schauen können. Für das sie ihr Leben gaben.«
»Wow, das ist eine schöne Idee. Dürfen wir Fotos machen?«
»Natürlich, meine Königin, fotografieren Sie!«
Von oben schien die Treppe hier herauf unerklimmbar. Sie mündete unten im mittleren Durchgang eines aus mehreren Bögen bestehenden Tores und setzte sich dahinter in einer schnurgeraden Straße fort. Auf ihr marschierten weitere Soldatenkolonnen heran.
»Was für ein toller Ausblick!«

Thanh hatte ihren Begeisterungsregler heute also noch weiter aufgedreht. Ich fand dagegen, der endzeitlich graue Himmel und die dunklen Regenschleier betonten eher Pjöngjangs eckige Ödnis. Andererseits, welche Millionenstadt verströmt schon Anmut im Regen?

»Was ist das dort für ein großes Gebäude?«, testete ich Rym.

»Das ist unser Fernsehturm.«

Gut, das konnte ein Missverständnis sein.

»Nein, ich meine das links daneben.«

»Das ist das Erster-Mai-Stadion. Es ist das größte der Welt. Dort passen hundertfünfzig«, ein kurzer Blick zu Chung, »...tausend«, Chung nickte, »Menschen hinein.«

»Beeindruckend. Ich meine aber genau das Gebäude dazwischen.«

»Ja, fotografieren Sie ...«

Die dreihundertdreißig Meter hohe *Ryugyong-Hotel*-Ruine mit ihren dreitausend Zimmern existierte für Rym nicht.

Die Seiten des Ehrenhains begrenzten gewaltige Kriegerreliefs, die an den Pergamonaltar auf der Berliner Museumsinsel erinnerten. Trompeter bliesen zum Angriff, Offiziere stürmten mit gezogener Makarow-Pistole voran. Getroffene starben in den Armen ihrer Kameraden. Auch hier Frauen unter den Kämpfern. Nicht jedoch Brillenträger.

Wir stiegen weiter den Hang hinauf. Außer uns beiden Touristen und den lebendigen Soldaten tummelten sich zwischen all den Abbildern von Toten erdfarbene Herren. Gleichmäßig verteilt, als wären sie am Morgen mit einer Pfeffermühle über die weitläufige Anlage gestreut worden.

Wieder blitzte die Erinnerung auf wie schon gestern Morgen in der Hotelhalle. Und diesmal hielt ich sie fest. Ostberlin. Ein Sonntagvormittag im Spätsommer, die Sonne noch heiß, die schattigen Ecken schon kalt. Ich an der Hand meiner Mutter, ihr gerade bis zur Hüfte reichend. Wir spazieren

Unter den Linden entlang bis zum Brandenburger Tor. Oder vielmehr bis zu den rotweißen Absperrgittern, die uns daran hindern, den Pariser Platz zu betreten. Hier, am Ende meines Berlins, aber auch schon den ganzen Weg bis dorthin, stehen sie in regelmäßigen Abständen: erdfarbene Herren. Als ich allzu auffällig auf einen zeige, erklärt meine Mutter, und zwar so laut, dass ich und die Männer es verstehen: »Die passen auf ... dass uns nichts passiert.«

»So wie Struppi?« Der braune Cockerspaniel im Nachbargarten meiner Großeltern. Tag und Nacht an seine Hütte angekettet, verbellte er jeden, der der Grundstücksgrenze zu nahekam. »Ja, so wie Struppi.«

Höher hinauf ging es nun nicht mehr. Fast die gesamte obere Breite des Ehrenhains nahm eine haushohe stilisierte Fahne aus rotem Marmor ein. Aus unsichtbaren Lautsprechern waberte klassische Musik. Davor eine weitere Reihe Bronzebüsten, durchweg ältere Herren, und Berge aus Blumen.

Hier also würden wir uns verneigen müssen. Der Regen fiel in feinen Fäden. Die Tropfen perlten schon lange nicht mehr auf den Anzügen von Rym und Chung, sondern versanken im Stoff. Wir blieben stehen. Eine Formation Uniformierter besetzte den Verneigungsplatz. Jemand brüllte. Alle kippten ab. Ein gebeugtes Bataillon. Das nächste wartete bereits. Vor Hunderten Soldaten würde ich keinen Widerstand leisten. Thanh mit Sicherheit. Und die Struppis würden sehen, dass Chung und Rym ihre Schützlinge nicht im Griff hatten. Chung räusperte sich. »Lassen Sie uns zurückgehen, es ist heute sehr nass.«

Die Geidinn des Kwangbop-Tempels, nur wenige Autominuten vom Ehrenhain entfernt, war türkis. Den Haarschnitt der ältlichen kleinen Frau kannten wir noch nicht. Schulterlang, sorgfältig onduliert, die Ohren durch Spangen freigehalten. Ich speicherte den Schnitt im Kopf unter »Frisur Nr. 4« ab: halblang, modische Wellen. Bekäme ich alle achtzehn Damenfrisuren zusammen, würden wir Nordkorea lebend verlassen.

Im Kwangbop-Tempel sollten wir Mönche treffen, so hatte es uns Chung angekündigt, als Herr Pak unseren Bus auf einen geteerten Platz vor dem ersten Tempeltor steuerte. Erst einmal begrüßte uns aber die türkisfarbene Dame. Sie benutzte die gleiche Ruckerchentechnik wie die gelbe Geidinn aus dem Freundschaftsmuseum und ratterte ihren Text begleitet von einem feinen Lächeln herunter. Chung kam kaum hinterher bei den vielen Zahlen. 372 war der Buddhismus aus China ins Königreich Goguryeo gekommen, das ab 37 vor Christus siebenhundert Jahre bestand. Der Kwangbop-Tempel wurde 392 in der Regierungszeit von König Kwanggaetho gegründet.

»So alt ist das hier, wow!«

Während Thanh sich im Staunen erging, ließ ich unauffällig meine Hand über eine der tragenden Säulen des bunten, hölzern anmutenden Torgebäudes gleiten.

»Und dieses Königreich, wie groß war das?«

»Goguryeo hatte die Größe vom Norden des heutigen Südkorea bis nach ganz oben in die Mandschurei, heute China.«

»Das ist hier also ganz historischer Boden.«

»Ja, sehr historisch. Etwas entfernt von hier am Fluss Taedong wurde 427 die Hauptstadt von Goguryeo gebaut. Vor tausendfünfhundert Jahren lebten dort hunderttausend Menschen. Und heute befindet sich an dieser Stelle Pjöngjang.«

»Ah, ich verstehe, Pjöngjang hat eine ganz lange Tradition.«

Chung nickte stolz.

Thanh mit ihrem Basecap, der Spiegelreflexkamera vor der

Brust und ihrer kleinen, aber leistungsfähigen HD-Videokamera über der Schulter wirkte nicht wie eine Dolmetscherin auf Ferienreise, sondern wie jemand, der ein Interview führt.

Obwohl ich ein Faible für Geschichte habe, hörte ich bald nur noch mit halbem Ohr zu. Thanhs überbordendes Interesse nervte.

Auf der dem Tempeltor gegenüberliegenden Seite des geteerten Parkplatzes führte eine Straße entlang, nach links leicht aufwärts, nach rechts abwärts, nur auf Höhe des Platzes war sie eben. Hinter ihr stieg das Gelände an. Auf dem Hang hatten sich spitzkronige Wacholderbäumchen zusammengetan, um einen Wald vorzutäuschen. Das gelang ihnen nur mühsam. Und doch boten sie ausreichend Schutz, dass man sich darin verstecken konnte. Das glaubte jedenfalls ein Mann, der am größten Baum lehnte und dessen Beine ich, bis er sich bewegte, für eine Stammverzweigung gehalten hatte. Vielleicht stand er täglich an dieser Stelle und hatte seinen Stammbaum. Farblich war der Struppi vom Gehölz nicht zu unterscheiden. Im Gegensatz zu dem einige Meter weiter links, der viel zu helle Hosen trug.

Ich tat, als ob ich unseren Bus fotografierte.

»Wie? Im 18. Jahrhundert haben die alles zerstört? Böse Japaner!« Ihr Gesicht hielt Thanh weiter der türkisen Geidinn zugewandt, doch schien sie nicht mehr bei der Sache zu sein. Und das, obwohl die Redeintensität der Führerin anschwoll und Chung immer engagierter übersetzte.

Zunächst war es nur ein dumpfes Stampfen gewesen, das von fern zu uns drang und langsam lauter wurde. Nun kam rhythmisches Rufen hinzu.

»Hey-hey!« Einer.

»Ho-ho!« Viele.

Das Stampfen genau im Takt.

Thanh legte ihre Hände auf ihren Camcorder, täuschte

aber weiter Aufmerksamkeit vor. »Ach so, das ist '52 alles zerbombt worden ...«

Sie kamen im Laufschritt die Straße herab. Zehn Mann in Oliv. Jeder hielt sich an den angewinkelten Armen des Vordermannes fest. Die Beine beugten sich alle im selben Winkel zur selben Zeit. Ihre Stiefelsohlen schlugen gleichzeitig auf dem Asphalt auf.

»Hey-hey!« – »Ho-ho!« – »Hey-hey!« – »Ho-ho!«

Ich trat ein wenig zur Seite. Damit Thanh nicht die ganze Zeit nur meinen Anorak filmte.

Chung sah sich zu einer Erklärung gezwungen, zumal der vordere Soldat stehen geblieben war und alle anderen übereinanderpurzelten.

»Sie sehen die Soldaten in einer Reihe dort?«

»Ja ... bis eben jedenfalls.«

»Das ist ein typisch koreanisches Spiel. Nächste Woche ist der Gründungstag unserer Volksarmee, deswegen feiern alle Soldaten diesen Tag, und sie trainieren für einen Wettkampf anlässlich von diesem Tag.«

»Stimmt, da hüpft einer auf einem Bein.«

Der Soldat schien Schmerzen zu haben. Seine Kameraden lachten. Chung fixierte uns: »Alles verstanden?« Wir nickten.

»Dann wieder Tempel.«

Thanhs Daumen glitt auf die Stopptaste.

Der Tempel von Kwangbop war kleiner als der von Poyhon und umfasste nur fünf Gebäude. Im ersten, dem Haethal-Tor, begrüßten uns ein Löwe und ein Elefant sowie ein kindlicher Buddha mit einer Blume in den Händen. Bis auf die Blume alles aus Holz. Die Blume war frisch. Grüner Stengel, weiße Blütenblätter. Gelbe Mitte.

Dem Haethal-Tor folgte auf gleicher Achse ein zweites, das Chongwang-Tor, in dem wieder vier Wächterstatuen über das Wohl des Tempels wachten. Dahinter breitete sich ein hofartiger Platz aus. Links und rechts fassten den Platz zwei gleich große Nebengebäude ein, und geradeaus dominierte ihn die zweistöckige Haupthalle mit ihren rot und blau gemusterten Wänden.

Die Geidinn und Chung blieben vor einer steinernen Säule in der Mitte des Platzes stehen. Sie war etwa vier Meter hoch und verjüngte sich zur Spitze hin. Rundum ragten fünf geschwungene Dächer aus dem Stein, achteckig, gen Spitze in immer kleineren Abständen und bei Regen höchstens Schlümpfen Schutz bietend. »Diese steinerne Pagode ist unser Nationalschatz Nummer 185.« Ob es Beton war, ließ sich nicht feststellen. Verwitterungsspuren fanden sich an der Pagode jedenfalls nicht.

»Der ganze Tempel hat die Nummer 164.« Chungs Kopf ruckte nach links. »Schauen Sie dort!«

Wir schauten. Staunten.

»Nationalschatz 165!«, wisperte ich ergriffen.

Groß, schmal, kahlgeschoren kam da ein Mönch.

Ehrfürchtig zog sich sogar der Regen zurück.

Die rote Toga über dem sackartigen grauen Mönchsgewand kam mir bekannt vor. *Ikea* führte sie als Polyesterplaid »Polarvide«. Ich schüttelte den Gedanken ab. Ich phantasierte mir etwas zusammen, weil ich nicht wollte, dass der Mönch echt war. Ich wollte sie des Betrugs überführen.

»Namasté!«, verbeugte sich Thanh. Er erwiderte lächelnd ihre Verbeugung, die Handflächen ebenfalls vor der Brust zusammengelegt.

»Seit wann kannst du Koreanisch?«

»Das ist der traditionelle buddhistische Gruß, du Banause!«

In seinem Gesicht konnte ich keine Spuren von Hunger und Folter entdecken. Stattdessen glatte, braune Haut, die wohl viel an der frischen Luft war. Er mochte um die vierzig sein und war der erste Nordkoreaner, den wir trafen, der kein Kim-Abzeichen trug. Seine Stimme war klar und tief.

»Sie können ein Räucherstäbchen anzünden und beten«, gab Chung weiter. »Ich mache dabei gerne Fotos von Ihnen.«

Chung wusste, was Touristen wollen. Ich reichte ihm meine Kamera. Die Geidinn verabschiedete sich. Ich legte die Hände zusammen, deutete eine Verbeugung an. Sie runzelte die Stirn.

Auf den Holzstufen, die hinauf in die Haupthalle unter dem zweistöckigen Dach führten, zogen wir die Schuhe aus. Der Mönch schlüpfte aus seinen schwarzen Herrenschuhen. Er trug blaue Socken. Fadenscheinig an beiden großen Zehen.

Über rotbraune Bodenbohlen tappten wir durch die große Tür. Drinnen Halbdunkel. An der hinteren Wand, eine Mönchslänge vom Eingang entfernt, der gestufte Altar. Drei golden schimmernde Buddha-Figuren saßen im Schneidersitz auf der obersten Stufe. Die äußeren gleich groß, der mittlere größer. Alle etwa von Menschengröße. Die Gesichter identisch. Die Haltung ihrer Hände nicht. Der mittlere hatte seine Linke nach oben offen im Schoß liegen, die andere umfasste den rechten Unterschenkel. Die Linke des rechten Buddhas lag wie beim mittleren im Schoß, seine rechte Hand jedoch war zum »Give-me-Five«-Gruß erhoben. Genauso verhielt es sich beim linken Buddha, nur dass Mittel- und Ringfinger zur Faust gebeugt und Daumen und Zeigefinger gestreckt waren, der Heavy-Metal-Gruß. Bestimmt bedeutete es etwas anderes. Aber ich war ja kein Buddhist, sondern Banause.

Vor dem Altar, gerade noch so im Licht, das von draußen hereinfiel, funkelte eine gläserne Box. Wären wir nicht in Nordkorea gewesen, man hätte sie für eine Wahlurne halten können. Darin bunt durcheinander Geldscheine aus aller Welt. Ein paar Münzen dazwischen. Euro und Dollar überwogen.

»Spendest du? Ich hab nur 'nen Fünfziger.«
Ich hatte noch hundert Dollar und hundertzwanzig Euro inklusive zweier Zehner. »Zehn Euro reichen, oder?«
»Denke schon. Ist vermutlich sowieso nicht fürs Kloster.«
Ich schob mein Geld in den Schlitz. Nun erst ging der Mönch zum Altar und zündete zwei Räucherstäbchen für uns an.

Auf rosa Kissen in der Raummitte sanken wir auf die Knie, legten die Hände vor der Brust aneinander und senkten den Kopf. Chung machte ein Foto. Ich wollte aufstehen, aber Thanh verharrte andächtig. Also blieb auch ich knien. »Das ist vollkommen bescheuert, was wir hier machen.«

»Was?«, fuhr Thanh aus ihrer Versenkung auf.

Im Angesicht von Chungs Nähe erwiderte ich nur: »Später ...«

Draußen fragte Thanh den Mönch: »Welche Art Buddhismus wird hier gelehrt?«

Chung sagte etwas zum Mönch, wobei unklar war, ob er Thanhs Frage weitergab oder übers Wetter sprach. Der Mönch antwortete lang und breit. Chung übersetzte: »Glück.«

»Glücksbuddhismus?«

»Haben Sie weitere Fragen?«

Thanh schüttelte den Kopf.

»Ich hab noch eine Frage!« Meine Hand klopfte auf eine Säule. »Wieso sind denn hier so viele Bauteile aus Beton, wie schon im Poyhon-Tempel?«

Ryms Miene verhärtete, aber er rang sich zu einer Antwort durch. »Nicht nur die Städte, sondern auch alle Tempel in unserem Korea wurden von amerikanischen Bombenflugzeugen zerstört. Auf Befehl des Großen Führers General Kim Il-sung bauten sie unsere fleißigen Arbeiter wieder auf. Poyhon-Tempel 1979, dieser Tempel 1990. Viele alte Teile konnten unsere Arbeiter aus den Trümmern retten und sie meisterlich einfügen. Schauen Sie, wie schön das Dach aussieht.«

Sie betrogen uns also gar nicht.

Vermutlich.

Kaum hatte uns der Mönch verlassen, endete das Regentröpfeln. Nun goss es wieder. Herr Pak fuhr den Bus so nah wie möglich ans erste Tor. Diesmal setzte sich Thanh ans Fenster, ich mich neben sie, Rym nahm triefend hinter uns Platz. Auf dem Vordersitz kündigte uns Chung telefonisch bei der nächsten Sehenswürdigkeit an.

Thanhs Fensterplatz lohnte sich im Moment nicht. Regen troff die Scheiben herab. Pladderte aufs Dach. Gischt zischte in den Radkästen. Regelmäßig kollerte Wasser gegen den Wagenboden, wenn Herr Pak trotz seines abenteuerlichen Zickzackkurses einer der gartenteichgroßen Pfützen nicht ausweichen konnte. Bald gab Thanh das Hinausstarren auf.

»Was fandest du bescheuert?«, fragte sie.

Vor meinem inneren Auge sah ich uns da knien. Zwei wetterfeste Touristen, die vor Buddha beten. »Wieso verbeugst du dich vor Buddha, aber nicht vor Ki...«, ganz traute ich dem Regenlärm nicht, »... dem Großen Meister?«

Schwule Schokolade

Herr Pak rauschte durch knöcheltiefe Pfützen.
»Buddha hat so viel Gutes getan!«, behauptete Thanh.
»Das glauben die Menschen hier auch vom Großen Meister. Woher willst du wissen, dass Buddha wirklich ein guter Mensch war? Gab's den überhaupt?«
»Mein Lieber, du hast keine Ahnung vom Buddhismus.«
»Nö. Und trotzdem kann ich es fragwürdig finden. Mal ganz abgesehen davon, dass wir zu Hause vor Holzkreuzen niederknien und unsere Stirn mit Leitungswasser benetzen.«
»Hä? Bist du katholisch?«
»Nein, evangelisch. Aber dass du Buddhistin bist, wär mir neu. Ich meinte es im Sinne von *wir Deutschen*.«
»Ich bin keine Deutsche.«
»Was immer du bist, du würdest trotzdem nicht im Bikini in eine Kirche gehen. Und in einer Synagoge würde ich selbstverständlich mein Haupt bedecken. Aber du weigerst dich, statt Jeans Stoffhosen zu tragen, wenn es in die hiesigen heiligen Hallen geht.«
Wie aufs Stichwort löste sich aus dem Regengrau ein Riesenbau. Ryms Kopf schob sich zwischen unsere. »Schauen Sie, Kumsusan-Palast. Von dort regierte Großer Führer Kim

Il-sung unser Land. Heute es ist Mausoleum für Großen Führer Kim Il-sung und Geliebten Führer Kim Jong-il.«

Damit wir das Gebäude ausgiebig würdigen konnten, umrundete Herr Pak zweimal eine Verkehrsinsel, dicht bepflanzt mit violetten und knallroten Blumen. Von dem Kreisverkehr ging eine vierspurige Straße ab, die schnurgerade auf das Mausoleum zuführte. Wieder eine dieser Sichtachsen, die sie hier so mochten. Kandelaber auf beiden Seiten verliehen der Straße Alleecharakter. Die erhabene Symmetrie geriet etwas aus dem Gleichgewicht durch ein Tempo-30-Schild, das an einem der Laternenpfähle im Wind klapperte.

Das Gebäude hätte auch ein nationalsozialistischer Hauptbahnhof sein können. Säulen und Risalite betonten die Senkrechten, neoklassizistische Architektur, wie man sie auch in Moskau, Washington oder Paris findet. Das einzig Bunte an der grauen fensterlosen Front des Pjöngjanger Grabbaus waren die beiden Führer Nordkoreas. Sie hingen am turmartigen Mittelteil. Als Gemälde.

Einhunderttausend Menschen können auf den ebenso vielen Granitplatten des Kim-Il-sung-Platzes aufmarschieren. Heute waren nur Rym und ich da. »Fünfundsiebzigtausend Quadratmeter!«, rief Rym durch den Regen.

Chung und Thanh hatten rechts von uns unter Kolonnaden der Randbebauung Schutz vor den himmlischen Sturzbächen gesucht. Wir schauten geradeaus auf einen Gebäudeberg.

»Großer Studienpalast des Volkes!«

»Der ist ja echt groß.« Er ragte als zentrales Gebäude am Platz auf. Als hätte man zehn Tempel übereinandergestapelt und weitere an die Ecken gesetzt.

»Vierunddreißig Dächer!«, rief Rym gegen die himmlischen Wassermassen an.

»Und alle schön grün.«

»Sechshundert Räume!« Rym hielt unermüdlich die Lautstärke.
»Toll.«
»Dreißig Millionen Bücher.« Eigentlich hätte er nicht so brüllen müssen, so laut war der Regen nun auch wieder nicht. »Sie kommen automatisch herantransportiert.«
»Wer liest die alle?«
»Zehntausend Besucher am Tag.«
»Rym?«
»Mein König?«
»Lass uns schnell ein Foto machen.«

Wiener Kaffeehäuser bestechen durch ihren Duft, dunkelbraune Einrichtung und Kaffeespezialitäten: Einspänner, Melange, kleiner Brauner. So weit mein theoretisches Wissen aus TV-Dokumentationen und Filmen mit Peter Alexander. Praktisch hatte ich noch nie einen Fuß in ein Wiener Kaffeehaus gesetzt und mir auch nie träumen lassen, dass mein erstes Mal in Pjöngjang stattfinden würde.

Wir schlüpften zwischen zwei Säulen der Kolonnaden am Kim-Il-sung-Platz hindurch, betraten einen Vorraum und durchschritten eine von mehreren hohen Holztüren in der Farbe von Bowlingbahnkegeln.

Das Kaffeehaus war nur etwa so groß wie ein Klassenzimmer, jedoch doppelt so hoch. Und ohne Gäste. Holzpaneele von der gleichen Farbe wie die Tür umschlossen den Raum in Hüfthöhe, das grelle Weiß der Wände senkte die Raumtemperatur gefühlt um drei Grad. Gegenüber der Tür zog eine massive Theke alle Aufmerksamkeit auf sich. Ihr dunkles Eichenholz verbreitete einen Hauch Gemütlichkeit. Unter einer eckigen Glashaube schmeichelten drei verschiedene Torten dem Auge. Schokobraun, cremeweiß und streuselstreuslig. Der chromglänzende Kaffeeautomat an der Wand entlockte Thanh einen hoffnungsvollen Seufzer.

Zwei Damen in den Zwanzigern hielten hinter der Theke Wache. Sie lächelten scheu. Die eine in Goldbluse und Kellnerweste, die andere im Wollmantel. Wolle war eindeutig die geeignetere Kleidung für den ungeheizten Gastraum. Meiner Sammlung nordkoreanischer Damenfrisuren konnte ich nur eine weitere hinzufügen: Nr. 5, Pferdeschwanz. Der Pagenschnitt der Wollmantelträgerin war exakt der gleiche wie der der nur scheinbar Oxford-Englisch sprechenden Servicekraft aus dem Museum der Freundschaft.

Chung nahm zwei der kaffeehaustypischen Stühle mit den unbequemen Rundbogenrückenlehnen vom Nachbartisch weg und stellte sie polternd an den für uns auserkorenen Platz. Einen von zehn Bistrotischchen, rosa die Tischplatten, chromblitzend jeder Tischfuß. »Bitte sehr.«

Atmosphärisch wenig förderlich war ein Flachbildfernseher neben der Tür, in dem ein Armeechor martialische Marschlieder schmetterte. Ihre Texte wurden auf pastellfarbenen Schrifttafeln eingeblendet. Offensichtlich sollte man mitsingen, doch einzig der Kühlschrank in einer Ecke des Raumes leistete dieser Aufforderung brummend Folge.

»Suchen Sie sich bitte Kuchen aus.« Chung wies zur Glaskuppel. Wir wählten beide Kirschstreuselkuchen.

Thanh zog den Reißverschluss am Kragen ihres Wollpullovers bis zum Kinn zu und schloss ihre Lederjacke. Ich war dankbar, dass ich unter meinem Anorak noch eine Unterziehjacke trug, die eigentlich zu einem Ski-Outfit gehörte. Chung und Rym mussten der Polaratmosphäre in durchnässter Anzugjacke und Hemd trotzen. Bestimmt nicht gesund.

Gewohnheitsmäßig wollte ich Tee bestellen, bevor mein Blick auf die laminierte Speisekarte fiel. »Ich hätte gerne eine heiße Schokolade.«

Das sagte Chung nichts, und ich probierte es mit der Bezeichnung, die auf der Karte stand: »Hot Chocolate.« Das verstand sogar die Wollmanteldame. Allerdings musterte sie mich einen Moment verwundert. Da bestellte jemand Kakao, obwohl es hier erstklassigen Kaffee gab.

Da wir die einzigen Gäste waren, kam die Bestellung innerhalb einer Marschliedstrophe des Fernseharmeechores.

Die Kellnerinnen setzten vor jedem ein ovales Silbertablett ab. Unsere Heißgetränke dampften aus Gläsern auf weißen Untertassen. Dazu bekam jeder ein kleineres Glas mit Wasser. Chung und Rym hatten trotz Thanhs Aufforderung auf Kuchen verzichtet. Rym, indem er kopfschüttelnd mit seiner Hand auf den Bauch klopfte, um anzuzeigen, wie voll er war, was den freiwilligen Verzicht nicht glaubwürdiger machte. Nicht in diesem Land.

Unsere Streuselkreationen verloren sich auf schallplattengroßen Papierdeckchen, die den Teller überlappten und deren drei Finger breiter Zierrand bei einer Klatschtanten-Kaffeetafel großes Entzücken ausgelöst hätte. Thanhs und meines zusammen hätten ein ganzes Stück normaler Größe ergeben. Rym forderte Lob ein: »Schmeckt gut, oder?«

»Hervorragend! Und der Kaffee! Fast wie zu Hause.« In Thanhs Worten lag weder Ironie noch künstlicher Überschwang. Der Kaffee, so stand es in goldenen Lettern auf den Papieruntersetzern, stammte von Helmut Sacher. Die weinroten Zuckertütchen priesen »Alt-Wiener Kaffeekultur seit 1929«. Mehr konnten wir wirklich nicht verlangen in Nordkorea. Dass es für Thanh ihre erste Mahlzeit an diesem Tag war, vervielfachte ihren Genuss.

»Sagt mal«, Thanh ließ ihre Marlboros herumgehen, »seid ihr eigentlich verheiratet?«

Chung und Rym waren auf einmal sehr mit dem Zigarettenanzünden beschäftigt.

»Ihr seid doch gutaussehende junge Männer!«

Rym trank. Lange und langsam. Chung musste antworten: »Ich bin in einer Verlobung.«

»Oho ... Ja, dann«, Thanh hob ihr Kaffeeglas, »auf die Liebe! Prost.«

Chung stieß reflexhaft bei Thanh an und wurde sich auf dem Weg zu meinem Schokoladenglas bewusst, was man ihm an der Kim-Il-sung-Universität beigebracht hatte: Angestoßen wird nur mit Alkohol. Unsere Gläser berührten sich kaum.

Thanh und ich prosteten uns nicht zu. Rym beobachtete nur.

»Erzähl mal, Chung, habt ihr euch verliebt, oder seid ihr füreinander ausgesucht worden?«

»Bei uns in Korea man muss drei Jahre verlobt sein und sich beweisen.«

»Beweisen, dass man treu ist, oder wie?«

Chung lächelte still.

»Und wie viel Zeit habt ihr schon rum?«

»Vierzehn Monate.«

»Und wie lange kennt ihr euch?«

»Fünfzehn Monate.«

»Das heißt, du wusstest sofort, die ist die Richtige, die will ich heiraten?«

Wieder lächelte Chung. Es konnte alles bedeuten.

»Und wo ist deine Freundin jetzt?«

»Bei ihrer Familie.«

»Ihr habt keine Wohnung zusammen?«

»Ich habe eine Wohnung. Mit meiner Familie.«

»Und wenn ihr mal ...«

»Unsere Königin ist heute sehr neugierig.« Chungs Augen funkelten lustig.

»Ja, ich kann nicht aus meiner Haut. Ich bin und bleibe nun mal eine ...«

»... Frau!«, ging ich dazwischen.

»Ja, was sonst?« Thanhs Augen funkelten. Nicht lustig.

»Bei uns in Deutschland nehmen die Frauen normaler-

weise den Familiennamen des Mannes an. Ist das hier auch so?«
»Nein, hier behält jede Frau ihren Namen.« Chung trank aus. »Wenn Sie bezahlt haben, können wir weiter. Wir haben ein großes Programm heute.« Er gab der Wollmantelserviererin ein Zeichen, worauf sie ein Zettelchen an den Tisch brachte.
»Bezahlst du?« Thanh stocherte ihre Kippe aus.
»Okay.«
Zusammen mit dem Zettelchen wurde ich durch den Vorraum in ein kleines Kabuff geschickt, in dem eine ältere Kassiererin hinter einem Tisch auf mein Zettelchen wartete. Ihren Kopf zierte ein Kurzhaarschnitt, der über der Stirn aufbuschte. *Aufbuschen* war sicher nicht der Fachbegriff. Ich gab der Frisur die Nummer sechs.
Die Kassiererin tippte auf ihrem Taschenrechner herum und hielt ihn mir hin. Drei Kaffee, eine heiße Schokolade und zweimal Kirschstreuselküchlein – sechzehn Euro.

Lachen hallte durch das Kaffeehaus, als ich zurückkehrte.
»... nein, mit ihm doch nicht! Aber keine Sorge, Chung, er hat eine Freundin.«
»So, wir können gehen!« Die Schärfe in meinem Ton fegte die Fröhlichkeit fort. Ich zwang mich, die Verabschiedung vom Personal abzuwarten. Und platzte erst im Vorraum. Flüsternd.
»Wieso erzählst du, dass ich eine Freundin habe? Ich hatte dir doch gesagt, warum ...«
»Mein Lieber, sie glauben, du bist schwul.«
Thanh trat hinaus in den Regen. Ich drängte nach.
»Wieso das denn?« Eine dumme Frage. Offiziell ohne Freundin, teilte ich mir das Zimmer mit einer attraktiven Frau. Wir gingen vertraut miteinander um, waren aber nicht zusammen.

Ich patschte achtlos in eine Pfütze. »Wir hätten doch besser Einzelzimmer nehmen sollen.« Für hundert Euro mehr pro Nacht. »Nee, was dich verdächtig macht, ist, dass du nicht rauchst und kein Bier und keinen Kaffee trinkst. Stattdessen bestellst du ...«, Thanh tippte sich an die Stirn, »... heiße Schokolade!«
»König! Königin! Kommen Sie hier lang.« Chung winkte uns zurück. Wir waren von Wasserlachen umzingelt. Ich überwand die Pfützen mit zwei Hopserchen. Thanh hüstelte. Die nächsten Meter schritt ich breitbeinig über den Platz. Was kümmerte mich das bisschen Wasser!

Der katholische Hase

Was sollen wir denn hier?« Thanh ließ missmutig ihre Blicke über die Regale schweifen. Dieser Punkt des Tagesprogrammes schien deutlich unspektakulärer als das Wiener Kaffeehaus. Der *Ausländische Buchshop*, wie Chung ihn ehrfürchtig ankündigte, enthüllte seine Reize Stück für Stück. Das Sortiment des Ladens umfasste nicht etwa ausländische Bücher, sondern die Werke Kim Il-sungs und Kim Jong-ils in ausländischen Sprachen: Englisch, Russisch, Deutsch. Manches auch in Französisch. Uns umzingelten deckenhohe Regale und kniehohe Tische voller Bücher. Bildermappen mit Kunstdrucken oder Fotos und DVDs einheimischer Filmproduktionen.

Den Programmpunkt *Ausländischer Buchshop* absolvierte ein Dutzend weiterer Touristen. Die meisten kannte ich vom Frühstück. Sie stöberten in Kim Jong-ils Abhandlungen über die Schauspiel- und Regiekunst sowie über die Kunst der Oper. Der Geliebte Führer war nicht nur kunsttheoretisch, sondern auch praktisch tätig und schuf im Alter von einunddreißig Jahren die Revolutionsoper *Meer des Blutes*. Weitere Werke folgten, darunter *Die wahre Tochter der Partei* und *Das Blumenmädchen*.

Die Schriften seines Vaters Kim Il-sung nahmen mehrere Regalmeter ein.

»Großer Führer Kim Il-sung schrieb über zehntausend Bücher«, flüsterte Rym. Ich überschlug im Kopf. Zehntausend Bücher in zweiundachtzig Lebensjahren bedeutete ab seiner Geburt alle drei Tage eins.
»Den solltest du dir zum Vorbild nehmen!«, raunte Thanh. Zur Ablenkung drückte ich ihr ein schmales Bändchen in die Hand, darin Kohlrezepte, komplizierte Suppen, Marinaden und Mehlspeisen. Ein nordkoreanisches Kochbuch. Ob von Kim Il-sung, war nicht ersichtlich. »Wie wäre es damit?« »Auf keinen Fall.« Thanh legte es zurück. Ich überlegte, die ausgepreisten acht Euro zu investieren. Isabel würde sich bestimmt freuen. Aber gab es bei uns alle Zutaten? Und bekam man sie hier?

Dann machte ich eine großartige Entdeckung. Ein Regal voller Comics! Soldaten im Stil der Zeichentrick-Heidi meiner Kindheit – große Augen, weite Münder. Die MPi im Anschlag erstürmten sie einen Hügel. Eine kleine Katze fiel vom Baum. Direkt in die Arme eines Panzerfahrers. Die kleine Katze fuhr hoch oben auf dem Geschützturm eines Panzers in ein Dorf. Kinder schenkten dem Panzerfahrer Blumen.

Thanh sah mir über die Schulter. »Ist das nicht böse Schund- und Schmutzliteratur nach amerikanischem Vorbild?«

»Damit erreichst du ideologisch die Kleinsten. Weißt du, wie begehrt Nordkoreas Zeichner in der ganzen Welt sind?«
»Nee. Muss ich?«
»Ich sag nur katholische Kirche ...«
Thanh seufzte. »Na, komm. Hau's raus!«
»Du, wenn du nicht willst ...«
»Mach!«
»Also: Die SEK-Trickfilmstudios in Pjöngjang wurden ursprünglich als Kinderfilmstudios in den fünfziger Jahren gegründet. Ab Mitte der Achtziger baute man die Trickfilm-

abteilung aus und arbeitete für europäische TV-Produktionen. Zunächst stellte man hier unter Aufsicht erfahrener europäischer Animationszeichner nur die Zwischenphasenzeichnungen her. Also die Bilder von Bewegungszustand A zu Bewegungszustand B.«

»Komm auf'n Punkt!«

»Im Westen konnte man die Herstellung handgezeichneter Filme kaum mehr finanzieren. Zuerst waren die Europäer nach China ausgewichen. Nordkorea konnte es aber noch billiger. Ende der Achtziger erhielten die Studios mit Hilfe Frankreichs erste Computertechnik, die aufgrund des stetig steigenden Produktionsvolumens ausgebaut und erweitert wurde. Es gibt Gerüchte, dass Disney, immerhin ein Unternehmen aus dem Land des Erzfeindes, hier Teile vom *König der Löwen* zeichnen ließ. Wenn's stimmt, war's ein Ritterschlag.«

Damit wir nicht einfach so dastanden, nahm ich einen anderen Comic aus dem Regal. Darin fiel ein Hund vom Baum.

»Schwung bekam das Ganze ab Ende der neunziger Jahre. Vor allem durch die italienische Firma Mondo TV. Die hatte hier schon in den Achtzigern zwei Langfilme produzieren lassen. Inzwischen arbeiteten die SEK-Studios auch für Auftraggeber aus den USA oder Südkorea. Erzfeind hin oder her.«

»Kirche!«

»Ja doch, kommt ja gleich! Die Mondo TV hat eine Tochterfirma in Deutschland, die Mondo Igel Media, und die wiederum holte RTL mit ins Produzentenboot und die Katholische Fernseharbeit. Wobei ich gar nicht genau weiß, was das ist.«

»Hauptsache, es hört sich nach Skandal an.«

»Ist es keiner?«

»Kommt drauf an, was du gleich erzählst. Die Katholische Fernseharbeit untersteht der deutschen Bischofskonferenz und sorgt dafür, dass Kirchenkram ins Fernsehen kommt. Die evangelische und die katholische Kirche haben ja in allen bundesweiten Fernsehprogrammen vertraglich zugesicherte Senderechte. Also, die Sender müssen das ausstrahlen. Und bezahlen. So 'ne Übertragung eines Gottesdienstes am Sonntagmorgen kostet die Gebührenzahler gut hunderttausend Euro.«

»Dich ja nicht. Oder zahlst du inzwischen GEZ?«

»Mehr Skandal hast du nicht zu bieten?«

»Doch. Jetzt kommt's. Mondo, RTL und die katholische Kirche finanzierten zusammen den schönen Kinderanimationsfilm *Barberbieni – Paulines Abenteuer im Vatikan*. Komplett in Nordkorea gezeichnet, lief am ersten Weihnachtstag 2008 bei RTL.«

»Und Nordkorea steht seit zwölf Jahren auf Platz eins bei der Christenverfol...«

»Jetzt hast du's!«, schnitt ich ihr das Wort ab. »Aber wenn man sparen kann ... Zu der Zeit bekam ein nordkoreanischer Zeichner gerade mal drei Dollar. Im Monat. Kennst du *Felix der Hase*?«

»Ist der transsexuell?«

»Nein, das ist eine illustrierte Kinderbuchreihe. So wie *Lauras Stern*. Die Motive gibt's auf Bettwäsche, Lätzchen, Federtaschen. Besonders beliebt bei modebewussten, politisch korrekten Müttern. Die Animationsserien zu *Laura* und *Felix* ließ Mondo TV in Nordkorea zeichnen. Liefen im ZDF.«

»Manchmal frage ich mich, wer hier der Journalist ist.«

»Von uns beiden? Niemand ... So, was kaufen wir denn jetzt?«

»Etwas Sinnvolles.« Thanh zog ein Büchlein von Kim Il-sung aus dem Regal: eine deutsche Übersetzung mit dem Titel *Die Juche-Ideologie*. Ich entschied mich für zwei Ansichtskartensammlungen: Motive des modernen Pjöngjang und des historischen Korea. Unsere Einkäufe verpackte die Verkäuferin (Nr. 3, Pagenkopf) in Seidenbeuteln. Meiner war türkis und rosa bestickt. Thanh, als Frau, bekam einen rosafarbenen, türkis bestickt. Das schönste Mitbringsel aus dem *Ausländischen Buchshop*.

Die trillernden Blumen

Ich guck doch nicht bei Nebel von einem hundertsiebzig Meter hohen Turm runter.« Die Logik in Thanhs Einwand ließ sich nicht leugnen. Von unten war seine Spitze nicht zu sehen. Aber der Turm der Juche-Ideologie stand nun mal auf unserem Programm. Wir einigten uns auf einen Kompromiss. Thanh und Chung blieben unten im Bus, Rym und ich würden in den Nebel gucken.

Zu meiner Überraschung musste ich am Turmeingang fünf Euro bezahlen. Wenn ich Rym richtig verstanden hatte, nicht als Eintritt, sondern für die Fahrt mit dem Aufzug.

Der Turm der Juche-Ideologie ist ein überdimensionierter Obelisk, der wegen der künstlichen Flamme an seiner Spitze an eine riesige Fackel erinnert. Es war die Flamme, die wir von unserem Zimmerfenster im *Yanggakdo-Hotel* aus sahen. Bei Nacht leuchtete sie gespenstisch rot über der in fast lichtloser Schwärze versunkenen Stadt.

Rym schaute ergriffen auf seine Hauptstadt. Aus hundertsiebzig Metern Höhe mutete Pjöngjang märchenhaft an. Die Betonlandschaft schien in Auflösung begriffen. Nicht nur der über die Stadt fliegenden Wasserschwaden und des Nebels wegen, der sich als deutlich löchriger erwies, als es von unten den Anschein gemacht hatte. In den oberen Stockwerken vieler Wohngebäude fraß sich Nässe durch die Betonwände, dunkel und scharfzackig. Dass viele Wohnungen nur mangelhaft oder gar nicht beheizt sein sollten, mochte ich mir als Erkältungsphobiker gar nicht ausmalen. Wer darin lebte und liebte, musste zäh und widerstandsfähig werden oder sterben.

Der Juche-Turm steht am Ufer des Taedong. Vom Turmfuß führt in Richtung Fluss eine breite Treppe hinab zu einem fast auf Höhe des Wasserspiegels gelegenen Platz. Der findet auf der anderen Flussseite sein architektonisches Pendant, eine Ebene gleichen Ausmaßes, von der eine gleich breite Treppe hinauf auf den Kim-Il-sung-Platz führt. Unter Stadtplanern gilt Pjöngjang neben Brasilia, der in den fünfziger Jahren mitten im Regenwald neu errichteten Hauptstadt Brasiliens, als Wirklichkeit gewordene Utopie einer modernen Großstadt.

Was bei Brasilia in den fünfziger Jahren möglich war, weil man dem Regenwald einen völlig neuen Bauplatz abtrotzte, war bei Pjöngjang in den fünfziger Jahren möglich geworden, weil die amerikanischen Bomber die Stadt in mehreren Angriffen dem Erdboden gleichgemacht hatten. So bot sich den von sowjetischen Architekten unterstützten nordkoreanischen Baumeistern die Gelegenheit, Sichtachsen, Gebäudebezüge und den Wechsel von Grün- und Straßenzügen nicht nur für einen Stadtteil, sondern für eine Millionenmetropole zu planen. Trotz der teilweise gewaltigen Baumassen entstand so eine luftige Metropole. Ganz bewusst. Bei einem Luftangriff auf die neue Hauptstadt würden Bomben nun weniger Zerstörungskraft entfalten, da ihre Detonationswellen in den weiten Straßen verpuffen und Brände sich weniger schnell von Haus zu Haus ausbreiten könnten als in den vormals engen Gassen des alten Pjöngjang.

Die meisten Gebäude, die Rym mir benannte, kannte ich inzwischen. Das riesenhafte *Ryugyŏng-Hotel* kannte er immer noch nicht.

Für die Fahrt von der Aussichtsplattform nach unten musste ich nichts bezahlen. Am Fuß des Turms hatten sich auf unzähligen Steintafeln Juche-Vereinigungen aus der Schweiz, Vietnam, Ghana und Deutschland und vielen weiteren Ländern verewigt. Das Einzige, was ich bis jetzt sicher über die von Kim Il-sung erfundene Ideologie wusste: »Juche« sprach man nicht als jubelndes »Juchee« aus, sondern als dumpfes »Dschutsche«. Womit auch die neue Zeitrechnung bezeichnet wird, die mit Kim Il-sungs Geburtsjahr 1912 beginnt. Sie wurde erst 1997, drei Jahre nach Kim Il-sungs Tod, eingeführt.

Beim Fotografieren einer bronzenen Figurengruppe, die in der Mitte der Treppe zum Fluss stand, sah mir Rym, so gut es ging, wenn man dreißig Zentimeter kleiner war, über die Schulter und korrigierte meine Motivwahl, als ich es wagte, eine Detailaufnahme zu machen. »Kommen Sie hierher, da bekommen Sie alles aufs Bild.« In der Totalen wirken Statuen eindrucksvoller, als wenn man nur ein Ohr knipst.

Unser Bus schaukelte durch Pjöngjang. Die übliche Mischung aus LKWs, Limousinen und Geländewagen war heute sehr ausgedünnt. Dafür fuhren öffentliche Verkehrsmittel: lautlos die Oberleitungsbusse, weiß mit roter Bauchbinde, den langen, wippenden Bügel auf dem Dach hinter sich herziehend; fauchend die Omnibusse mit blauer Bauchbinde. Und die rotweißen Straßenbahnen, manche eckig, andere rundlich, rumpelten über die Schienen. Die meisten Radfahrer waren schneller.

»Guck mal, die Ikarus-Busse kenne ich noch von früher. Sind aus Ungarn, gebaut Mitte der Siebziger. Und die Straßenbahnen sind tschechische Tatras.«

»Och, Hase. Warum sollte ich mich für olle Straßenbahnen interessieren?«

»Weil zumindest die rundlichen da in Magdeburg, Halle und Dresden fuhren.«

»Kriegt der kleine Pionier jetzt Heimatgefühle?«

»Unsinn. Ich meine, genau die da fuhren erst bei uns, wurden dann Mitte der Neunziger an Nordkorea verkauft und kamen per Schiff hierher.«

»Ja, und alle hält nur noch die Farbe zusammen.«

Die Busse und Bahnen wirkten trotz des Regenwetters auf den ersten Blicke sauber und wie neu. Doch bei genauerer Betrachtung sah man, wie Rost und Spachtelmasse den frischen Lack ausbeulten. Die Gummimanschetten über den Drehgestellen der Fahrzeuge waren vielfach gerissen oder geflickt, und manche Busse hingen dort altersschwach durch.

An großen Straßenkreuzungen wurde der spärliche Verkehr von Polizisten geregelt. Meist weiblichen. Kerzengerade standen die jungen Frauen da. Ihre Uniform ein kräftiges Blau, der Rock bis knapp übers Knie, die Handschuhe weiß. Zwischen den roten Lippen eine Trillerpfeife, die Augen wie bei Manga-Mädchen kajalumschwärzt, die Bäckchen rougerot.

»Die sind aber hübsch, Rym!«, rief Thanh über die Schulter.

»Unsere Blumen!«, kam es von hinten, und es schwang so viel Gärtnerstolz darin, dass Thanh nachfragte, ob er wirklich die Polizistinnen meinte. »Nur die schönsten Frauen in unserem Korea dürfen diesen Beruf ergreifen.«

Heute steckte jede der blauen Verkehrsblumen in einem durchsichtigen Regencape. Die Kapuze über die große Tellermütze gestülpt, reichte es bis zu den Knöcheln. Rund um die Kapuzengesichtsöffnung zog sich ein Gummizug und verlieh der transparenten Regenhaube das Aussehen eines Sprechlochs. So wie früher am Postschalter. Und die kleinen geschminkten Gesichter schienen darin stecken geblieben.

Der Plastikumhang hinderte die Frauen jedoch nicht an der exakten Ausführung ihrer Verkehrsregelungsgymnastik. Da ich nicht am Fenster saß und die Regentropfen am Seitenfenster den Autofokus der Kamera verwirrten, gelang mir kein einziges Foto von Pjöngjangs Blumen.

Thanh hielt ihr Kim-Il-sung-Büchlein in der Hand. Ein Finger zwischen den Seiten verriet, dass sie während meiner Turmbesteigung darin gelesen haben musste.

»Erzähl mal, was bedeutet ›Juche‹?«

»Hat dir das Rym nicht erklärt?«

»Nein, wir haben uns gegenseitig Bauwerke erklärt.« Aus den Augenwinkeln sah ich hinter uns Ryms Ohr. Ein vertrautes Bild. Er neigte seinen Oberkörper öfter weiter vor, als es für eine entspannte Sitzhaltung vernünftig schien. Da wir beide in Richtung Fenster sprachen und der Regen trommelte, entging ihm heute das meiste. Thanh wedelte mit dem Büchlein: »Die behaupten zwar, es wäre eine Weiterentwicklung des Marxismus-Leninismus, weil neben Arbeitern und Bauern auch die Intelligenz eingebunden wird.«

»Wie in der DDR: Hammer, Zirkel und Ährenkranz.«

»... im Grunde ist Juche nichts weiter als nationaler Egoismus und Machterhalt mit allen Mitteln.« Thanh schlug eine Seite auf und zitierte: »Das Bestreben jeder Nation muss es sein, die Revolution eigenständig voranzutreiben.«

»Aha.«

Wenn sich unser Bus einer Kreuzung nährte, drehten sich normalerweise die Verkehrsblumen so, dass alle kreuzenden Fahrzeuge halten mussten. Jetzt jedoch versagten uns zur Seite gestreckte Arme und ein kräftiger Trillerpfiff die Weiterfahrt. Thanh schien unseren Zwangshalt nicht zu bemerken: »Mit der Revolution lässt sich alles begründen. Wir bauen Raketen wegen der Revolution, wir gehen freitags zu Fuß wegen der Revolution, wir besteigen bei Nebel 'nen Turm wegen ...«

»Immerhin den Juche-Turm!«
Im Rücken der Verkehrsblume schossen zwei schwarze Mercedes-E-Klasse-Limousinen über die Kreuzung. Vielleicht um die Revolution voranzutreiben.
»Wenn es das Bestreben jeder Nation sein soll, nur ihre Interessen zu verfolgen«, gab ich zu bedenken, »stehen sich doch alle im Weg.«
»Ich hab mir das nicht ausgedacht. Aber nach dem Wenigen, das ich jetzt weiß, ist es wohl so, dass Koreas Interessen größeres Gewicht besitzen als die der übrigen kommunistischen Nationen. Korea ist Mittelpunkt der Welt.«
Ich musste an die Weltkarte im Museum der Freundschaft denken. Und dass mir außer China, Vietnam und Kuba keine anderen gesellschaftlich verwandten Länder einfielen.
»Die drei Prinzipien der Juche-Ideologie lauten ...«, Thanh las vor: »... erstens: Chachu ...«
»Gesundheit!«
Thanh blickte auf: »Das ist der älteste rassistische Asienwitz, den es gibt.«
»Funktioniert aber immer wieder.«
»Nur nicht in einem Bus voller Asiaten.«
Das hatte ich nicht bedacht. »'tschuldigung.«
»Lies selber ...« Damit warf sie mir Kim Il-sungs schlaue Schrift in den Schoß.
Ich erschrak. Es waren schon Nordkoreaner hingerichtet worden, die sich, um ihre Kleidung zu schützen, unbedacht auf eine Tageszeitung gesetzt hatten und zwar direkt auf ein Foto von Kim Jong-il. Mir lag der Große Führer jetzt im Schritt. Schnell nahm ich das Büchlein fort.
Die drei Prinzipien der Juche-Ideologie sind: militärische Souveränität (»chachu«), wirtschaftliche Selbstversorgung (»charib«) und militärische Eigenständigkeit (»chawi«). Ein ideologisches Dreigestirn, das schon zu Zeiten der koreanischen Königreiche gepflegt wurde und damit tief im kol-

lektiven Bewusstsein verankert war. Vor allem ließ sich damit leicht Nordkoreas Isolation gegenüber der Welt erklären.

Weiter führte Kim Il-sung aus: Der Mensch sei die Krone der Schöpfung – hallo Christentum! –, er solle sich jedoch als Individuum der Volksmasse unterordnen, da sich seine Gestaltungskraft nur in der Gruppe entfalten könne. Die Volksmasse wiederum müsse sich von Partei und Führer leiten lassen und bedingungslos folgen. »Führer befiehl, wir folgen!« Deutschland 1933–1945. »Die Partei, die Partei, die hat immer recht.« DDR 1949–1989.

Juche – ein *Best of* der Massenideologien.

Ryms Atem wehte mir über die Schulter. »Sehr interessant, nicht wahr?«

»Das ... das sind beeindruckende Ideen vom Großen Führer Kim Il-sung«, stammelte ich erschrocken. Thanh senkte missbilligend die Augenbrauen.

Rym rückte mir noch näher auf die Pelle. »Geliebter Führer Kim Jong-il er hatte auch große Ideen.«

»Is' wahr?« Thanh tanzte schon wieder auf der Grenze zum Spott.

»Ja.« Rym nickte eifrig. »Er machte unser Korea stark mit der Sŏn'gun-Politik.«

Thanh und mir entfuhr ein Seufzen. Kaum hatten wir halbwegs die eine Ideologie kapiert, kam Rym mit der nächsten um die Ecke. Die Verzweiflung in unserem Blick deutete Rym als Frage und gab zur Antwort: »Sŏn'gun – es bedeutet ›Militär zuerst!‹«

»Na, das erklärt sich ja von selbst«, sagte Thanh.

Als ob er seinem Vater in Sachen Ideologien-Ausdenken nicht nachstehen wollte und zur Festigung seiner Macht, stellte Kim Jong-il kurz nach dem Tod des Vaters 1994, mitten in den Hungerjahren, die Bedürfnisse des Militärs allen anderen von Staat und Gesellschaft voran. 2009 ergänzte er durch eine Verfassungsänderung die Juche-Ideologie offiziell durch die Sŏn'gun-Doktrin. Während Juche eher nach außen gerichtet war und Nordkoreas Isolation gegenüber der Welt untermauerte, machte Sŏn'gun den Menschen im Lande klar, wer das Sagen hatte. Kim Jong-un ist nun gerade wieder dabei, den Einfluss des Militärs auf den Staat zu beschneiden, ohne die Armee als Stütze seiner Macht zu verlieren. Mal sehen, welche Ideologie er erfindet.

Herr Pak parkte vor einem Plattenbau. »Mittagspause«, rief Chung fröhlich. Im Restaurant im ersten Stock wartete ein reservierter Tisch auf uns. Thanhs und mein Platz einander gegenüber direkt am vorhangverhängten Fenster. Chung, Rym und Herr Pak saßen am selben Tisch, von uns jedoch durch zwei Stühle getrennt.

Die drei schlangen, wir zwei stocherten. Inzwischen wusste ich, was schmeckte. Ohne zu fragen, nahm ich von Thanhs Hühnerfleischstreifen. »Übrigens habe ich heute Morgen eine Mail an meine Mutter geschickt, dass es mir gutgeht. Das war vielleicht umständlich ...« Ich berichtete ihr von Prozedere und Mailinhalt, darauf bedacht, dass es die Guides nicht hörten.

Thanhs Miene verdüsterte sich. Der Grund dafür kam schneidend: »So was spricht man normalerweise ab.«

»Was absprechen?« Ich teilte ein Kartoffelgitter.

»Du hättest in unserem Namen eine Mail an deine Mutter schreiben können, die hätte dann Carmen Bescheid gegeben und sie wiederum Theo. Das nennt man Informationskette.«

Thanhs Freundin Carmen war ihre Kontaktperson in Deutschland. Auf ihren Sohn wollte sie sich nicht verlassen.

»Ja, nur ...« Meine Gabel erstach ein Stück Huhn. Sie hatte recht. Und ich wollte es nicht zugeben. Das olle Huhn war knorpelig. Verbissen kaute ich. Thanh hatte den Mund frei. »Das ist typisch. Du denkst nur an dich.«

Das widerspenstige Geflügelstück verhinderte meinen Protest. Sie legte ihr Besteck zusammen, wühlte in ihrer

Handtasche. »Aber ich muss sowieso mal meine Mails abrufen. ... Was ist los? ... Soll ich dir auf den Rücken hauen?«
»Geht schon ...« Tränen liefen mir die Wangen hinab. Ich schnappte nach Luft. Hustete erneut. Nahm einen Schluck Wasser. Ein letzter Huster, dann hatte ich mich wieder gefangen. Nur meine Stimme klang etwas rau: »Du kannst frühestens in Peking wieder E-Mails lesen.«
»Wieso? Du warst doch auch im Netz.«
»Ja, um eine frohe Botschaft zu verschicken.«
»Mein Lieber, ich kann nicht bis Peking warten. Die wollten mir diese Woche die Reisetermine schicken und ich muss antworten, ob ich da kann. Es ist immerhin ein Hamburger Nachrichtenmagazin ...«
Ich hustete wieder, jetzt lauter.
»Trink noch mal was.«
»Wenn du ein bisschen sensibler wärst ... müsste ich gar nicht husten.«
»Ach so. Du lieber Himmel. Also, die wollen wissen, ob ich für sie als hmm ... Bildübersetzerin arbeiten kann. So gut?«
»Huste ich?«
»Das wäre die Miete für ein halbes Jahr.« Sie riss ein Päckchen Zigaretten auf.
»Die müssen trotzdem warten. Und du solltest dich keinesfalls übers Hotel in deinen Privat-Account einloggen!«
Thanh ließ ihr Feuerzeug schnappen. Dass ich noch aß, störte sie nicht. »Dann muss ich zur deutschen Botschaft.«
»Du weißt schon, dass alle Botschaften in einem streng bewachten Viertel liegen?«
»Na und? Ich war bisher in hundertdreiundzwanzig Ländern. Und nirgends verbieten sie einem, die eigene Botschaft zu besuchen. Das ist das Recht eines jeden Staatsbürgers.«
»Das kommt hier bestimmt gut an, wenn du auf deine Bürgerrechte pochst.« Ich legte ebenfalls das Besteck weg. Kein Hunger mehr. »Und wie willst du zur Botschaft kommen?«

»Taxi?« Sie blies Rauch aus.

»Hast du schon eins gesehen? Und selbst wenn du es zur Botschaft schaffen würdest, auch deren Mailverkehr wird ganz bestimmt ... ähm ... übergeordnetes Interesse finden.«

»Paranoiker!«

»Musst du mir ins Gesicht blasen?«

»Mach ich gar nicht.«

Schule der Freundschaft zwischen der DDR und der KDVR

Die Oberschule am Parsteiner Ring in Marzahn trägt seit gestern den Namen „Schule der Freundschaft zwischen der DDR und der KDVR". Zur Namensverleihung begrüßten die Schüler und Lehrer aufs herzlichste den 1. Sekretär der Bezirksleitung Berlin der SED, Günter Schabowski, Mitglied des Politbüros und Sekretär des ZK, und den Leiter der Delegation der KDVR zum Internationalen Treffen für kernwaffenfreie Zonen, Ho Dam, Mitglied des Politbüros und Sekretär des ZK der Partei der Arbeit Koreas. Der koreanische Gast überreichte der Schule eine Fahne der KDVR-Pionierorganisation, verbunden mit Grüßen der Partnerschule in Phjöngjang. Ho Dam betonte, das Berliner Treffen habe gezeigt, daß die DDR alles für eine friedliche kernwaffenfreie Welt unternehme. Günter Schabowski gab der Überzeugung Ausdruck, der Ehrenname sei Verpflichtung, stets nach besten Leistungen zu streben, die sozialistische Völkerfamilie zu stärken und den Weltfrieden immer sicherer zu machen

Fotos: ND/Winkler

»Neues Deutschland«, 24. 6. 1988.
So hat alles angefangen. Ich bin nicht zu sehen.
Obwohl ich Winkelemente schwenkte.

Die Regenbogenrutsche – ihretwegen reisten wir nach Nordkorea. Der Schriftzug hinten bedeutet: »Wir haben nichts zu neiden in der Welt.«

Der Taedong teilt Pjöngjang. Rechts der Juche-Turm. Das dreieckige Gebäude links ist das höchste des Landes. Offiziell existiert es nicht.

Pjöngjang – nahe der Munsu-Straße.
In den Plattenbauten Nordkoreas fehlen oft Fahrstuhl, fließendes Wasser und Heizung.

Souvenirverkäuferin – auf Wunsch Kim Jong-uns hat Pjöngjang jetzt einen Schönheitssalon, in dem Frauen mit Hilfe gläserner Vakuumglocken die Brüste vergrößert werden.

Fahrstuhltastatur im Yanggakdo-Hotel. Es ist nicht leicht, ins Erdgeschoss zu kommen. Noch komplizierter: in die 5. Etage fahren.

Triumphbogen in Pjöngjang – oben eingraviert: »Heute blühen Blumen, Blumen wie Blut, Blumen im freien Land. Korea hat es gut.«

Bulgogi – traditionelles Grillen am Tisch. Schmeckt besser, als es aussieht. Der Schnaps desinfiziert von innen.

Pjöngjang – 2001 stellte Mercedes den Direktverkauf nach Nordkorea ein.
Nun kommen die Luxuswagen über China.

Im Wiener Kaffeehaus von Pjöngjang. Dass ich heiße Schokolade bestellte, machte mich sehr verdächtig.

Kwangbop-Tempel bei Pjöngjang.
Gebäude und Mönch: voller Rätsel.

Pjöngjang. Klassische Werbeplakate sahen wir nicht.
Dafür diese: »Zusammen schaffen wir den Jahresplan!«

Ehrenhain der Revolutionäre. Verbeugen im Akkord. Wegen besonderer Nässe des Regens erhielten wir eine Vorzugsbehandlung.

Preisfrage: Wo ist der Struppi?

Bäuerliche Musterfamilie bei Chonsan. Das Kind beherrscht die Vokabeln »Hello« und »Bye-Bye« und kann sehr süß winken.

Feld bei Sariwon – den Kampf gegen Wind, Regen und schlechte Böden unterstützen Propagandadurchsagen und rote Fahnen.

Altstadt von Kaesong – die früher typische enge Bebauung war im Koreakrieg besonders anfällig für Brandbomben.

Altstadt von Kaesong – für Westler urig und historisch hochinteressant. Für Nordkoreaner ein Symbol der Rückständigkeit.

Panmunjom – Einfahrt in die entmilitarisierte Zone. Die dicken Betonrollen links sind für angreifende Südkoreaner vorgesehen.

Panmunjom – Die unscheinbare Betonstufe zwischen den Baracken teilt die koreanische Halbinsel in Nord- und Südkorea.

Straße in Kaesong: Privatautos sind offiziell nicht erlaubt. Frauen war es lange verboten, Fahrrad zu fahren. Die Mehrheit läuft. Etwa 30 km am Tag.

Der Propagandaoffizier von Panmunjom: »Bei einer Provokation verteidigen wir uns durch einen Erstschlag.«

Pjöngjang bei Nacht – man bemüht sich, den Titel »Dunkelste Hauptstadt der Welt« loszuwerden.

Großmonument Masudae – Kim Il-sung und Kim Jong-il – 20 Meter hoch. Jede Statue wurde bereits einmal umgestaltet, weil die Kleidung nicht mehr gefiel.

Pjöngjang – an Feiertagen wird getanzt. Bei Regen in Gummistiefeln.

Konzert des Servicepersonals einer Autobahnraststätte. Beeindruckend.

Soldaten warten auf den Vorstellungsbeginn im Zirkus von Pjöngjang – Auf dem Handtrockner im Zirkus-Herren-WC klebt der »Blaue Umweltengel«.

Pjöngjanger Metro – die Rolltreppen werden mit Kampfliedern beschallt und führen bis zu 100 Meter tief in die Erde.

Station Puhung: In jedem der U-Bahnwagen aus Deutschland hängen die Porträts von Kim Il-sung und Kim Jong-il.

Pjöngjang – Blumenausstellung.

Kim Jong-Il und Kim Jong-un zwischen Kimilsungien und Kimjongilien.

Hauptbahnhof Pjöngjang: Die greise Dame im Vordergrund ist eine Seltenheit, alte Menschen sieht man kaum auf den Straßen.

Touristen-Wartesaal im Hauptbahnhof Pjöngjang. Sobald man sich im Sessel bewegt, fallen die Deckchen herunter.

Die Achterbahn im Vergnügungspark von Mangyŏngdae. Hier zupfte Kim Jong-un bei einer seiner Vorort-Anleitungen persönlich Grashalme.

Das automatische Kind

Auf der Seitenscheibe unseres Busses war kein Platz für weitere Regentropfen. Den Himmel scherte das nicht, er schickte unablässig Nachschub. Den bedrängten Tropfen blieb nur übrig, sich zusammenzuschließen und irgendwann, schwer geworden, jäh in die Tiefe zu rauschen. Der Fahrtwind erwischte die Rinnsale auf halber Strecke, drückte sie nach hinten und sponn ein bizarres Muster.

Es war das einzig Kunstvolle, das sich dem Auge bot. Wir hatten Pjöngjang auf einer achtspurigen Autobahn verlassen. Laut Chung trug sie den Namen »Straße der heroischen Jugend« und war ab 1998, also auf dem Höhepunkt der Hungerjahre, von fünfzigtausend Freiwilligen in siebenhundert Tagen ohne Einsatz von Maschinen gebaut worden. Die rund fünfzig Kilometer lange Heldenstraße verbindet Pjöngjang mit der Hafenstadt Namp'o. Herr Pak hatte jedoch einen Abzweig genommen, und seitdem holperten wir über einen Betonplattenweg. Unsere Körper ruckten im Rhythmus der Schlaglöcher. »Ein Regen ist das ...«, sagte ich.

»Ja«, sagte Thanh.

Seit dem Mittagessen unser erster Wortwechsel.

Weit und breit sahen wir kein Haus, und doch war die Straße zwischen den Äckern voller Menschen.

Vor unserem Bus wackelte ein Fahrradfahrer voran. Sein

blauer Regenumhang flatterte. Herr Pak hupte. Der Radler wich nur Millimeter von seinem Weg ab, als ob er einer unsichtbaren Linie folgen müsste und Konsequenzen fürchtete, falls er sie verließ.

Andere Radfahrer stoppten abrupt, wenn sie den Bus hinter sich hörten, hoppelten ein zwei Schrittchen zur Seite und warteten, bis wir vorbei waren. Ausdruckslos blickten die im Radelrhythmus Unterbrochenen uns dann nach. Den Menschen zuzuwinken und sie anzulachen hatten wir uns schon am zweiten Tag abgewöhnt. Weil nie eine Reaktion kam.

Die meisten Menschen waren zu Fuß unterwegs und stiefelten stumm durch den Regen. Wie schon in Pjöngjang fiel auf, dass sie nicht miteinander redeten. Keine Plaudereien über Kollegen, die Kinder, das Wetter oder den neuen Mantel. Nur stummes Stiefeln. Oder interpretierte ich Trübsinn in das Geschehen? Hatte uns der Phantomgast am ersten Abend geraten, »auf das Schöne« zu achten, weil Ausländer in Nordkorea automatisch nach den Schattenseiten suchten? Wie fröhlich plaudern Berliner in strömendem Regen, wenn die S-Bahn nicht fährt?

Thanh, die am Fenster saß, hatte sich ihre Canon auf das Knie ihres übergeschlagenen Beins gelegt. Aus dem Okular drang schwacher Lichtschein. Sie filmte also. Mit dem Fotoapparat war es unauffälliger als mit der Videokamera. Qualitativ gab es höchstens beim Ton Unterschiede.

Rym auf der Bank hinter uns schien andere Sorgen zu haben. Seit dem Mittagessen machte er ein säuerliches Gesicht und murmelte unverständlich vor sich hin. Ich war umzingelt von einer Spionin und einem Irren. Pest und Cholera, Regen und Traufe ... Dazu müsste sich doch ein Sprichwort finden lassen.

In den Weiten der Felder tauchten einstöckige Häuser auf. Weiß getüncht, identische Bauart. Bedeckt von einem geschwungenen Ziegeldach, ein himmelblau gestrichener

Giebel über der Eingangstür, rechts und links der Tür ein Fenster. Wie in Deutschland die Musterhaussiedlungen an der Autobahn. Scheinbar ohne Straßen, ohne Plätze, kauernd, lauernd stand das Dorf im Morast. Fernsehantennen auf jedem Dach. Die Fanghaken für Propagandabotschaften. Die Äcker der Nordkoreaner verfügten über keinen Fernsehanschluss. Was sie von den Feldern bei uns jedoch unterschied: Sie hatten Radioanschluss. Auf den Pfählen der Windschutzzäune oder an Strommasten klemmten durch dünne Kabel verbundene Lautsprechertrichter, die blechern plärrend die Bauern beschallen konnten. Und wo keine Lautsprecher installiert waren, standen Kleinbusse.

Die kastigen Gefährte, ähnlich unserem Bus, waren auch in Pjöngjang unterwegs, aber im fließenden Verkehr nicht so aufgefallen. Hier draußen, wenn sie am Feldrain standen, waren sie nicht zu übersehen.

»Chung?!«

»Mein König?«

»Was sind das für Busse dort mit den Lautsprechern auf dem Dach?«

»Sie spielen Musik, damit unsere Bauern mehr Freude bei der Arbeit bekommen.«

»Alles klar.«

Soweit sich das aus dem Kokon unseres Busses beurteilen ließ, schwiegen die Freudenspender heute. Der Regen peinigte die Menschen schon genug. Oder man fürchtete Kurzschlüsse.

»Landwirtschaftsstelle der Gemeinde Chonsan«, verkündete Chung. Der Kleinbus, neben dem wir hielten, glich unserem bis aufs Haar. Nur dass er keine Haare hatte und sich das Nummernschild in einer Ziffer von unserem unterschied. Das weckte die Neugier darauf, wie sehr uns die Businsassen ähnelten.

Mit den Superlativen der ersten Tage konnte das heutige Programm irgendwie nicht Schritt halten. Nach Café, Buchladen und Aussichtsturm jetzt also das Gewächshaus einer Bäuerlichen Produktionsgenossenschaft.

»Die Landwirtschaftsstelle der Gemeinde Chonsan ist ein Musterbetrieb, der die modernsten Anbaumethoden benutzt.« Chung hielt dabei den Zeigefinger in die Höhe. »Außerdem haben Sie Gelegenheit, ein typisch koreanisches Bauernhaus und seine Bewohner zu besichtigen.«

Bevor es zu den Gewächshäusern ging, steuerten Rym und Chung auf eine Anhöhe zu. Oben erwartete uns Kim Il-sung. Drei Meter groß. Umringt von einen halben Kopf kleineren Bauernfiguren und einer Bauersfrau, die ein Bündel Getreidegarben im Arm hielt, als wiegte sie ein Baby.

Alle Figuren waren aus Bronze.

Das Blousonjackenpärchen verbeugte sich bereits. Wenn sie die Insassen unseres Zwillingsbusses waren, dann gab es nichts, was uns verband. Selbst ihr Reiseleiterpaar, in diesem Moment ebenfalls einen rechten Winkel bildend, unterschied sich deutlich von unserem. Es bestand aus einem professoral wirkenden Brillenmann und einem feschen Fräulein um die zwanzig, der Rym, als die vier an uns vorbeimarschierten, ein verschämtes Lächeln schenkte.

Wir warfen dem Blousonpaar ein »Hi!« zu, das freundlich erwidert wurde.

»Die Landwirtschaftsstelle der Gemeinde Chonsan besuchte Großer Führer Kim Il-sung dreizehn Mal.« Immer dieser zitternde Stolz in der Stimme. Besonders bei Rym. »Dieses Denkmal wurde errichtet anlässlich seines zehnten Besuches.«

Wie oft der bronzebraune Kim Il-sung das schon gehört haben musste. Er blickte, einen Arm in die Seite gestützt, in eine ferne, frohe Zukunft, und die Bauern schauten ihn an.

Chung und Rym nahmen Aufstellung. Wir dahinter. Ich

sah mich gezwungen, Thanh zu warnen. »Guck nicht hin, aber wir werden von links beobachtet.«

Auf der Wiese hinter zartgrünen Büschen stand ein Erdfarbener, der jede unserer Bewegungen beobachtete. Thanh atmete verächtlich aus. »Das ist ein Bauer.«

Daraufhin atmete ich verächtlich aus. Bauer – von wegen! Vor uns knickten Chung und Rym ab. Thanh nicht. Ich nicht. Nur den Kopf senkte ich. Als unsere Guides sich aufrichteten, drückte ich den Rücken durch, so dass es den Eindruck vermittelte, ich sei wie sie gerade hochgekommen. Vielleicht war ihnen unsere Respektlosigkeit entgangen. Bauer Struppi mit Sicherheit nicht.

Thanh fragte: »Und was hat der Große Führer bei den Gewächshäusern so oft gemacht? Die Scheiben geputzt?«

Chung lachte auf und schlug sich sofort erschrocken auf den Mund. Wir waren kaum zehn Meter vom Denkmal weg. Und Struppi folgte unserem Weg parallel hinter den Büschen.

Im Gewächshaus, einem von dreien, die zusammen etwa ein Fußballfeld einnahmen, drängten wir uns am Rand der Anbaufläche. Die unvermeidliche Geidinn trug trotz Ackerdreck ein Glockenkleid (gelb) und Frisur Nr. 4 (modische Wellen). Über uns hielt ein Stahlrohrgeflecht straff gespannte Folie im Halbrund. Auf dem saftig braunen Erdboden reckten exakt ausgerichtet, als übten sie für die Gemüseparade auf dem Kim-Il-sung-Platz, allerlei Pflanzen ihre Blättlein in die Höhe. Über jeder der endlosen grünen Reihen krümmten sich in regelmäßigen Abständen zweigdicke Holzbögen, die oben durch parallel gespannte Schnüre verbunden waren. Überzog man dieses Gerüst mit Folie, wurde aus jeder Reihe ein kleiner Treibhaustunnel. So entstand eine dynastische Dreieinigkeit aus Himmel, Folienhalle und Schutztunnel. Der Führerfamilie gleich bestimmten sie, wie viel des Lebensnotwendigen das Pflanzenvolk erreichte.

»Beeindruckend!«, sagte ich.

Die Geidinn und Chung rasten durch die Fakten: grüner Salat, Reispflanzensetzlinge, Tomaten, Wachstumsdauer, Ertrag und Zuchterfolg. Chung schloss: »Und jetzt Bauern!«

Hübsches Himmelblau leuchtete uns entgegen – von den Zierrändern einer weißen Mauer, von dem Girlandensims darauf und von den Fensterrahmen und Türen des einstöckigen Hauses hinter der Mauer. Am hübschesten aber war die Bauernfamilie. Der Vater lehnte im Türrahmen, sein Pullover in modischem Rautenstrick spannte über den kräftigen Schultern, sein Lachen verströmte Wärme. Die Mutter strahlte uns pausbäckig an, das Haar unter einem Kopftuch verborgen, den wohlgerundeten Körper gehüllt in eine karierte Strickjacke und eine rote Pluderhose. Für das Söhnchen der beiden musste das Wort »herzig« erfunden worden sein. Unter einem tief in die Stirn hängenden schwarzen Pony glänzten dunkle Kulleraugen. Als Thanh mit Chungs Übersetzungshilfe fragte, wie alt der Junge sei, streckte der vier Finger seines rechten Händchens nach oben. Dabei rutschte der Ärmel seines beigen Jäckchens zurück. Der Vierjährige zerrte es hoch, verärgert, dass es nicht an der vorgesehenen Stelle blieb. Und als er merkte, die Schwerkraft behielt die Oberhand, versenkte er – seine kleine Unterlippe wölbte sich trotzig vor – die Arme in die Taschen seines Jäckchens. Ganz entzückend. Die aufgesetzten Taschen waren farblich exakt auf das Braun seiner Hose abgestimmt, die kleinen roten Latschen bildeten dazu neckische Farbtupfer.

Sein sympathischer Vater lud uns mit einer Handbewegung ein, das bäuerliche Heim zu besichtigen. Thanh, das Blousonjackenpaar und ich drängten uns in einen quadratischen, weiß getünchten Raum. Wir hatten keine ausdrückliche Fotografiererlaubnis bekommen, also schoss ich, die

Kamera spielerisch in der Hand haltend, lautlos Fotos aus der Hüfte. Von der Plüsch-Micky-Maus, der Yamaha-Heimorgel, dem tennisschlägergleichen elektrischen Insektenfänger und von den eingerahmten Familienfotos an der Wand, von denen die Familie pumperlgesund herablachte. Und nicht zu vergessen der schwarze Lautsprecher, der neueste Meldungen der Staatsführung, Aufforderungen zu fleißiger Arbeit und schöne Marschmusik am Morgen in die heimischen vier Wände brachte. Solche Lautsprecher hängen in fast allen nordkoreanischen Wohnungen und können von den Bewohnern weder an- noch ausgeschaltet werden. Die Radios sind auf den Staatssender geeicht. Eichbeamte überprüfen regelmäßig, ob manipuliert wurde. Auf das Hören südkoreanischer Sender steht die Todesstrafe.

Ein letztes Mal drehten wir uns in diesem anheimelnden Ambiente um die eigene Achse, dann lachte man uns hinaus. Draußen noch zwei Fotos. Von dem kleinen Gemüsegärtchen zwischen Mauer und Haus. In rechteckigen Plastikwannen, die wir als Primeltopfpaletten aus dem Gartencenter kannten, wuchs Spinat. Unter einem Holzbogengerüstchen wie im großen Gewächshaus anderes Grüngemüse. Durch eine offenstehende Seitentür des Bauernhauses, von der das Himmelblau blätterte, knipste ich eine Waschmaschine und eine Kühltruhe. Fortschrittliche Geräte gab es also auch. Und der braune Rost im weißen Blech änderte nichts an ihrer Existenz.

Ach, man mochte diese bäuerliche Idylle kaum verlassen. Wir mussten aber und waren schon außerhalb der Hofmauer, da winkte uns von der kleinen Treppe, die ins Gehöft der typischen Bauern führte, der Junge zu: »Bye-bye!« Und die Blousonfrau rief »bye-bye« zurück und kramte alte Bonbons aus ihrer Handtasche. Das Kind nahm, was es bekam, und rief »bye-bye«, und wir riefen alle »bye-bye« und fotografierten, nun ganz offiziell, den süßen Fratz.

Aus Thanh brach die Mutter hervor: »Den würd' ick am liebsten einpacken!«
Schließlich hatten sich alle ausgewinkt.
Wir verabschiedeten uns vom Blousonpaar: »See you later. Bye-bye«. Alle kletterten in die Busse, glücklich darüber, wie gut es den nordkoreanischen Bauern ging.

Für ein paar Kilometer kehrten wir auf die »Straße der heroischen Jugend« zurück. Als sie endete, musste Chung Papiere vorzeigen, dann ließ uns der Kontrollposten passieren. Am Straßenrand begann unvermittelt ein hoher schmiedeeiserner Zaun, der uns eine Weile begleitete. In der Mitte jedes Zaunfeldes war ein stilisierter Anker eingearbeitet. Hier musste es einen Hafen geben. Hinter dem Zaun reihten sich Güterwaggons. Pritschen- und Lorenwagen, braun und verrostet. In der Ferne, gelb vor weißgrauem Regenhimmel, die Dinosaurierhälse der Hafenkräne.

Chung drehte sich zu uns um. »So!«
Bei »So!« wussten wir, nun kommt was.
»Diese Stadt, sie trägt den Namen Namp'o. Sie besitzt den bedeutendsten Hafen in unserem Korea. Es gibt hier sehr viel schwere Industrie. Ein Stahlwerk, eine Maschinenfabrik und das Kum-Song-Traktorenwerk. Namp'o ist die drittgrößte Stadt. Hier leben über vierhunderttausend Menschen und viele Soldaten, die unsere Küste beschützen.«

Ein langschnauziger blauer LKW tuckerte uns entgegen, auf der Ladefläche zwei der Beschützer. Transparente Regencapes über ihrem Uniformoliv. Die kapuzenspitzen Köpfe gesenkt, hielten sie sich aneinander fest.

Wir passierten einen weiß gepflasterten Platz. Von einem mehrere Meter hohen Standmosaik strahlte uns Kim Il-sung zähnebleckend an. Ein Fahrradfahrer radelte achtlos daran vorbei. Graubraune Fußgänger in bunten Gummistiefeln kreuzten genauso achtlos die Straße. Herr Pak hupte sich den Weg frei. Die Menschen wichen empörten Blickes.

Bald darauf verließen wir schon wieder Nordkoreas drittgrößte Stadt. Im Gedächtnis blieb die Unzahl schwarzschimmliger Plattenbauten. Als der Asphalt endete, bestimmten Menschen und Matsch das Bild. Und jetzt fiel der Unterschied auf zu Berlinern im Regen. Zu Deutschen an sich. Es waren sogar zwei Unterschiede. Zum einen: Die Menschen in Deutschland, so sie keine Ortsfremden sind, eilen. Im Wissen, gleich am Ziel zu sein. Oder sie schlendern, weil sie sich umblicken und entspannen wollen. Die Menschen hier befanden sich auf Märschen. Nicht im militärischen Sinne – so naheliegend das war. Nein, sie arbeiteten Kilometer um Kilometer ab. Und der zweite Unterschied, besonders zu Berlinern: Niemand meckerte.

Auf dem rutschigen Untergrund drehten mehrmals die Räder durch. Herr Pak bediente Lenkrad, Kupplung, Gas und Bremse, als würde er Orgel spielen.

Wie unwegsam die Straße war, sahen wir am trunkenen Wanken eines großen grünen Busses vor uns. Die asiatischen Insassen, die offenbar das gleiche Ziel hatten wie wir, ertrugen es stoisch.

Mit der Zeit wurden die Menschen am Wegesrand weniger, der Matsch aber blieb. Auf den Feldern behaupteten sich tapfer grüne Pflänzchen.

Hinter der nächsten Hügelkuppe verschwand der grüne Bus aus unserem Blickfeld, und als wir die Anhöhe erreichten, lag vor uns im Tal ein Wäldchen. Quadratisch, düster und inmitten von Ackerwüste. Erst als wir schon sehr nah waren, fünfzig Meter vielleicht, erkannten wir ein grünes Tor zwischen den Bäumen und eine baumhohe Mauer, stacheldrahtumkränzt. Vor dem Tor zwei Posten, Maschinenpistolen vor dem Bauch. Chung hatte seine Papiere schon parat.

Wenig später ließ man uns ein ins Ferienparadies *Ryonggang Hot Spring Hotel*, berühmt für seine heißen Quellen, die in jedem Zimmer sprudeln sollten.

Der Vogel der Nacht

Die Dunkelheit drückte auf die Ferienhaussiedlung von Ryonggang. Im Dickicht des Nadelwalds zirpten die Zikaden. Bäume und Nachtschwärze verschluckten die anderen Häuser und die Mauer, die alles umschloss, sowie die Wachen mit ihren Kalaschnikows.
Von Thanh kein Lebenszeichen.
Ich machte eine Kopfbewegung hoch zu unserem Zimmer: »Also, oben war sie nicht mehr.« Mir wurde im selben Moment klar, dass ich damit nicht zur Beruhigung unserer Aufpasser beitrug.

Nachdem wir eine Stunde zuvor an den Wachposten vorbei durchs Tor gefahren waren, hatte Herr Pak ein modernes einstöckiges Gebäude angesteuert, das von seiner riesigen Dachhaube fast erdrückt wurde. Eine Rauchpause lang verschwand Chung im Haubenhaus und kehrte, die Zimmerschlüssel in der Hand, mit der Information zurück: »Um halb zehn kommt Ihre heiße Quelle ins Zimmer.«

Wir fuhren mehrere Kurven durch den Nadelwald, ab und zu lugten zwischen den Wipfeln Dächer hervor. Wir bogen in einen Seitenweg ein, wo wir vor einem weißen Ferienhaus hielten. Glatt verputzt, kantig, neu, zwei Etagen. Im Eingangsbereich warteten auf jeden lederne Latschen. Die Sohle hell-, die Haltebrücke dunkelbraun. »Wir ziehen unsere Schuhe aus. Koreanische Tradition«, erklärte Chung. Und mir entfuhr: »Ach, wie in Japan.«

Auch ohne Thanhs empörtes Schnalzen wäre mir mein Fauxpas sofort klar geworden. Besonders ärgerlich: Eigentlich fielen Fettnäpfchen in Thanhs Bereich. Unsere Begleiter zeigten keine Reaktion, sie widmeten sich dem Schuhwechsel.

Chung, Rym und Herr Pak schliefen in einem von drei Zimmern unten, unseres lag im ersten Stock. Die Einrichtung eine Orgie in Gold und Weiß. Golden der floral gemusterte Teppich und die seidig glänzenden Vorhänge, weiß die Einzelbetten und die parallel dazu stehende Schrankwand, in deren Vitrine Weingläser blitzten. Weiß auch die Frisierkommode und der Kühlschrank an der Wand gegenüber den Fußenden unserer Betten. Von der Größe hätte das Kühlgerät besser in eine Singleküche gepasst als in dieses schwülstige Ambiente, farblich fügte es sich jedoch prima ein. Es gab zwei verschiedene Steckdosenarten, doch keine, die unserer Norm entsprach. Im Display meiner Digicam blinkte seit Namp'o das Batteriesymbol.

Im Bad, das vom großzügigen Flur unseres Ferienapartments abging, entfuhr uns beiden ein Schreckensschrei. Und innerlich noch ein zweiter, weil wir uns so überraschend einig waren.

Die Sauberkeit von Fliesen, WC und Waschbecken hätte Jubel verdient, aber der Anblick der Wanne verkehrte einen solchen Gefühlsausbruch ins Gegenteil. Braune Schlieren überzogen die blauen Mosaiksteinchen, mit denen die Wanne ausgekleidet war. Einige Fugen bröckelten.

»Vielleicht ändert sich das noch, wenn um halb zehn die heiße Quelle kommt.«

Thanh konnte darüber nicht lachen und verließ das Bad.

Dann war es schon Zeit fürs Abendessen. Ich blieb noch

kurz im Bad. Und als ich herauskam, war Thanh verschwunden.

Nun stand ich mit den Guides vor unserem Haus und wartete. Um sieben hatten sie uns hinüber zum Abendessen im Haupthaus fahren wollen. Chung saugte hohlwangig an seiner Zigarette. Er tauschte Blicke mit Rym. Rym strich seine Kippe sorgfältig an der Schuhsohle aus und schnippte sie weit in den Wald hinein. Dann ging er nach drinnen. Ohne die Schuhe zu wechseln.

»Man kann die Sterne sehen ...«, versuchte ich ein Gespräch in Gang zu setzen.

»Ja, Sterne«, sagte Chung.

Ich setzte nach: »Wie still es hier ist ...«

Chung brüllte etwas auf Koreanisch ins Haus.

Keine Antwort.

»Unsere Königin ist geschwunden«, konstatierte Chung. Es klang poetischer, als er es meinte. In der Ferne rief ein Käuzchen. Chung hob den Zeigefinger. »Vogel der Nacht!«

»Ja«, sagte ich, »ein Käuzchen.«

Chung wiederholte: »Käuzen.«

»Bei uns sagt man«, plauderte ich dahin, »wenn das Käuzchen ruft, stirbt ein Mensch.«

Chung starrte mich an. Irgendwie hatte ich heute kein Händchen für leichte Konversation.

»Käuzchen«, murmelte Chung nachdenklich, aber korrekt.

Aus dem Inneren des Hauses schallten Stimmen.

»... ja, schön. Ich wusste gar nicht, dass es hier unten noch so viele Gemeinschaftsräume gibt. Da kann man sich ja fast verlaufen.«

»Aber ich habe sie gefunden.« In Ryms Stimme schwang Erleichterung. Die beiden traten aus dem Haus. Chung holte tief Luft. »Unsere Königin!«

Er zog die Tür des Busses auf. Herr Pak startete den Motor.

»Wir wollten um sieben losfahren!«, zischte ich.

»Ich hab keine Uhr.«

Herr Pak steuerte zielsicher durch den Wald. Wie aus dem Nichts tauchte das grellerleuchtete Haupthaus auf.

Unsere Begleiter brachten uns in den Speisesaal und verabschiedeten sich, um irgendwo in einem Hinterzimmer ihr vermutlich bescheideneres Mahl einzunehmen.

Genau wie im Hotel in Pjöngjang wurde das Restaurant von hellem Licht geflutet. Von gemütlicher Schummerstimmung schien man in diesem Land wenig zu halten. Vielleicht wollte man zeigen, dass es genug Strom gab. Oder fürchtete Munkeln im Dunkeln.

Und natürlich standen auch hier große runde Tische. Es lag nahe, dass sie symbolisch gemeint waren. Niemand konnte am Kopf der Tafel sitzen, alle waren gleich, die Gemeinschaft bedeutete alles, der Einzelne nichts. So wie es die Juche-Ideologie Kim Il-sungs vorschrieb. Nur wo würde dann der Große Führer sitzen, der alle überragt? Auf dem Tisch?

Das große Tischrund neben uns umringte die asiatische Reisegruppe aus dem grünen Bus. Die Männer trugen olivfarbene Uniformen, die Frauen dunkelblaue Business-Kostüme. An allen steckten rote Kim-Abzeichen. Ernst arbeiteten sich die nordkoreanischen Genossinnen und Genossen durch die verschiedenen Menügänge, altbekannte Speisen, die in immer neuen Schälchen und Schüsselchen aufgetragen wurden.

An dem großen runden Tisch hinter uns klapperte eine europäische Reisegruppe mit Gabeln und Stäbchen.

Als erste Gesprächsfetzen an mein Ohr drangen, wurde mir klar, wer da saß. Ob Thanh das so klar war, wusste ich nicht. Sie stocherte stumm vor sich hin. Von hinten polterte es: »Hübsch sind die Mädels hier ja. Very beautiful girls, wa?!« Der Militärhosen-Mann vom Flughafen. Seine Mitreisenden schwiegen.

»Aba is ja keen Rankommen an die. Keen Vergleich zu Thailand oder Kambodscha. War ick ja schon überall. I was everywhere ...«

»I must say, it is again extraordinary tasty, isn't it?« Die ältere Engländerin. Fehlte nur noch ...

»Ja, es ist scho recht gschmackig.« Die Österreicherin. Aus den Augenwinkeln sah ich ihre Rastazöpfe bammeln.

»Ick mag Asiatinnen ja. Small girls, you know?«

»Please stop it. We wanna talk about other things.«

Nun schwieg der schmerbäuchige Berliner, und die anderen überboten einander in ihrer Vorfreude auf das Bad im Heilwasser. Offensichtlich kannten sie ihre Wanne noch nicht. Außer dem vergnügungssüchtigen Berliner, der älteren Engländerin und ihrem Mann, stammte der Rest der Gruppe dem Dialekt nach aus Österreich. Fünf wettergegerbte Männer in den Vierzigern, jeder Hochgebirgssteilwand eine Zier. Wie die Rastafrau da hineinpasste, blieb unklar.

Klar wurde jedoch spätestens jetzt: Das bizarrste Land der Welt zog bizarre Menschen an. Auch wir beide gaben ja kaum das Bild eines durchschnittlichen Touristenpaares ab. Und die, die es gewesen wären, fehlten. Vom Blousonjackenpaar war nichts zu sehen.

Am Ende unseres Mahls bekamen wir Tee serviert. Er schmeckte nach feuchtem Keller. Ich redete mir exotischen Genuss ein und leerte meine Tasse Schlückchen für Schlückchen.

»Können wir jetzt?« Thanh griff nach Zigaretten und Feuerzeug.

»Wir müssen warten, bis wir abgeholt werden.«

»Kannst du ja machen.« Sie stand auf, und die Gespräche rundum erstarben.

Ich musste mich entscheiden.

Zum Entsetzen aller Anwesenden verließen wir selbständig den Saal.

In der Empfangshalle kam uns ein Paar entgegen, das freudig »hello again« rief. Wir brummelten etwas zurück. Zwei Schritte später begriff ich, wer da gegrüßt hatte. Aber sie waren wirklich nicht wiederzuerkennen ohne Blousonjacken.

Ich startete einen neuen Versuch, Thanh zu stoppen.

»Wir finden den Weg ja gar nicht im Dunkeln.«

»Ich schon.« Sie wandte sich ab, steckte eine Zigarette an ... und ließ sich seufzend auf der schweren Ledercouch gegenüber der Rezeption nieder. »Fünf Minuten.« Diese Zeit war sie bereit zu warten. Ein Blick auf meine Plastikuhr: 20:06 Uhr.

Ich setzte mich neben Thanh. Die Dame an der Rezeption musterte uns verstohlen und griff zum Telefon.

»Wegen uns müssen Chung und Rym jetzt von ihrem Tisch aufspringen.«

»Quatsch!«

Die Rezeptionistin hatte zu Ende telefoniert. Sie tat, als wäre sie in das Ordnen von Unterlagen vertieft. Von draußen schwebte knatternd ein Insekt herein und wusste nicht recht wohin. Taumelnd kreiste es über der Rezeption. Die Rezeptionistin legte eine Fliegenklatsche bereit. Das Insekt war länger als die Schlagfläche, womöglich war es aus einem nordkoreanischen Versuchslabor entkommen.

Schnelle Schritte klackten, im nächsten Moment erschien eine junge Bedienstete. Sie erhielt Instruktionen von der Rezeptionsdame. Dann eilte sie hinaus in die Dunkelheit.

Das Käuzchen rief. Jetzt näher als vorhin.

»Du hast den Schlüssel, oder?« Thanh blies Rauch in meine Richtung.

»Ja.«

Sie nahm einen letzten Zug: »Dann los!«

Sie erhob sich, und ich tat es ihr gleich. Es war 20:09 Uhr. Das Insekt jagte im Tiefflug heran. Es verfehlte um Millimeter meinen Kopf und nahm wieder Kurs auf den Rezeptionstresen. Thanh war bereits aus der Tür. Ich lief ihr nach. Hinter uns peitschte die Fliegenklatsche herab.

Herr Pak wienerte am Bus herum. Wir nickten ihm lächelnd zu. Sein Gesicht wirkte ganz fahl im Mondschein. Thanh zündete sich im Gehen eine neue Zigarette an. Wir hatten schon den halben Vorplatz überquert, als Herr Pak etwas auf Koreanisch rief.

»Ja, gute Nacht!«, erwiderte Thanh.

Ich war mir sicher, Herr Pak meinte etwas anderes. Aus den Augenwinkeln sah ich ihn hektisch sein Handy hervorkramen. Wieder rief er. Dann lief er ins Haus. Für einen Zweiundsechzigjährigen war er ganz schön flink.

Die Sterne am Himmel leuchteten immer noch. Nur weniger hell, als ich es in Erinnerung hatte. Und dann schob sich auch noch eine Wolke vor den Mond. Links und rechts drohte dunkel das Dickicht. Wir folgten dem geteerten Hauptweg. Solange es sich glatt und hart unter den Schuhen anfühlte, waren wir nicht ganz falsch.

»Da!«, flüsterte ich.
»Was?«
»Es hat geknackt.«
»Mach dir nicht ins Hemd.«
»Chung und Rym wollten uns abholen.«
»Die sollen mal schön essen.«
»Die kriegen Ärger wegen uns.«
»Du hättest ja dableiben können.«

Im Wald hörte es auf zu knacken. Die Zikaden schwiegen. Mit einem Mal ...

Der Weg führte nun in einer Linkskurve leicht bergauf.

Das Hauptgebäude in unserem Rücken war nicht mehr zu sehen. Die Glut von Thanhs Zigarette bildete die einzige Lichtquelle. Ließ sich gut anvisieren. Wenn ich zusätzlich das Licht meiner Uhr anschaltete, könnten sie uns noch besser treffen.

Vom Käuzchen kein Ton mehr.

Plötzlich – Thanhs Zigarettenhand verharrte auf halbem Weg zum Mund, ich verkrampfte – hallten Schritte durch die Nacht, schwere Sohlen auf Asphalt. Angestrengtes Keuchen wurde lauter. Wir gingen weiter. Ich unterdrückte den Impuls mich umzudrehen.

Vielleicht verschwand es, wenn man es ignorierte.

Der Angriff

Haaalt!« Deutsch. »Stehen bleiben!«
Wir schauten uns an, versuchten herauszufinden, was der andere denkt. Rennen oder anhalten?
»König! Königin!« Soldaten verfolgten also uns nicht. Völlig außer Atem langte Chung bei uns an. Thanh startete sofort eine Charmeoffensive: »Wir wollten euch nicht beim Essen stören. Wir finden schon den Weg. Alles in Ordnung.«
»Aber hier ... es ist gefährlich!« Chungs Mund lächelte, seine Augen flirrten umher.
»Ach, was soll denn hier gefährlich sein, wir werden doch gut bewacht. Esst ihr mal in Ruhe zu Ende.«
Hinter Chungs Stirn arbeitete es. Wenn er uns allein gehen ließe, vernachlässigte er seine Aufgabe als Aufpasser – zu unserem und zum Schutz seines Landes –, wenn er uns begleitete, widersetzte er sich dem Wunsch seines Gastes. In beiden Fällen drohte ihm ein Gesichtsverlust. Mindestens.
»Meine Königin«, lächelte Chung, nun ebenfalls ganz Charmeur, »jemand muss Sie beschützen.« Er ging zwei Schritte in unsere Richtung. Ich ging einen, Thanh keinen.
»Du, das ist total nett von dir, aber wir passen schon auf uns auf.« Ihr stählern-strahlendes Lächeln stoppte Chung.
»Sie finden den falschen Weg vielleicht. Sehr gefährlich!«

Kalter Abendwind blähte Chungs Hemd. Er hatte sich nicht mal die Zeit genommen, sein Jackett überzuziehen.

»Was soll denn hier gefährlich sein?« Thanhs Spott: beißend.

Chung blickte zum Wald und raunte: »Böse Geister!«

Redeten wir hier vielleicht gar nicht über Soldaten?

»Wir sind doch gleich da«, steuerte ich auch mal etwas bei.

Chung legte nach: »Böse Geister spucken!«

In Thanhs Gesicht breitete sich Ratlosigkeit aus. »Wo spucken die denn hin?«

Nun war auch Chung ratlos.

»Er meint spuken«, brachte ich mich sinnvoll ein.

»Na, wenn das so ist, dann vertreiben wir die Geister mal.« Thanh hielt Chung ihre Zigaretten hin, gab ihm Feuer. »Und nimm noch eine für Rym und den Fahrer mit.«

Chung resignierte. Er wünschte uns »Gute Nacht« und trottete davon. Ich wartete, bis er außer Hörweite war. »Du hast ihn ganz schön vor den Kopf gestoßen.«

Langsam blies Thanh Rauch in die Nacht: »Wenn das so ist, dann geh zurück und setz dich wieder an den Tisch.« Bevor ich etwas erwidern konnte, hatte die Dunkelheit sie geschluckt.

Der Soldat packte sie an den Haaren, riss sie herum. Sie stieß einen Schrei aus wie ein waidwundes Tier. Das Reisigbündel fiel ihr aus den Armen. Weitere japanische Soldaten traten ins Mondlicht. Dem Gesichtsausdruck nach würden sie das Mädchen gleich fressen.

Eine Mutter reckte barmend die Hände. Ein junger Koreaner fuhr sie barsch an. Er deutete zum Fenster hinaus in die Nacht. Der Wind heulte. Schneeflocken tanzten vor dem Fenster. Und am Horizont leuchtete der Himmel blutrot. Kanonen donnerten. Sie griffen an!

Streicher und Bläser setzten ein.

Im Zimmer roch es nach Zigarettenqualm. Da in dem Revolutionsschinken, stetig wechselnd zwischen sepiabraun und blassbunt, niemand rauchte, konnte der Geruch nicht aus dem Fernseher kommen. Dabei zog mich das Drama um den jungen Partisanen so sehr in den Bann, dass ich nicht nur bereit war, an nordkoreanisches Geruchsfernsehen zu glauben, sondern kurz davor stand, mich ebenfalls hinaus in den Schnee zu stürzen, um meine Schwester aus den Fängen der Japaner zu befreien.

Allerdings hatte ich weder Schnee noch Schwester. Nur Thanh. Die war vorhin wortlos aus dem Zimmer gegangen, nachdem wir beide auf unseren Betten liegend geschrieben hatten. Sie Tagebuch, ich Ansichtskarten.

Viele Grüße aus einem beeindruckenden Land. Wir sehen jeden Tag großartige Bauwerke, beispielhaft fleißige Menschen, glückliche Bauern und breite Straßen voller schöner Fassaden.

Von ihr erhaschte ich nur: *... einfach tun, was ich will.*

Das tat sie nun schon fünfzehn Minuten.

Der Tabakgestank nahm zu. Dabei hatte ich gerade erst gelüftet, obwohl mir die Fußbodenheizung Wohlbehagen bereitete. Erneut öffnete ich die Balkontür für eine Stoßlüftung. Wind rauschte in den Bäumen. Es war kurz vor halb zehn. Badezeit.

Ich ging nach nebenan. Musterte die Wanne. An sich waren die türkisblauen Mosaiksteinchen sehr hübsch. Nur bekam ihnen offenbar Schwefel und Eisen aus den Heilquellen nicht. Mein Blick schweifte umher. Auch das noch!

Ich verließ das Bad. Als ich die Apartmenttür aufriss, fiel Thanh mir vor die Füße.

»Na, großartig. Dann rauch doch gleich drinnen. Weißt du, wie es bei uns stinkt?« Meine Stimme hallte im Treppenhaus, während ich über Thanh hinwegstieg

»Wo willste hin?«

»Wir haben keine Handtücher.« Ich nahm zwei Stufen auf einmal.
»Pass auf, dass sie dich nicht erschießen.«
Ich wollte gar nicht in die Nacht. Nur zu Chung und Rym. Erst nach dem dritten Klopfen wurde geöffnet. Aus einem schneeweißen flauschigen Frotteebademantel äugte mich Herr Pak an. Seine wenigen grauen Haare klebten feucht am Schädel, das Gesicht glühte rot, er dampfte. Wir waren beide erschrocken.
»Chung, Rym.« Es waren die einzigen Worte Koreanisch, die mir einfielen. Er schüttelte den Kopf. Zeigte hinaus. Ich ebenfalls. Unsere Finger zielten Richtung Haupthaus. Er nickte. Ich verneigte mich, die Hände vor der Brust aneinandergelegt. Verwundert schloss er die Tür.

Wehe, es wagte jemand, mich zu erschießen. Ich stapfte wie der Weihnachtsmann durch den dunklen Tann. Damit sie mich schon von weitem hörten.
Im Empfangsgebäude überzog ich die Rezeptionsdame mit einem englischen Wortschwall, in dem die Vokabel »towel« eine Hauptrolle spielte. Verschreckt verschwand sie durch eine Tür. Die blieb offen. Hinter der Tür eine Halle. Grauer Marmorboden. Ein Klavier begann zu hämmern. Eine Trompete tönte. Violinen jammerten. Syntheziser-Violinen. Weit hinten im Halbdunkel ein schwarzer Schrank und davor, im Licht eines Bildschirms, die schmale Silhouette einer Menschengestalt. Wenn der Kopf nach links nickte, schwang das Becken nach rechts. Die Hand führte das Mikrophon zum Mund. Erste Worte stiegen auf. Zart noch ... »There's a calm surrender to the rush of day ...« Die Bekanntheit der Melodie verriet den Text, die Worte selbst ertranken im Akzent. »When the heat of the rolling world can be turned away.«
Die Stimme gewann an Kraft. Beim Refrain war sie voll da.

Dehnte die Vokale bis zum Zerreißen. »Can you feel the love tonight ...«

Chung sang. Allein vor der Karaoke-Maschine. Die Augen geschlossen. Beide Hände ums Mikrophon nun, das Kabel schaukelte wie ein Schlappseil. Wo Elton John sich in die Höhen knödeln musste, traf Chung mühelos jeden Ton. Chungs Englisch mehr Nachahmung als Sprache. Die Boxen klirrten. Und doch ... es war zum Frösteln schön. Schlüsselbundklappern zerriss den Moment. Die Rezeptionsdame. Wir gingen in den Wald hinaus. Chungs Löwengesang hallte nach in die Nacht. »Can you feel the love tonight ...«

Im Haus holte die Rezeptionsdame unter vielen Sorry aus einem anderen Zimmer Handtücher. Ich bedankte mich mit einer buddhistischen Verbeugung. Die Nachlässigkeit des Zimmermädchens hatte hoffentlich keine Konsequenzen.

Im Bad, Thanh war weder zu sehen noch zu riechen, schloss ich hinter mir die Tür. An der Wand dahinter hingen zwei Handtücher. Nun hatten wir vier.

Langsam tauchte ich in das kochend heiße Quellwasser ein. Für einen Moment sackte ich ins Bodenlose. Der Kreislauf. Ich wuchtete mich aus dem Wasser und ließ mich auf die ausgeformte Sitzbank sinken. Luftbläschen perlten kitzelnd die Beine hinauf. Ich schaute winzigen Schwebstoffen beim Schweben zu. Wartete auf Heilung.

Nach zehn Minuten reichte es. Hitze und Dämpfe drohten mir die letzten Sinne zu rauben. Schwankend, an Wand und Wanne Halt suchend, stieg ich aus den Fluten. Zog den Stöpsel, trocknete mich ab. Das Handtuch war viel zu klein, aber nun gab es ja zwei für jeden. *Made in China.*

Thanh lag auf dem Bett, die Beine nackt. Lässigkeit und Protest gegen die Zimmertemperatur zugleich. Vor ihr ein

Werbeprospekt des Hotels. »Wusstest du, dass in dem Wasser radioaktives Radon drin ist?«

»Ich hab den Prospekt schon gelesen. Soll die körpereigene Immunabwehr anregen. Brom ist auch drin.«

»Hilft gegen Krebs und Unfruchtbarkeit, steht hier. Die spinnen doch. Was gluckert denn da?«

»Das Wasser läuft ab.«

»Wieso das?« Sie stand auf. »Darf ich nicht baden?«

»Ich dachte, du willst kein Wasser, in das ich schon reingeschwitzt habe.«

»Unsere Badezeit war halb zehn. Jetzt ist es ...«

Ich schaute auf meine wasserdichte Uhr: »Viertel nach zehn.«

Sie stürzte hinaus. Retten, was zu retten war.

Ich schaltete den großen schwarzen Fernseher in der weißen Schrankwand ein. Der junge koreanische Partisan und das Mädchen stapften durch Schneewehen dem blutigen Horizont entgegen. Sie hielten abwechselnd Monologe, sich gegenseitig fest und dann gemeinsam an. Aus der Ferne grollten Geschütze. Von Thanh kein Laut.

»Alles in Ordnung?«

Nur Kanonen.

»Hallo?«

Streicher und Pauken.

»Tha... Sandra?«

Fanfaren. Partisan und Mädchen zogen in die Schlacht.

»Lebst du noch?«

Plätschern aus dem Bad.

Gott sei Dank.

Die Schlammschlacht

Ostasiatische Singvögel trällerten, und die Morgensonne verwandelte den feuchten Asphalt in eine Diamantenstraße. Vom Regen der letzten Tage kündeten nur die Dunstwolken über den Bäumen.

Ich kam vom Frühstück – dorthin war ich ganz allein gegangen, ohne Rym oder Chung oder gar Thanh – und übersah vor lauter Begeisterung über den blauen Himmel den Abzweig zu unserem Haus. Auf einmal war ich umgeben von Wacholderriesen. Nirgends ein Ferienhaus. Am besten zurückgehen, bevor ... Da kam er schon. Erdfarben, zielstrebig, struppihaft. An der Brust funkelte ein Kim.

Ich begann mit den Armen zu rudern und zu prusten wie ein Jogger nach zehn Kilometern. Hmmm, wie gut die Luft tat. Und die Sonne erst, der ich mein Gesicht entgegenreckte. Ach, diese schöne nordkoreanische Natur. Wunderbar.

Nur wenige Meter trennten mich von dem Erdfarbenen. Wenn ihn meine schlenkernden Arme nicht treffen sollten, musste ich meinen Frühsport einstellen. Fröhlich pfeifend spazierte ich ihm entgegen.

Er machte einen großen Bogen um mich und schwenkte in einen Seitenweg, wo ihn schon die anderen der nordkoreanischen Reisegruppe erwarteten.

Während es mich froh stimmte, dass ich unser Haus wiedergefunden hatte, sorgte meine Rückkehr bei Thanh für weniger gute Laune. Sie kniete vor ihrer Reisetasche auf dem Fußboden. Durch die offene Balkontür wehte Morgenluft herein. »Warum hast du mich nicht geweckt?«
»Weil du nie frühstückst.« Ich legte meine Schlafsachen zusammen.
»Du hättest mir wenigstens was mitbringen können.«
»Wie sollte ich ahnen, dass du heute Hunger hast?«
»Ich hatte jeden Morgen Hunger.«
»Warum bist du dann nie frühstücken gegangen?«
»Weil ich ausschlafen wollte.«
»Ich habe dich ausschlafen lassen.«
Darauf schwieg sie.
»Ha! Siehste!«
»Das kannste dir sparen.«
»Dann nimm was aus der Eisernen Reserve. Herr Pak hat den Bus schon vorgefahren.« Ich faltete mein Kapuzenshirt. Thanh kramte in ihrer Tasche. »Scheiße!«
»Was?«
»Guck in deinen Koffer!«
Ich guckte in meinen Koffer. »Und?«
»Lindt.«
Ich spähte in den Beutel mit den Lindt-Schokoladentäfelchen. Die äußeren passten sich der Form des hängenden Beutels an, die inneren suppten aus dem Goldpapier.
»Die Fußbodenheizung!«
»Genau.« Zwischen Daumen und Zeigefinger hielt Thanh ein vormals weißes T-Shirt. Ein unappetitlicher Anblick. Gleiches galt für ihre Jogginghose.
»Ist der Beutel geplatzt?«, fragte ich.
»Welcher Beutel?«, fragte Thanh.
»Na, der Beutel, in den du die Schokolade ...«
»War kein Beutel drum.«

»Warum?«
»Weil ich nicht Schweinchen Schlau heiße.« Sie rollte ihre braunfleckige Hose zusammen.
»Willst du sie nicht auswaschen?«
»Und die nassen Sachen dann in die Tasche tun?«
»Nö. Trocknen lassen. Wäre doch lustig, wenn deine Jogginghose hinten am Bus flattert ...«
Thanh überhörte das. »Ich geh jetzt frühstücken.«
Ich verkniff mir den Hinweis auf die mangelnde Begeisterung, auf die sie damit bei der missmutigen Kellnerin stoßen würde. Die hatte schon nicht gut darauf reagiert, dass ich ohne Begleitung meiner Reisepartnerin gekommen war, da diese die örtlichen Frühstücksvorschriften missachtete. Mir war es untersagt worden, mich der für Thanh getoasteten Toasts und den für sie zubereiteten Omeletts anzunehmen. Stattdessen hatte die Kellnerin das zweite Gedeck geräuschvoll entfernt.
Nun würde sie es wieder hinräumen müssen.

Da Chung und Rym, einer durchgesungenen Nacht Tribut zollend, verschlafen hatten, zählte, als wir endlich losfuhren, nur unsere Vollständig-, nicht unsere Pünktlichkeit.
Kaum unterwegs, blaffte Thanh mich an, ich hätte mich am Abend, als sie badete, ruhig mal nach ihrem Wohlbefinden erkundigen können. Ich versicherte, das sehr wohl getan zu haben, sie glaubte mir nicht. Und überhaupt, die ganze Nacht bei geschlossenem Fenster, sie hätte kein bisschen geschlafen. Ich sagte, das hätte sich aber anders angehört, zumal das Fenster offen gewesen war. Die Breite des Spaltes behielt ich allerdings für mich. Wenn ich Fieber bekäme, wäre auch niemandem geholfen.
Schließlich herrschte Ruhe im Bus. Chung schaukelte auf dem Beifahrersitz, eine Hand fest am Griff über der Tür. Was einerseits den Straßenverhältnissen geschuldet war und ihm

andererseits die Möglichkeit bot, den Kopf gegen die Armbeuge zu lehnen. Rym hing hinter uns in der Bank und ließ einiges von der Wachsamkeit der letzten Tage vermissen.

Einzig Herr Pak zeigte die gewohnte Vitalität. Konzentriert steuerte er durch puddingweichen Schlamm. Unser Bus schlingerte wie ein Rettungsboot in der Brandung, bockte und brach aus wie ein junger Hengst beim Einreiten. Doch Herr Pak behielt die Oberhand, ein ehemaliger Fahrer der Volksarmee verlor nicht so schnell die Kontrolle.

Links und rechts der zerfurchten Straße, kaum breiter als der Bus, dampften Schwaden aus den vollgesogenen Feldern. Die Sonne holte Nachschub zum Wolkenbauen. Menschen sahen wir nur vereinzelt und fern, ihre Gummistiefelbeine tief eingesunken, hackten und gruben sie im Morast. Die Reifen schmatzten. Es polterte in den Radkästen. Steine flogen. In der braunen Brühe des Straßengrabens bildeten sich Ringe.

In das Scheppern und Brummen, Platschen und Zischen schoss ein Fluch Herrn Paks, der endete mit: »... Safari!« Ein grüner Militärjeep raste auf uns zu. Matsch klatschte. Herr Pak schaltete, der Motor wurde lauter, der Bus jedoch nur wenig langsamer. Falls wir anhalten mussten, würden wir steckenbleiben.

Rym erklärte: »Diese Autos wir nennen Safari ...« Ein scharfes Wort unseres Fahrers und er schwieg. Jetzt führte Herr Pak das Kommando. Nichts erinnerte mehr an das rotgesichtige alte Männlein im weißen Frotteebademantel. Unser Bus taumelte voran. Im Geländewagen erkannten wir schon die Insassen. Vier Uniformierte. Orden blitzten. Anderthalb Wagenlängen noch und wir kollidierten.

Herr Pak hielt auf den Geländewagen zu. Der besaß Allradantrieb, wir nicht. Eine halbe Wagenlänge. Zentimeterweise schwenkte der Geländewagen nach außen, unser Bus Millimeter. Dennoch gerieten wir in Schräglage. Die Fahrzeuge überschnitten sich scheinwerferbreit und stoppten.

Herr Pak kurbelte das Fenster herunter. Energisch zeigte er an, der andere möge sich vorbeimanövrieren. Als hätte Herr Pak noch nie etwas gehört von Sŏn'gun – Militär zuerst! Die Antwort: wütendes Hupen. Herr Pak knurrte. Der Fahrer gegenüber jung, blass und spitznasig. Der Beifahrer ledern und hohlwangig. Sie stritten. Chung starrte nach draußen in den Straßengraben. Rym rutschte in seiner Sitzbank auf die höher gelegene Seite des Busses.

Gegenüber jaulte der Motor, Räder malmten. Den Mund vor Anspannung halb geöffnet, die Augen zwischen Frontscheibe und Seitenspiegel hin- und herschnellend, zirkelte der blasse Fahrer um uns herum. Herr Pak feuerte Worte aus dem offenen Fenster. Der Beifahrer schoss zurück. Dumpfes Gegrolle nur hinter der Seitenscheibe. Die grauen Offizierseminenzen auf der Rückbank musterten uns ohne Regung.

Schlammfetzen trafen unser Heck, als der Jeep, endlich vorbei, beschleunigte. Herr Pak kurbelte das Fenster hoch. Als wäre es in Nordkorea das Normalste der Welt, gegen das Militär aufzubegehren, sagt Chung nur: »So.«

Die Mauer

Geographisch saßen wir dem koreanischen Seepferdchen im Nacken. Physisch in Plüschsesseln. Allein Herrn Pak verdankten wir es, dass wir es überhaupt hierher geschafft hatten. Er musste der beste Fahrer der Volksarmee gewesen sein.

Zwölf Plüschsessel standen im Raum. Alle bis auf unsere beiden leer. Chung und Rym hatten vorn neben der Geidinn Aufstellung genommen. Zu unseren Füßen nagelneuer Parkettboden, in dem man sich selbst zuwinken konnte. An der Wand eine schematische Darstellung dessen, weswegen wir hier waren.

»Ich nehme mal an, du willst davon ein Foto?« Das »mal« allein gab Thanhs Frage bereits eine spöttische Note, da hätte es den Unterton gar nicht gebraucht. Als hielte sie hässliche Unterwäsche hoch.

»Mein Akku ist fast leer, und wir müssen ja nicht alles doppelt fotografieren.«

»Soll ich jetzt ein Foto machen oder nicht?«

»Ja bitte.«

»Du willst wirklich ein Foto vom Schaubild einer Schleuse?«

»Ja, Herrgott!«

»Wozu?«

»Komm, lass. Dann mach ich's selber!«
Heiter sprang Chung in den Kugelhagel. »Ich kann ein Foto von Ihnen machen!« Ob er uns wirklich missverstanden hatte? Unsere Streiterei war peinlich angesichts des Stolzes unserer Gastgeber auf all das hier.

Wir befanden uns auf der kleinen Insel P'i Do in der Mündung des Taedong, der hier auf gut acht Kilometern Breite ins Meer floss. Theoretisch jedenfalls. Praktisch verhinderte das jenes große Bauwerk, dessen Schaubild Thanh sich weigerte zu fotografieren. Die Westmeerschleuse.

Das Westmeer, ein Teil des Pazifiks, heißt nur in Nordkorea so, im Rest der Welt spricht man vom »Gelben Meer«. Das Westmeer ist das Pendant zum Pazifikteil an der Ostküste Nordkoreas, den man überall »Japanisches Meer« nennt. Das tun die Nordkoreaner natürlich nicht, sie nennen es »Ostmeer«.

Die kleine kiefernbestandene P'i-Do-Insel lag etwa einen Kilometer nördlich des Taedong-Ufers. Am höchsten Punkt der Insel hatten die Japaner 1905 einen Leuchtturm errichtet und die Nordkoreaner 1986 ein Ausstellungsgebäude, in dessen Vortragssaal Chung uns nun in Plüschsesseln knipste. Die Geidinn – rot, Nr. fünf, Pferdeschwanz – fuhrwerkte mit einem Zeigestock auf dem Schaubild herum. Die vielen Zahlen, die sie hervorsprudelte, forderten Ryms ganze Konzentration. »Die Westmeerschleuse wurde gebaut in der Zeit von 1981 bis 1986. Als Erstes die drei Schleusenkammern und die Brücke zwischen Südufer und Insel, danach die große Staumauer von der Insel bis zum Nordufer. Die Staumauer ist insgesamt acht Kilometer lang, an ihrem Fuß hundert Meter breit und oben vierzehn Meter. Es war damals der größte Staudamm der Welt. Viele ausländische Menschen haben gesagt, dafür brauchen die Arbeiter zehn Jahre. Aber unsere Armee schaffte es in der Hälfte.«

»Den hat die Armee gebaut?« Thanhs Zwischenfrage. Keck, aber berechtigt.

»Ja, dreißigtausend Soldaten. Sie bewegten fünfzehn Millionen Kubikmeter Erde und bauten eine Mauer aus zwei Millionen Kubikmetern Beton.«

»Und die armen Fische können seitdem nicht mehr hin- und herschwimmen.«

Rym gab diese betrübliche Feststellung an die Geidinn weiter. Die schüttelte den Pferdeschwanzkopf und sprudelte. Rym übersetzte: »Unser Großer Führer Kim Il-sung hat an die Fische gedacht und ließ für sie Tunnel bauen.«

»Wow! Und wie viel Strom wird hier erzeugt?«

Der Geidinn missfielen diese Unterbrechungen. Sie zwirbelte ungeduldig den Zeigestab zwischen den Fingern.

»Strom?«

»Ist das denn kein Kraftwerk?«

»Nein. Es ist eine Idee von Großem Führer Kim Il-sung!«

Außer seine Erbauer mit Stolz zu erfüllen, erfüllt der Staudamm noch weitere Aufgaben. Er trennt zum Beispiel Salz- und Süßwasser. Früher nämlich drängte das Meer bei Flut mit bis zu acht Meter hohen Wellen weit den Taedong hinauf und versalzte sein Wasser. Große Schiffe konnten nur bei Flut den Hafen des fünfzehn Kilometer landeinwärts gelegenen Namp'o erreichen. Durch das Anstauen des Flusswassers änderte sich das. Und es entstand ein riesiges Süßwasserreservoir, das Menschen und Industrie versorgt sowie die neuen landwirtschaftlichen Nutzflächen, die Nordkorea durch Trockenlegung von Marschland dem Meer an der Westküste abrang. Zusammen sind sie größer als das Saarland. Die Kornkammern der koreanischen Halbinsel liegen im Süden. Dem gebirgigen Nordkorea fehlen fruchtbare Ebenen.

»Die größte der drei Schleusen ...«, der Zeigestock der Geidinn macht dreimal *tock*, »... ist dreihundertachtzig Meter

lang und zwanzig Meter tief. Durch sie können in den Hafen von Namp'o Schiffe fahren von fünfzigtausend Bruttoregistertonnen.«
»Wow!«, jubelte Thanh.
»Du hast keine Ahnung, was das bedeutet, stimmt's?«
»Nee.«
»Hier passen Schiffe durch doppelt so groß wie das Traumschiff und etwas größer als die Titanic.«
»Du weißt so was natürlich!«
»Ich hab mal den Katalog für eine Titanic-Ausstellung getextet.«
»In Lustig?«
»Nein, im Ernst.«
Das Klopfen des Zeigestocks auf der Wandkarte rief uns zur Ordnung. Wir erfuhren, dass der Staudamm vier Milliarden Dollar gekostet hatte. Verschwiegen wurde uns, dass an der technischen Planung DDR-Ingenieure mitgearbeitet hatten, weshalb vier Monate nach der feierlichen Eröffnung am 25. Juni 1986 Erich Honecker in die KDVR eingeladen und von Kim Il-sung persönlich über den Betonwall geführt wurde.

Damals strahlte, das zeigen die langen Schatten auf alten Zeitungsfotos, die Oktobersonne vom Himmel, heute war es diesig. Thanh machte draußen vor dem niedrigen Ausstellungsgebäude widerwillig ein paar Fotos von den Schleusenkammern auf der einen und dem im Dunst verschwindenden Damm auf der anderen Seite der Insel. Wo war nur ihre preisgekrönte Lust an guten Bildern hin?

Dann stiegen wir ein. Ich ließ ihr den Vortritt.
»Was machst du denn da?«
Thanh war in die hinterste Sitzbank gerutscht. »Ist das ein Problem?«
Ich drehte mich zu Rym um. »Die Königin möchte hinten sitzen.«

»Kein Problem. Dann komme ich zu Ihnen.«

Auf Honeckers Spuren holperten wir über die Staumauer. An der Meerseite des Damms führten Schienen entlang. Ein Güterzug kam uns entgegen, Kohle in jedem Waggon. Alle vier Meter schlugen uns die Querfugen der Betonplattenstraße ins Kreuz. Alle halbe Meter Schlaglöcher. Fußgänger oder andere Autos gab es keine. Dafür umso mehr Radfahrer, meist in Gegenrichtung unterwegs. Bei vielen saß ein Mitfahrer auf dem Gepäckträger. Gemeinsam schwankten sie im Seewind über den bröckelnden Beton, der Süß- und Salzwasser trennte.

Plötzlich warf mich eine Bodenwelle hoch, ich knallte mit dem Rücken zurück an die Lehne, die Thanh und mich trennte.

Rauchzeichen

»Schauen Sie dort drüben!« Rym fuchtelte aufgeregt mit dem Zeigefinger. Rechts der Straße reihten sich Dutzende Kleinbusse desselben Typs wie unserer im Schatten einer Fabrikhalle. »Dort drüben wird unser Bus gebaut. Auto aus unserem Korea.«

Ich staunte. Für seine Autoproduktion ist Nordkorea wenig bekannt. »Wie heißt denn diese Automarke?«

»*Peace Motors* ... äh ... Friedensauto. Es wurde entwickelt nach einer Idee unseres Geliebten Führers Kim Jong-il.«

Das war die geschönte Version. Die wahre Geschichte des nordkoreanischen Kleinbusbaus geht so: In Südkorea gibt es den Autoproduzenten *Pyeonghwa Motors Seoul*. Der gehört der Unification Church, die man – nach ihrem Gründer Soon Myung Moon – bei uns als Moon-Sekte kennt und die regelmäßig durch ihre Massenhochzeiten Aufmerksamkeit erregt. Soon Myung Moon wurde 1920 auf dem Gebiet des heutigen Nordkorea geboren und hält sich, seit er fünfzehn ist, für den Messias. An der Seite der Kommunisten kämpfte er zu Beginn der 1940er Jahre gegen die japanischen Besatzer und lebte nach Abzug der Japaner 1945 in Pjöngjang, damals das christliche Zentrum Koreas. Die Kommunisten begannen nun gegen die Christen vorzugehen, töteten viele Kirchenführer oder steckten sie in Arbeitslager, darunter den Bischof von Pjöngjang und Soon Myung Moon. Während des Koreakrieges gelang Moon 1950 die Flucht nach Seoul. 1954 gründete er dort seine Vereinigungskirche, die christliche Glaubenslehre, Konfuzianismus und koreanischen Volksglauben munter mixt. Daneben baute er ein gigantisches Wirtschafts- und Medienimperium auf.

Im Jahre 1999 gehen *Pyeonghwa Motors*, das Unternehmen von Moons Unification Church aus Südkorea, und das nordkoreanische Staatsunternehmen *Ryonbong General Corporation* ein Joint Venture ein. Es entsteht nahe Namp'o die *Pyeonghwa Autofabrik*. Dort werden mit aus China gelieferten Teilen Geländewagen zusammengeschraubt, die im Design der Mercedes-M-Klasse gleichen, sowie Kleinwagen und Pick-ups in Lizenz von *Fiat* und dem chinesischen Fahrzeugherstellerverbund *Brillance China Auto* gebaut. Letzterer ist in Deutschland vor allem durch katastrophale Crashtest-Ergebnisse bekannt. Zu *Brillance China Auto* gehört der Hersteller *Jinbei*, der den Kleinbus *Haise* herstellt, wiederum ein Lizenzbau des *Toyota Hiace H 100*, ein Fabrikat also aus dem Land des nordkoreanischen Erzfeindes Japan.

Kim Jong-il gelang es 2005, diese Kleinbusproduktion in sein Land zu holen, wo das Modell unter dem Namen *Sanchunri* – »Land Korea« – in beiden Koreas vertrieben wird. Chung und Rym bezeichneten die Busse jedoch immer als *Peace Motor*. Verständlich, der Fabrikname *Pyeonghwa* bedeutet »Frieden«. Die Fabrik ist für zehntausend Fahrzeuge im Jahr ausgelegt. Tatsächlich laufen jährlich nur wenige Hundert vom Band, weswegen die Südkoreaner planen, ihr Engagement beim nördlichen Nachbarn einzustellen. Rym wusste sicher nichts von alldem, er war stolz auf die Leistungen der heimischen Industrie.

Der Westmeerstaudamm hatte nicht nur den flachen Taedong schiffbar gemacht, sondern auch seine Nebenflüsse.

Davon profitierte unser nächstes Ziel, die Zweihundertfünfzigtausend-Einwohner-Stadt Sariwon. Sie lag etwa sechzig Kilometer von der Küste entfernt und rund fünfzig Kilometer südlich von Pjöngjang. Über den Taedong-Nebenfluss und verschiedene Kanäle erhielt Sariwon Zugang zum Westmeer wie auch eine Wasserwegverbindung nach Namp'o, Pjöngjang und in weitere Industriezentren. Nach allem, was Chung uns erzählte, war der Staudamm bedeutend mehr als ein gigantisches Propagandawerk. Inwieweit allerdings Arbeiter in den Industriebetrieben Waren herstellten, die zum Transport solche Wasserstraßen benötigten, war fraglich angesichts der vielen Menschen im besten Alter, die an einem Montagnachmittag statt in den Fabriken zu arbeiten damit beschäftigt waren, die Schlaglöcher unserer Straße zu stopfen. Kilometer um Kilometer tuckerten wir über Land, sahen immer wieder jene weißen Musterhaussiedlungen in der Ferne und fuhren unablässig Slalom um Löcher und Menschen, die schaufelten, hackten und glätteten. Tausende.

»Jedes Dorf ist für ein bestimmtes Stück von dieser Straße verantwortlich. Die Menschen haben sich verpflichtet, jeden zweiten Tag Schäden zu reparieren.« Durch Thanhs Umzug nach hinten war Rym mehr ins Zentrum gerückt, was ihn zu Erklärungen motivierte und Chung entlastete. Es bot Gelegenheit, ihn auszufragen.

»Warst du bei der Armee, Rym?«

»Bei uns muss jeder zur Volksarmee ab siebzehn Jahre. Die militärische Ausbildung beginnt für alle Kinder, wenn sie zehn Jahre alt sind.«

»Auch für Mädchen?«

»Mädchen und Jungen.

»Als ich elf war«, sagte ich, »musste ich in der Schule das Werfen von Handgranaten üben.«

»Was erzählst du denn für Schauergeschichten?«, kam es von hinten.

»Im DDR-Sportunterricht stand im Lehrplan für Jungen ab der fünften Klasse das Zielwerfen mit dem Wurfgerät F1. Das waren fünfhundert Gramm schwere, mit Plaste ausgegossene Handgranatenhüllen, die wir wegen ihrer Form ›Ananas‹ nannten. Es gab sie in Gelb, Blau und Rot.«

Rym dachte angestrengt nach. Handgranaten kannte er, ob Ananas, war ich mir nicht sicher.

Thanh fragte: »Und? Warst du gut im Handgranatenwerfen?«

»Du weißt doch, wie ich für Uncle Sam Bälle werfe.«

»Ach Gott, ja. Drei Sätze und der Hund hat ihn.«

»Dafür kann ich Walzer.«

»Ich seh dich schon die Feinde in die Flucht tanzen.«

Für einen Moment war die alte neckende Nähe wieder da. Dann wandte Thanh das Gesicht zum Fenster. Und war wieder fern. Dafür war Rym jetzt mein Freund.

»Wie oft hast du schon mit Chung zusammengearbeitet?«

»Schon sehr oft. Jeden Tag seit Freitag.«

Sie kannten sich also gerade so lange wie wir sie.

»Und wie oft hast du schon Touristen herumgeführt?«

»Es macht mir große Freude. Ich lerne viel.«

»Und was hast du vorher gemacht?«

»Ich lernte Deutsch und Tourismuswissenschaft an Kim-Il-sung-Universität.«

»Ihr sprecht beide gut Deutsch.«

»Herr Chung ist viel besser als ich. Ich muss mich mehr anstrengen. Ich lerne jeden Tag neue Wörter.« Das erklärte, warum er regelmäßig vor sich hin murmelte.

Draußen riss der Strom der Schaufler und Hacker nicht ab. Auf den Feldern fehlten die Traktoren, auf der Straße Baumaschinen.

Wir näherten uns einem Lastwagen. Direkt hinter dem Fahrerhaus rauchte ein Ofen. Sein Schornstein ragte über das Dach hinaus. Brauner Qualm verwehte im Fahrtwind.

Ich wusste, was das war. Fragte Rym aber trotzdem, nach vorn rechts deutend: »Was ist das? Brennt der LKW?«
Rym warf einen Blick auf den Holzvergaser, der den Lastwagen antrieb, und sagte dann, nach vorn links deutend: »Schauen Sie mal, die schönen Apartmenthäuser!«
Am Horizont tauchte Sariwon auf. Rym rief Herrn Pak etwas zu, worauf Herr Pak den schnaufenden, rauchenden Lastwagen überholte. Fahrzeuge mit Holzvergaserantrieb fuhren in Deutschland in den vierziger Jahren, als es an Benzin mangelte. Die beim Verbrennen von Holz entstehenden Gase werden zum Motor geleitet und treiben ihn an.

Erst als wir direkt im Gewimmel aus Passanten, Fahrradfahrern und koreanischen Reisegruppen in Sariwon aus dem Bus stiegen, wurde mir bewusst, dass wir seit unserer Ankunft in Nordkorea echten Einheimischen noch nie so nahe gewesen waren, zumindest nicht ohne trennende Fensterscheiben. Alle, denen wir bisher von Angesicht zu Angesicht begegnet waren, hatten uns entweder bedient, belehrt oder waren speziell ausgesuchte Personen gewesen. Ansonsten hatte sich unser Aufenthalt in der Öffentlichkeit auf wenige Meter zwischen Bus und Sehenswürdigkeit beschränkt. Aussteigen, gucken, einsteigen.

Jetzt hatten sie uns mitten im Leben herausgelassen. Wir hätten die Menschen mit ausgestrecktem Arm berühren können. Manche musterten uns verstohlen. Die meisten ignorierten uns. Unerlaubter Kontakt mit Ausländern war gefährlich.

Als hätten sie Angst, dass wir tatsächlich ihre Landsleute berührten, geleiteten uns Chung und Rym mit ihrerseits ausgestreckten Armen durch ein schmales Tor hinter eine Mauer. Hier auf einem weiten Platz hielt sich nur eine junge Frau in einem kamelfarbenen Wollmantel auf. Struppis sah ich nirgends.

Auffällig war das Pflaster des Platzes. Keine viereckigen, streng axial ausgerichteten Platten, sondern eine ebene Fläche aus kreuz und quer liegenden Natursteinen. Der Platz bildete den räumlichen Bezugspunkt der pseudohistorischen Altstadt Sariwons. Eine Ansammlung im mittelalterlichen Stil wiedererrichteter Gebäude mit geschwungenen roten Ziegeldächern, die sich um Wasserläufe und Seen gruppierten, Brücken darüber und künstliche Inseln darin. Ein Viertel, das auf Geheiß Kim Jong-ils gebaut und 2008 fertiggestellt wurde, um den heutigen Generationen ein Gefühl dafür zu vermitteln, wie koreanische Städte früher aussahen, bevor Bomber und Bauwut die Behausungen der Vorfahren zerstört hatten. Der Platz hatte die Ausmaße von zwei Tennisfeldern. Die junge Frau in dem kamelfarbenen Mantel hatte einen Rucksack auf dem Rücken und fegte, tief gebückt, die Steine mit einem Strohbündel. Sie hätte eine Studentin sein können oder eine Arzthelferin auf dem Weg zur Arbeit. Strich um Strich kratzte sie über die Platten, die eigentlich völlig sauber waren. Thanh fotografierte sie. Ich ebenso.

Der Kyongam, ein bewaldetes Bergmassiv, begrenzte den Platz an der einen Längsseite, auf halber Höhe eine tempelähnliche Aussichtsplattform und ein hölzerner Drache, der seinen schuppigen Hals weit vorstreckte und uns von oben herab anfauchte. Ich machte ein Foto von ihm. Thanh machte ein Foto von ihm.

Hinter der Mauer an der anderen Längsseite führte die koreanische Nationalstraße entlang. Sie verbindet wichtige Kulturstätten Koreas. An den kurzen Seiten des Platzes waren Nachbildungen altkoreanischer Kanonen und Pflüge ausgestellt. Eine Wand aus Mosaiken zeigte die im Laufe der letzten dreitausend Jahre wechselnden Grenzverläufe der verschiedenen Königreiche auf der koreanischen Halbinsel.

Auch ohne Chungs Vortrag war schnell klar, was die bunten Steinchenbilder vermitteln sollten. Erstens: Die koreanische Nation hat eine lange Tradition. Zweitens: Das alte Korea wurde erst mächtig und stark, nachdem sich die einzelnen Königreiche zusammengeschlossen hatten. Drittens: Nur wenn sich alle Koreaner wieder zu einer Nation vereinigen, wird die alte Stärke zurückkehren. Und wer das Erbe der alten Königsdynastien antreten sollte, war auch klar: Die Dynastie der Kims.

Thanh versuchte, diese Konstruktion durch bissiges Nachhaken zu erschüttern. Aber Chung konnte alles erklären: Die Großen Führer übernahmen nur deshalb die Verantwortung für das Land, weil das Volk dies wollte und seinem Wunsch in demokratischen Wahlen Ausdruck verlieh. Das nordkoreanische Wiedervereinigungsministerium arbeitete, auf Geheiß der Führung, stetig an der Zusammenführung beider Koreas. Leider wurden diese Bemühungen durch die südkoreanischen Politiker hintertrieben, die nichts anderes als Marionetten der US-Imperialisten waren und kein vereinigtes Korea unter Beibehaltung beider Gesellschaftssysteme wollten.

Während Chung antwortete, kniff er, anders als Rym, nie die Augen zusammen oder ließ seine Kieferknochen hervortreten. Er konzentrierte sich nur darauf, alles korrekt wiederzugeben.

Wir stiegen den Berg hinauf. Von oben wirkte das historische Viertel inmitten der Plattenbauten noch künstlicher. Die moderne Bebauung reichte bis zum Horizont, war jedoch weniger hoch und breit als ihre Betonverwandten in Pjöngjang. Thanh fotografierte die Aussicht. Ich ebenso. Wer wusste, ob wir unsere Fotos später mal austauschen würden.

Unten hatte die junge Frau mit dem Strohbesen schon ein Drittel des Platzes geschafft. Entweder war sie ein Struppi – farblich kam es hin und eine Frau war mal etwas anderes –, oder das Fegen mit dem Minibesen diente als Strafmaßnahme. Oder es bedeutete gar nichts. Wer wusste das schon in Nordkorea?

Obwohl wir nur zehn Minuten durch Sariwon fuhren, schien Kim Jong-ils historisches Ideal-Korea meilenweit entfernt, als wir wieder hielten. Wohin wir blickten, stockfleckige Wohnkästen. Die Ausnahme bildete der rosa gestrichene Plattenbau, vor dem wir ausstiegen: Seine Front bestand aus unzähligen Loggien, die U-förmige Vorfahrt gab dem Betonplattenhotel etwas leicht Mondänes.

»Willkommen im Hotel der Frauen.« Wenn Chung verschmitzt schaute, mochte man ihn knuddeln.

Erwartungsgemäß entrüstete sich Thanh: »Wie bitte?!«

Chung rieb sich schadenfroh die Hände. Rym beeilte sich, den Übermut seines Chefs zu bremsen: »Großer Führer Kim Il-sung ernannte den 8. März in Korea zum Tag der Frauen, weil sie für den Wohlstand von unserem Vaterland viele Beiträge leisten. Das Hotel heißt *8. März*.«

Ich schaltete mich ein. »Bei uns ist der 8. März auch der Tag der Frauen.« Als ich ein Kind war, mehr als heute. Rym staunte. Die Macht des Großen Führers schien weiter zu reichen, als er wusste. »Sehr gut, nicht wahr? Frauen sind unsere Zukunft.«

»Ja, Rym, dann solltest du dich auch mal verloben.«

Thanh grinste. Rym reckte das Kinn: »Ich habe eine Freundin.«

Wir konnten nur »Ohooo …« sagen, denn Chung bat hinein.

»Chung, wohnen hier auch internationale Gäste?« Thanhs Stimme hallte im Foyer. Sie führte irgendwas im Schilde.

»Ja, aus der ganzen Welt kommen Touristen hierher.« Eine Bedienstete empfing uns (Frisur Nr. 6! Pferdeschwanz plus Linksscheitel). Niemals begrüßten uns Männer.

»Möchten Sie zur Toilette?«

Wir nickten beide. Ryms Ablenkungsmanöver ließ mich hoffen, dass Thanhs Vorhaben versandete. Zurück von der Toilette, in meinem Fall eine Zeitreise in die beige gekachelten Sanitäranlagen meiner Kindheit, glichen wir kurz unsere Erlebnisse ab: Bei ihr hatte es Licht gegeben, bei mir Wasser. Thanh ging sich auf dem Herren-WC die Hände waschen. Die Keime waren fortgespült, nicht jedoch ihre Gedanken an die Möglichkeiten eines internationalen Hotels. »Gibt es im Hotel auch Computer?«
Rym bestätigte die Existenz dieser technischen Errungenschaft.
»Und wäre es dann möglich ...«
Chung unterbrach, indem er auf Rym einredete. Beide schauten aufgeregt auf einen der dünnen Zettel aus Chungs Mäppchen. Anschließend entspann sich eine Diskussion mit der Bediensteten. Ich nutzte die Zeit für eine Warnung. »Ich weiß, was du vorhast. Lass es!«
Von Thanh nur ein gepustetes »Pfff!«.

Diesmal separierte uns eine gedrechselte, China-Restaurant-Luxus verströmende Trennwand vom Tisch unserer Guides. Thanh saß mir gegenüber, den Rücken zum gardinenverhängten Fenster. Über die Wand rechts von uns breitete sich eine gemalte Berglandschaft aus. In der Ecke zwischen Wandbild und Fenster versuchte ein Zauberer in einem blauen Nylonumhang Frohsinn zu verbreiten.
Das Wandgemälde war eine pastellige Darstellung des schneebedeckten Paektu, von Koreas heiligem Berg, an dessen Fuße Kim Jong-il am 16. Februar 1942 auf die Welt kam. Ein heller Stern und ein doppelter Regenbogen am Himmel kündeten von dieser Geburt. So heißt es offiziell. Tatsächlich erblickte Kim Jong-il 1941 im sowjetischen Wjatskoje als Juri Irsenowitsch Kim das Licht der Welt. In einem Dorf am Fluss Amur ganz im Osten des Landes. Von wo aus sein

Vater Kim il-sung als Hauptmann der Roten Armee in einem militärischen Ausbildungslager den Unabhängigkeitskampf gegen die japanischen Besatzer organisierte.

Im Hotel hatte es Schwierigkeiten gegeben, im Speisesaal einen Tisch zu bekommen, obwohl wir die einzigen Gäste waren. Irgendwas stimmte nicht mit unserer Ankunftszeit – entweder waren wir zu früh oder zu spät zum Mittagessen erschienen –, und so hatten wir dem Zauberer zunächst von zwei extra für uns aufgestellten Stühlen zuschauen müssen, umringt von freien Tischen, bis unser Platz hergerichtet war. Die Hotelangestellte hatte Thanh Hoffnungen gemacht, die mich sorgenvoll in die Zukunft blicken ließen. Meine Hoffnungen lagen auf dem blau bemantelten Magier, der, als unsere ersten Schüsselchen kamen, seine Assistentin in ein Kaninchen verwandelte. Das müsste doch auch mit Thanh zu bewerkstelligen sein. Ich startete einen letzten Versuch, sie von ihrem Vorhaben abzubringen: »Kann das denn wirklich nicht warten? In drei Tagen sind wir in Peking.«

»Für wie doof hältst du mich eigentlich? Meine Mails werden alle an einen Sandra-Schäfer-Account weitergeleitet.«

»Das ändert ja nichts an ihrem Inhalt.«

Ich aß, Thanh rauchte und trank von ihrem zugeteilten Bier. Immerhin hatte sie der Servierin klarzumachen versucht, dass sie nicht hungrig war. Ob die sie nicht verstanden hatte oder einfach stoisch ihre Servierbefehle ausführte? Jedenfalls brachte sie auch Thanh mit Speisen gefüllte Schüsselchen.

In dem schwarzen Röhrenfernseher in der Ecke zersägte der Zauberer jetzt eine Frau. Sirrend fuhren Metallzähne durchs Fleisch. Die Frau drehte den Kopf. Das Gesicht schmerzverzerrt. Bestimmt hatte sie E-Mails abgerufen.

»... Ureinwohner.«

»Was?!«, fuhr ich auf. Fasziniert von Zauberer hatte ich Thanh nicht zugehört.

»Die warten in Hamburg auf meine Zusage.« Thanh streifte Asche ab, »für einen ziemlich lukrativen Auftrag. Porträts kanadischer Ureinwohner.«

»Dann sende ihnen Rauchzeichen.«

»Es geht um meine Existenz!«

Ich warf das Besteck auf den Teller. »Nicht nur um deine!«

Der Zauberer schob die Hälften seiner Assistentin durch die Gegend. Das Publikum raste.

Auf dem Grund des Meeres

»Titten«, sagte Thanh in die Stille des Nachmittags. Es war der Auftakt zu einer der schönsten Erfahrungen auf unserer Reise.
»Dasselbe habe ich auch gerade gedacht.«
»Was denkt der König?« Rym lauerte hinter uns.
»Na, nu erklär's ihm mal.« Thanh lauerte jetzt auch.
»Die Hügel gefallen mir sehr.«
»Keine Hügel, es sind richtige Berge!« Ryms Hände kurvten durch die Luft. Thanh biss sich in die Faust.
»Schauen Sie dort drüben, es gibt sehr schöne Abbildungen davon zu kaufen. Oder wollen Sie erst besteigen?«
»Ich will sie erst mal besteigen«, verkündete ich.
Thanh prustete los. Ich zog nach. Lachtränen kullerten uns über die Wangen. Wir waren völlig überreizt. Chung und Rym schauten so ratlos, dass sie uns leidtaten. Worauf uns eine neue Heiterkeitswelle forttrug. Wir vermieden es, uns anzugucken.
»Entschuldigung«, keuchte Thanh. »Das muss die frische Luft sein. Die macht so fröhlich. Es ist wunderschön hier.«
An drei Seiten umgaben uns dicht bewaldete Berge. Sie hatte Rym gemeint. Auf der vierten Seite lag ein kleiner Parkplatz unter Bäumen. Dort waren wir angekommen. Ich war schon zu diesem Zeitpunkt fröhlich, denn als wir vom Tisch

im Hotel 8. *März* abgeholt worden waren, hatte Chung uns betrübt mitgeteilt, dass der Computer des Hotels aufgrund eines kurzzeitigen Stromausfalls leider nicht funktionierte. Ich hatte große Mühe, meine Begeisterung über Nordkoreas marode Infrastruktur zu verbergen. Thanh nahm es seufzend hin und bedachte mich mit einem »Mal sehen, ob du dich noch freust, wenn ich bei dir einziehe, weil ich meine Miete nicht mehr bezahlen kann.«

»Lieber das, als zersägt werden.«

Vor uns, schnurgerade die Hangwiese hinauf, führte ein gepflasterter Weg. Weiter oben, wo es steiler wurde, ging er in Treppenstufen über. Sie endeten auf einem Plateau. Und dort erhoben sich die beiden Halbkugeln, die unsere Phantasie angeregt hatten. Die Gräber des Königs Kong Min.

Wir machten uns an den Aufstieg.

Hummeln schaukelten zwischen zartrosa Mandelbäumen. Eine Amsel sang. Der Wind strich über den Nadelwald.

Über einem mannshohen Ring aus Steinblöcken, kunstvoll behauen, wölbte sich die grasbewachsene Grabkuppel. Jeden der beiden Hügel umgab eine steinerne Balustrade. Lebensgroße Skulpturen von Schafen und Tigern und grimmigen menschlichen Wächtern passten auf. Allerdings nicht genug.

»Sehen Sie das Loch?« Rym wies auf die dunklen Öffnungen in beiden Kuppeln. »Dort stahlen Grabräuber alles heraus. Viele Schätze, die den König im Tod begleiten sollten. Jetzt ist alles leer.«

»Und wer waren die Grabräuber?«

Rym verengte die Augen. »Japanische Gangster. Als sie unser Korea überfielen! Diese Hunde!«

Chung schien Ryms martialische Stimmung nicht geheuer. »Ich erzähle eine Geschichte, ja?«

»Von japanischen Gangstern?« Thanh lachte.

»Nein, von König.« Chung gab Zigaretten aus. Thanh nahm zum ersten Mal eine aus der goldenen Packung.

»Es war vor langer, langer Zeit. Reich von Goryeo stand seit 1238 unter der Herrschaft von den Mongolen. Die Könige von Goryeo-Dynastie mussten ihnen dienen. König Kong Min, einunddreißigster König von Goryeo, war sehr klug. Für den Frieden heiratete er 1342 die mongolische Prinzessin Noguk. Er liebte sie sehr. Leider lebte sie nur bis 1363.« Chung schaute betrübt drein. »König Kong Min sucht eine schöne Stelle für das Grab von seiner geliebten Frau. Sie sollte von dort auf Kaesong sehen können. Kaesong war damals die Hauptstadt von Goryeo. Ein Beamter schlug ihm eine Stelle vor. Dort drüben.« Chungs Zigarettenhand wies auf einen grünen Bergkegel am anderen Endes des Tales. Thanh machte eine Weile schon ein Gesicht, als würde sie in Zitronen beißen. Nordkoreanischer Tabak behagte ihr wohl nicht.

»Der König wollte selbst diese Stelle anschauen. Der Beamte musste hier, wo wir sind, mit anderen Beamten warten. Wenn dem König die Stelle nicht gefiel, wollte der König eine Fackel anzünden und der Beamte sollte sofort sterben.«

Thanh hielt ihre Zigarette in den Wind, damit sie sich allein aufrauchte.

»Der König stieg auf den Berg. Ihm gefiel die Stelle, die sein Beamter ausgesucht hatte. Aber der Aufstieg auf den Berg hatte sehr, sehr lange gedauert. Es wurde dunkel. Der König konnte nichts mehr sehen. Er zündete eine Fackel an und der Beamte, der hier wartete, wurde gestorben.«

Ein kurzer Blickwechsel und wir waren uns einig, Chung nicht zu verbessern. Die Formulierung passte zum Land.

Schweigend hockten wir im Gras. Die Zigaretten glühten. Steinerne Schafe schauten uns über die Schulter. Ein Bussard segelte ins Tal. Vom Wald her wehte ein Lüftchen. Ein Montagnachmittag, der sich nach Sonntag anfühlte.

Bei den Gräbern des Königs Kong Min bekamen wir zum ersten Mal eine Ahnung vom echten Korea. Den Ahnen verpflichtet, vom Schicksal gebeutelt, duldsam geworden, hart gegen sich und andere und voll stiller Schönheit.

Im Bus – Thanh saß wieder neben mir, unsere Straße schlängelte sich durch die Berge – drehte sich Chung zu uns um. »Wir fahren gerade auf dem Boden des Meeres!«
Thanh bekam große Augen. »Wir machen *was*?!«
»Vor vielen Millionen Jahren ging das Meer bis hierher. Unsere Forscher haben gefunden Meerestiere als Steine.«
»Versteinert«, verbesserte ich.
»Und wo ist das Meer hin?« Thanh griente. »Haben das auch die japanischen Gangster gestohlen?«
»Ja! Genau!«, kam es von hinten. Wir hörten keine Ironie. Nur Chung vorn schaute verschmitzt.

Wenn sie den Befehl bekamen, uns zu töten, wäre es Rym, der ihn schneller ausführen würde.

Der Bach aus Beton

Nee, oder?«
»Doch, ich glaube, er meint es ernst.«
»Bitte, kommen Sie!« Chung hatte bereits die Seitentür aufgeschoben und reichte Thanh die Hand. Sie warf mir einen ungläubigen Blick über die Schulter zu.

Chung und Rym musterten die Umgebung wie Leibwächter, dann ließen sie uns losspazieren. Mitten durch Kaesong, die Industriestadt wenige Kilometer vor dem achtunddreißigsten Breitengrad, wo die am schärfsten bewachte Grenze der Welt Korea teilt.

Radfahrer schepperten vorbei. Fußgänger kamen uns entgegen, Aktentaschen unterm Arm oder ein Kind auf dem Rücken tragend. Von der Straßenseite gegenüber winkte uns, im Schlepptau seiner einkaufsbeutelbepackten Mama, ein pummliges Mädchen zu.

Wieder brachen Thanhs Muttergefühle hervor. »Och, wie putzig.« Das Mädchen war vor lauter Winken hingeplumpst. Seine Mutter trieb es zum Weitergehen an.

Sollten wir fotografieren oder alles auf uns wirken lassen? Die Entscheidung nahmen uns die Kameras ab. Unsere Akkus gaben nach wenigen Bildern auf.

Kahle Bäume und niedrige, hundert Jahre alte Lehmhäuser säumten die Straße. Zwischen ihnen schmale, hellsandige Gassen, in die verwitterte Ziegeldächer tief hineinragten. Kaesong ist eine der wenigen Städte Nordkoreas, die eine Altstadt besitzen. Während des Koreakrieges lag die Stadt im amerikanisch besetzten Teil der Halbinsel und blieb von US-Bombern verschont.

Thanh schaute mich an, ich sie. Übermütig verfielen wir in einen Hüpfschritt. Erst nach dem dritten Hüpfer reagierten Chung und Rym, die einen Meter hinter uns liefen. »König und Königin, nicht so schnell.« Dabei bestand gar kein Grund zur Panik. Notfalls hätte uns Herr Pak mit dem Bus den Weg abgeschnitten, er rollte ja die ganze Zeit neben uns her.

Erst nach fast drei Minuten endete unser Spaziergang am Tor des *Kaesong Folklore-Hotels*.

»Irgendwas stimmt doch da nicht.« Thanh legte den Kopf schräg. Wir standen auf dem rissigen Asphaltparkplatz am Kopf der langgestreckten Hotelanlage. Unser Blick fiel auf ein beeindruckendes Wandbild: An einem breiten blauen Fluss reihten sich urige Häuschen, gemauert aus dunkelroten Ziegeln, schwer und schwarz die Dächer, Bäume grünten und Blumen blühten. Auf breiten Promenaden flanierten glückliche Koreaner am Wasser entlang. Real sah es etwas anders aus. Eine Betonrinne zwischen ziegelgemauerten Häuschen, kahle Bäumchen, zwei schmale Pflasterwege, auf denen Westler zu ihren Zimmern gebracht wurden.

»Sehr schön, nicht wahr?« Da Chung seit unserer Ankunft telefonierte, brachte Rym uns unsere Schlüssel. »Sie haben jetzt freie Zeit.«

»Wie, freie Zeit?«

»Die Königin kann tun, was sie will.«

»Auch spazieren gehen?«

»Ja, hier drin können Sie sehr schön spazieren gehen.«

»Natürlich. Dann spazieren wir mal zu unserem Zimmer.«

»Kein Zimmer. Sie haben ein Haus für sich. Traditionelles koreanisches Haus. Ich trage den Koffer.« Es war meiner.
»Du kannst ihn auch rimmen, Roll, äh ... rollen, Rym.«
»Nein, koreanische Männer sind stark.« Rym unterdrückte ein Stöhnen, und der Koffer ging mit ihm voran. Wir dackelten hinterdrein. Bis zu einem Holztor. Thanh stellte ihre Tasche ab. »Na, Hauptsache, dein Gepäck wurde getragen.«
»Gib her ...«
»Danke, jetzt sind wir ja da.«
Unser Anwesen betrat man durch ein überdachtes Eingangstor, die knarrenden Türflügel tiefbraun und eisennägelverziert. Nach zwei Schritten musste man nach rechts abbiegen, sich sofort nach links umwenden, erst dann kam man in den grauen Innenhof, gerade so groß, dass ein Golf wenden könnte. Oder eine Geschützlafette. Rechts begrenzte den Hof eine Mauer aus Betonquadern. Davor erhob sich aus einem Brunnenbecken eine Miniaturfelsenlandschaft. Wenn dort Wasser herabgeplätschert wäre, hätte es den Hof atmosphärisch aufgewertet. Trocken verbreitete das Ziergebirge Tristesse. Vom Eingang aus links stand unser Haus. Das dunkle Dach zum Hof abfallend, rotbraun die Balken der Fachwerkwände, lehmverputzt die Füllung. Das Gebäude war ein kopfstehendes L, drei Stufen führten hinauf auf einen überdachten Umgang. Auf dessen verwitterten Holzbohlen lagen zwei Paar weiße Frotteelatschen für uns bereit. »Schuhe müssen draußen bleiben, alte koreanische Tradition.«
Im kurzen Flügel des L gegenüber dem Eingangstor lag ein zum Hof offenes Wohnzimmer mit allem, was man brauchte: Sitzgruppe, Kühlschrank, Ventilator und Softeisautomat. Rechts davon gab es eine Schlafkammer. Der lange Flügel des L, der den Hof links abschloss, beherbergte zwei Zimmer mit Bad. Hölzerne Lamellenläden, innen papierbespannt, waren Eingang und Fenster zugleich. In einem der Zimmer wohnten wir.

»Ach du Scheiße.« Ich.
»Nein, nein, nein!« Sie.
»Warte ...« Ich.
»Da schlaf ich nicht.« Sie.
Zum Glück war Rym schon weg.

Wir blickten in eine düstere Kammer, in der zwei Reisstrohmatten parallel zur Hofwand geradeso nebeneinanderpassten und offenbar als unser Nachtlager gedacht waren. Auf ihnen lag das, was uns so entsetzte.

Thanhs Empörung ließ sich nicht als Hysterie abtun. Die durch Feuchtigkeit braunfleckig gewordenen Steppdecken unserer Schlafstatt waren ein überaus unerfreulicher Anblick. Einzig der Umstand, dass ich seit unserer Ankunft damit rechnete, nackt auf kaltem Beton in einer zugigen Zelle nächtigen zu müssen, ließ mich die Angelegenheit positiver sehen. Außerdem hatte ich vorher unsere Unterbringung recherchiert und entsprechende Vorkehrungen getroffen, zum Beispiel in Form einer Taschenlampe. Ich leuchtete umher.

»Die Truhe ist doch recht hübsch.« Hinter unseren Kopfenden stand ein pseudoantikes, dunkelbraunes Holztrumm.

»Lass die bloß zu! Wer weiß, was da rausspringt!«

Thanh flüchtete in den Hof.

Ich wandte mich um und deutete zur Softeismaschine im offenen Wohnzimmer. »Willst du Schoko oder lieber Vanille?«

Eine rhetorische Frage, es gab keinen Strom. Wobei Rym nicht hatte durchblicken lassen, ob für alle dreihundertvierzigtausend Einwohner Kaesongs oder nur in einzelnen Stadtvierteln. Ab neunzehn Uhr würde man im Hotel den Dieselgenerator anschalten. Rym hatte bereits unsere Foto-Akkus an sich genommen, um sie in der Restaurantküche laden zu lassen. Dort hatten sie einen eigenen Generator.

Und hätten wir hier Strom gehabt und hätte die Eismaschine funktioniert, hätte ich niemals gewagt, mir ein nordkoreanisches Eis zu zapfen – aus Furcht vor Salmonellen, Escherichia coli oder Chlamydien. Probiert hätte ich das Eis allenfalls abgekocht.

Thanh ging auf meinen Eisscherz nicht ein und drängte sich an mir vorbei. »Ich muss ma. Gehste ein Stück in den Hof?« Thanh mochte es nicht, wenn man sie hörte.

Ich setzte mich im Hof auf den Brunnenbeckenrand. Von fern wehte das Krachen eines LKW-Getriebes herüber, der Motor dröhnte. Man glaubte dunkle Dieselschwaden zu riechen.

Aus dem Bad schallte es: »Oh mein Gott ... komm mal her!«

Shoppen macht glücklich. Das ist eine Binsenweisheit, aus der der Fernsehsender Vox ein TV-Konzept namens *Shopping Queen* gemacht hat. Genau genommen adaptierte man nur ein türkisches Fernsehformat. Ich schreibe die Off-Texte dafür. Und so schlug ich im festen Glauben daran, dass Einkaufen der Seele Balsam ist, Thanh nach ihrer schrecklichen Baderfahrung vor: »Komm, wir gehen jetzt shoppen.«

Thanh schenkte mir den gleichen fassungslosen Blick, wie sie ihn eben der rostwasserschlierigen Badewanne und dem Stück Duschschlauch ohne Brausekopf geschenkt hatte sowie den beiden undefinierbaren, aber umso stattlicheren Insekten, die uns vom Toilettendeckel aus mit ihren Fühlern zuwinkten, bevor sie, vom Licht der Taschenlampe aufgeschreckt, beherzt in ein kindskopfgroßes Loch im Boden zwischen Wanne und Waschbecken sprangen. Erst nach einer Weile hörten wir leises Platschen.

»Wo willste denn hier shoppen gehen?«

»Es soll einen Souvenirladen geben. Komm!«

»Hoffentlich gibt's da Klopapier. Wir haben nämlich keins.«

Immerhin hatten wir einen verrosteten Rollenhalter an der Wand.

Unsere kleine Folklorewelt bot einen Souvenir- und einen Buchladen. Nur fiel in den schummrigen Läden in den Wirtschaftsgebäuden auf der anderen Bachseite leider zu wenig Tageslicht durch die Fenster. Elektrisches gab es nicht. Wir erkannten kaum die Waren in den Wandregalen hinter der Verkaufstheke. Die Verkäuferin, pink, Nr. 4, modische Wellen (mittlerweile schienen sich die Frisuren zu wiederholen), holte geduldig ins Helle, worauf wir zeigten. Schließlich erwarben wir jeder für je dreißig Dollar ein hellbraunes Ein-Kilo-Holzfässchen mit nordkoreanischem Berghonig. Thanh kaufte außerdem eine Stange Marlboros, ich Essstäbchen aus Messing sowie eine Landkarte von Korea. Die Karte zeichnete sich dadurch aus, dass auch der kapitalistische Nachbar im Süden abgebildet war. DDR-Karten hatten den anderen Teil Deutschlands meist als weißen Fleck gezeigt. In Korea war der Wiedervereinigungsgedanke präsenter.

Zurück an Licht und Luft fragte ich:»Na, besser?«

»Ich hab keine Kohle mehr. Und Klopapier gab's nicht.«

Nachdem wir unsere Beute ins Haus gebracht hatten, unter allerlei Flüchen Thanhs im Angesicht der Einrichtung, mussten wir noch eine Stunde bis zum Abendessen herumbringen. Wir beschlossen, spazieren zu gehen.

Auf einem Betonbrückchen überquerten wir die staubige Bachrinne und standen nun wieder vor den Wirtschaftsgebäuden, deren Rückseiten an die Hauptstraße grenzten. Zwischen zwei Häusern gab es eine Lücke.

»Und?«, fragte Thanh.

»Was?«, fragte ich.

»Hier können wir rausgehen ...«

Der Gang war schulterbreit. Auf der Straße am anderen Ende schob ein Mann ein rosafarbenes Damenfahrrad vorbei.

Ich schüttelte den Kopf.»Das wäre unvernünftig.«

»Natürlich!« Thanh schnaubte verächtlich.»Du wärst

auch nicht rüber, wenn du damals ein Loch in der Mauer entdeckt hättest.«

»Meine Tante ist Ende der Fünfziger in den Westen geflohen. Daraufhin verlor mein Opa seine Stelle als Dozent am Institut für Landwirtschaft. Denk an Rym und Chung.«

»Jaja ...« Thanh atmete schwer.

»Was?«

»Ich krieg keine Luft mehr.«

»Willst du dich da mal hinsetzen?« Hinter uns stand eine Betonbank am Bachbett.

»Quatsch!«

Wir trennten uns. Thanh ging auf der einen Seite des Betonbaches spazieren, ich auf der anderen.

Amseln sangen.

»Wenn ick hier die Suppe so ankieke, ja«, der Militärhosen-Mann dröhnte durchs Restaurant, »denn erinnert mich dit an früher bei der Armee. Wisst ihr, wie die den Kaffe bei der NVA zubereitet ham?«

Alle am Tisch löffelten und schlürften. Es war nicht klar, ob jemand zuhörte.

»Es genügte, wenn der Schatten einer Kaffebohne aufs Heißwasser fiel ... Verstehta? Der Schatten einer Kaffebohne!«

»Woaß oaner, wann wir morgen in der Früh oafstehn müssn?«

»I must say, it's extraordinary tasty again.«

Zum zweiten Mal aßen wir zu Abend in Gesellschaft des Berliners, der Rastafrau und ihrer fünf Bergburschen und der dicken Engländerin mit ihrem Mann, der nie etwas sagte. Sie hockten hinter uns um eine Tafel von Dackelhöhe. Immer wieder stöhnend und herumruckelnd, weil die dünnen Sitzkissen die Härte des Holzfußbodens kaum milderten. Am Tischchen neben uns kauerte das Blousonjackenpaar.

Niederländer aus Den Haag. Er Lehrer für Geschichte, sie wissenschaftliche Mitarbeiterin in der Königlichen Gemäldegalerie. Da wir beide uns nichts zu sagen hatten, unterhielten wir uns mit ihnen. Sie waren, obschon im Spätsommer des Lebens, in Nordkorea auf Hochzeitsreise. Zum Entsetzen ihrer Kinder aus früheren Ehen. In jenen hatten sie das Übliche bereits erlebt. Wir ließen sie bald wieder turteln.

Außer uns hatten sich alle im Restaurant – das, ganz ungewohnt, vom warmen Lichtschein verschnörkelter Wandleuchten illuminiert wurde – zu einem sogenannten »Kaiserhuhn« verführen lassen. Ein magerdürres Flügeltier, je eines für zwei Personen, das, so unkte man am multinationalen Gruppenreisetisch, schon bei der Zubereitung der Vorsuppe seine Dienste geleistet haben musste. Es kostete dreißig Euro. Wir nahmen aus Bargeldmangel mit dem Vollpensionsmenü vorlieb, das wie alles hier unter dem Titel traditionell-koreanisch firmierte. Es unterschied sich von den üblichen Abendessen darin, dass es in hauchzarten, schwarz lackierten Holzschüsselchen serviert wurde und doppelt so viel und exotisch war wie sonst. Mengenmäßig eindeutig die bessere Wahl als das Kaiserhuhn. Kulinarisch weckten die schwarzen Nudeln, glitschigen Gemüsehaufen und grauen Fleischfetzen meine Angst vor unbekanntem Essen, die im Widerstreit stand zu meinem eisernen Willen, so viel Nahrung wie möglich zu mir zu nehmen, um bei Kräften zu bleiben. Hinzu kam, dass ich unsere Gastgeber nicht durch Zurückgehenlassen der Speisen beleidigen wollte. Als Kompromiss bediente ich mich eines Tricks meiner Kindheit: Das, was ich wenigstens probierte, schob ich enger zusammen, so dass es aussah, als hätte ich viel davon gegessen, das, was ich gar nicht mochte, versteckte ich unter den anderen, so dass es aussah, als hätte ich wenigstens probiert. Zudem hatte ich mal gelesen, dass es in China als Kompliment für den Gastgeber galt, wenn man viel übrig ließ. Nach dieser Regel, sofern sie auch in Korea galt, hatte besonders Thanh bisher viel Freude verbreitet.

Als Nachtisch brachte die Serviererin Eis.

»No, thank you very much, no ice cream for me please!« Mit einem Blick, der zumindest eine Maus getötet hätte, nahm die Bedienung das Eis wieder mit.

»Willst du das etwa essen?« Thanh starrte herüber. Nicht ich, sie hatte ihr Eis wieder zurückgehen lassen. Und als die Serviererin so böse guckte, hatte ich mich nicht mehr getraut, die für mich bestimmte kalte braune Kugel ebenfalls abzulehnen.

Ich rechtfertigte mich: »Eis ist Luxus in einer Stadt ohne Strom.«

»Eis ist Selbstmord in einer Stadt ohne Strom.«

Sie hatte so recht. Anderseits, das Restaurant verfügte nicht nur über einen eigenen Stromgenerator, sondern auch über ganz feine Toiletten mit Licht, Papier und Hygiene. Von unserem Haus zum Restaurant waren es hundert Meter. Und dann gab es ja noch den Betonbach. Und den Brunnen im Hof. Und das Loch im Boden unseres Bads und das »Toilette« genannte Insektenschwimmbad. Thanh beugte sich vor: »Ich hab in Mexico mal vier Tage lang überm Klo gegangen. Nie wieder. Wir haben nicht mal Toilettenpapier.«

Ich klopfte auf meinen Bauch, es raschelte. »Vorhin hab ich welches geklaut. Von hier.«

Thanh schnalzte anerkennend. Und ich löffelte los.

»Schmeckt echt gut.« Das Eis schmolz schokoladig zart auf der Zunge. Kaum war ich fertig, stürzte ich los, sprang draußen in die Schuhe – wir hatten sie ausziehen müssen – und ... lief Rym in die Arme. »Rym, es war sehr gut. Wirklich! Und wir sehen uns gleich in der Bar. Jetzt muss ich mal eben ganz schnell ...« Ich ließ offen was, aber es klang wohl so dringend, dass Rym keine Fragen stellte.

»Hase, der Schlüssel!« Thanh warf ihn mir zu, und vor

lauter Hektik fiel mir gar nicht auf, dass sie mich nach Tagen wieder »Hase« genannt hatte.

Auf dem Weg zum Haus fiel ich im Dunkeln fast über die Beine Chungs, der einsam auf einer Bank am Bach saß. Er grüßte nicht mal.

Im Zimmer angekommen, wühlte ich mich wie wahnsinnig durch die Waschtasche, bis ich fand, was ich suchte. Erst schluckte ich zwei, dann noch eine dritte Kohletablette. Und hinterher eine Kapsel mit Naturhefe. Ob nun das geholfen hatte oder Salmonellen Nordkorea grundsätzlich mieden, das Eis meldete sich jedenfalls nie.

Der Biss ins Auge

Die Kamera war genau auf mein Gesicht gerichtet. »So, erzählen Sie Ihren Witz!« In meinen Ohren rauschte das Blut. Ich konnte meinen Stressschweiß riechen. Chungs Blick ruhte glasig auf mir. Ryms Augen schmale Schlitze. Den Tisch übersäten Fischgräten, Marlboro-Schachteln und Trinkpäckchen.

»Wir sind sehr gespannt!«, drängte die Frau hinter der Kamera. Pagenschnitt. »Sprechen Sie bitte!«

Ich hatte Angst.

Begonnen hatte der Abend ganz harmlos. Chung und Rym luden uns in die Bar ein. Vier Barhocker fanden vor dem dunklen Holztresen Platz. Breiter war der Raum nicht. Dafür länger.

Thanh staunte. »Wow, das ist aber gemütlich hier!«

An der Fensterseite standen drei Vierertische hintereinander, und Chung bat uns an den weitesten von der Bar entfernten. »Dort sitzt der König und daneben unsere Königin. Ich bestelle Bier.«

Ich begleitete Chung zum Tresen, gab eine Extrabestellung auf und half beim Tragen von Flaschen und Gläsern.

»Was hast du denn da geholt?« Thanh nahm mir ein grün-weißes Tetrapäckchen aus der Hand und versuchte die Aufschrift zu entziffern.

»Das ist chinesischer Guavensaft«, erklärte ich.

»Du trinkst *was*?«

»Es gab noch Ananassaft, aber wie der schmeckt, weiß ich. Und da ich vermute, dass das künstliche Pampe ist, merk ich's wenigstens nicht. Weiß der Kuckuck, wie Guave schmeckt.«

»Auf die deutsch-koreanische Freundschaft!« Chung und Rym erhoben das Glas.

»Auf euch!« Thanh hob ihr Glas.

»Auf uns alle!« Ich erhob mein Tetrapäckchen.

Jeder stieß mit jedem an.

Ich las das Etikett auf Thanhs Bierflasche und sagte: »Das ist ja komisch.«

»Was?« Thanh schaute nun auch aufs Etikett.

»Am ersten Abend in Pjöngjang hatte das Bier 3,2 Prozent Alkohol, in Sariwon 3,8 und jetzt 4,5.«

»Meinste, sie wollen uns betrunken und willenlos machen?«

»Ich pass auf dich auf. Prost!«

»Um Himmels willen! Prost ...«

Rym sah uns anstoßen. »Auf den Frieden der Völker!«

»Auf den Frieden!«, fiel Chung ein.

»Kinder, müssen wir jetzt bei jedem Schluck auf irgendwas Bedeutendes trinken?«

Chung und Rym wussten nicht so recht. Thanh teilte Marlboros aus.

Lautstark marschierte die Gruppenreisegruppe ein. Sie bezog Stellung in einem Séparée hinter uns. Das Blousonpärchen nahm in der Nähe der Bar den einzigen Zweiertisch.

»Oh!«, Rym sprang auf, »da kommt meine Freundin!«

Die junge Reiseleiterin des Blousonpaares, der Rym bei unserem Ausflug zum Landwirtschaftsbetrieb Chonsan zugezwinkert hatte, stand in der Tür. Rym redete auf sie ein. Sie nickte. Und verließ die Bar wieder.

»Ist aber 'ne Hübsche, deine Freundin!« Rym verstand nicht, Thanh wiederholte. »Deine Freundin sieht sehr schön aus.«

Rym wurde rot. »Danke sehr.«

Chung stand auf. »Ich hole neues Bier, ja?«

Als Chung weit genug weg war, sagte Rym: »Er hatte heute Streit mit seiner Verlobten.«

»Wie, ist die etwa auch hier?«

»Nein, am Telefon.«

Draußen vor der Bar sprach Ryms Freundin mit ihrem Chef, dem professoralen Guide. Der sah kurz herüber, nickte, und sie kam zurück. »Guten Abend, ich bin Frau Kim.«

»Ach«, sagte Thanh, »sind Sie eine Verwandte?«

Schweigen.

»Also vom ... Nicht ... Hätte ja ... Ich bin Sandra!«

Frau Kim schüttelte uns die Hände. Rym stellte einen Stuhl ans freie Kopfende des Tisches, so dass er über Eck neben ihr saß. Chung brachte neuen Hopfen- und Guavensaft.

»Trinken Sie kein Bier?« Frau Kims Frage an mich klang streng.

»Nein.«

»Das ist gut. Koreanische Männer trinken zu viel Bier.«

Rym zog den Kopf ein. Thanh hob ihr Glas: »Na dann, auf die Liebe!«

Die Gläser klirrten, bei mir machte es *pock*.

Frau Kim war vierundzwanzig, hatte Germanistik an der Kim-Il-sung-Universität studiert und unterrichtete dort jetzt Deutsch. Englisch konnte sie auch. »Aber in dieser Sprache muss ich mich noch mehr anstrengen.« Ihre silberne Brille, die weiße, bis zum Hals zugeknöpfte Bluse und ihre präzise formulierten Sätze verliehen ihr den Habitus einer Streberin.

»Sind Sie beide verheiratet?«

Wir stellten unseren Beziehungsstatus klar, wenig später

antwortete Frau Kim auf die Frage, wie lange sie und Rym schon zusammen seien, mit einem irritierten Schweigen.

Von da an starrte Rym traurig in sein Bierglas. Chung dagegen ließ sich seine Gemütslage nicht anmerken, zumal nach der dritten Runde Bier der Alkohol zu wirken schien. Chung stimmte ein Lied an. Laut Rym ging es um schneebedeckte Berge, breite Flüsse und die Stärke Koreas. Wir sangen ab der dritten Strophe den Refrain mit, ohne Rücksicht auf unsere Unkenntnis der koreanischen Sprache. »Ich hole jetzt«, verkündete Chung, »für die Königin und den König eine koreanische Spezialität!«

»Wieso nennt er Sie König und Königin?«, fragte Frau Kim.

Wir zuckten die Schultern: »Unser Chung hat viel Humor.«

»Sein Name bedeutet: ›der Ernste‹.«

Das fanden wir sehr lustig. Das Lachen verging uns jedoch bei Chungs Rückkehr. »So. Große Ehre für unseren König ...«, er riss einen heringsgroßen Fisch in zwei Teile. Es staubte.

»Was ist das?« Thanh hielt sich die Finger vor den Mund. So unwillkürlich die Geste war, so deutlich machte sie ihre Abneigung. Frau Kim schmunzelte kaum sichtbar. »Es ist Trockenfisch. Koreanische Spezialität. Er wird in die Sonne gelegt, und sein Wasser geht in die Luft.«

Rym hatte von der Bar einen Teller mit Sojasauce organisiert. »Bitte!« Offensichtlich sollten wir die Bestandteile des Fisches dort eintauchen. Chung zerfetzte den zweiten Fisch.

»Ob er sich die Hände gewaschen hat?« Thanhs Frage hörte nur ich.

»So. Große Ehre für unseren König«, setzte Chung erneut an, »er darf die Augen essen.«

Thanh stieß mich in die Seite. »Das machst du nicht!«

»Es ist eine Ehre!«, sagte ich und steckte mir das aspirintablettengroße Auge in den Mund. Unsere Gastgeber johlten. Ich kaute. Thanhs Augen weiteten sich. »Und?«

»Wie 'ne Rosine ohne Geschmack.«

»Nehmen Sie auch das andere!«

Wo in Ryms Lächeln Verschlagenheit lag, schwang in Frau Kims Bosheit. Boshaft konnte ich auch sein. »Das wäre zu viel der Ehre. Aber es würde uns glücklich machen, wenn wir diese Delikatesse mit unseren koreanischen Freunden teilen dürfen.« Jesusgleich wiesen meine Hände auf die Fische. Drei Augen waren noch übrig. Chung, Rym und Frau Kim schoben sie sich zwischen die Lippen. Thanh tunkte seufzend einen pergamentenen Fischfetzen in die Sojasoße und mümmelte darauf herum.

Im Séparée hinter uns versuchte die Gruppenreisegruppe die NVA-Anekdoten des Berliners zu ignorieren. Am Zweiertisch schwieg sich das Blousonjackenpaar biertrinkend an. Trotz der lukullischen Herausforderungen herrschte an unserem Tisch die beste Stimmung.

»Was macht ihr da?«

Thanhs Stimme durchschlängelte ein kieksender Unterton. Mir fiel auf, dass ich sie noch nie beschwipst erlebt hatte. Chung versuchte seine goldene Zigarettenschachtel mit der Schmalseite auf sein Bierglas zu stellen. Ich schob Thanhs Glas daneben und stellte ihre Marlboro-Packung obenauf. »Es ist eine ...« Chung suchte das Wort, ich half: »Freundschaftsskulptur.« Chung schob das Sojasoßentellerchen dazu. Ich mein Guavensaftpäckchen. Thanh stellte ihr Feuerzeug darauf. Chung krönte beide Zigarettenschachteln mit den Fischköpfen. »Fertig.« Wir klatschten alle.

»Sie haben Humor, nicht wahr?« Frau Kim holte ihre Digitalkamera hervor und fragte Thanh: »Können Sie mir einen deutschen Witz erzählen?«

Thanh grinste: »Für Witze ist er zuständig«.

»Warten Sie. Ich werde Ihren Witz mit meiner Kamera dokumentieren. Für meine Schüler.«
Frau Kim richtete das Objektiv auf mich. »So, erzählen Sie bitte Ihren Witz.«
»Blamier uns nicht, du Comedy-Koryphäe«, zischte Thanh. Mein Magen klumpte zusammen. Der Tod eines jeden Witzes ist eine zu große Erwartungshaltung. Man kann versuchen, das mit Enthusiasmus auszugleichen: »Also, mein Lieblingswitz: Neulich gehe ich die Landstraße entlang.« Kannten sie überhaupt die Vokabel ›Landstraße‹? »Also, eine Straße zwischen Feldern gehe ich lang. Und sehe zwei Männer.«
»Wie alt ungefähr?« Frau Kim behielt sowohl mich als auch das Display ihrer Digicam im Blick.
»Vielleicht ... vierzig Jahre.«
»Gut, weiter.«
»Und der eine buddelt ein Loch ...«
»›Buddeln‹ kennen sie bestimmt nicht«, ging Thanh dazwischen.
»Der eine gräbt ein Loch.« Ich machte eine Schippbewegung. »Und der andere gräbt es wieder zu. Dann gehen sie ein paar Schritte weiter. Der eine gräbt wieder ein Loch, der andere macht es zu. So geht das alle zehn Meter. Schließlich frage ich: ›Sagen Sie mal, was machen Sie da? Er gräbt ein Loch, Sie machen es wieder zu.‹« Alle hingen an meinen Lippen. »›Ja‹, sagt der eine, ›normalerweise sind wir zu dritt. Aber heute fehlt der Kollege, der den Baum einsetzt.‹«
Beifallheischend sah ich mich um.
Frau Kim blickte auf: »Und wie geht es weiter?«
»Also ... das war's.«
Rym trank einen Schluck Bier. Frau Kim ließ ihre Kamera sinken. Verärgert schüttelte sie den Kopf. »Das müssen Sie noch üben. Für Witze haben Sie kein Talent.«
Thanh rutschte vor Lachen vom Stuhl.

Die Nacht vibrierte vom Zirpen der Zikaden. In Wellen drang Wind durch die Lamellen der Läden. Seit einer halben Stunde glaubte ich, ein Kratzen im Hals zu spüren. Ich zog den Schal fester und justierte die Kordeln der Schlafshirtkapuze nach. Ich schwitzte. Aber nur unten. Auf der Oberseite fror ich.

Thanh schnorchelte neben mir. Ich konnte sie nur mit rechts hören, mein linkes Ohr war zu. Unser traditionelles Hotel verfügte über die traditionelle koreanische Ondol-Heizung – »on« bedeutet »warm«, »dol« »Stein«. In einen Hohlraum unter dem Steinfußboden wird heißer Rauch geleitet. Das macht den Stein zwar warm, aber nicht weicher. Reisstrohmatte und Steppdecke zwischen Boden und Körper verhinderten nicht, dass meine Knochen bei jeder Bewegung dumpf aufschlugen.

»Lieg still.« Sie schlief also gar nicht.

»Meine Schulter tut weh.«

»Du hast wenigstens 'n Schlafsack.«

»Hab ich gesagt, dass du deinen zu Hause lassen sollst?«

»Du hast gesagt, du nimmst keinen mit.«

»Ich habe gesagt, er passt nicht in meinen Koffer.«

»Beinahe hätte ich 'nen zweiten für dich eingepackt!«

»Und warum hast nicht mal deinen dabei?«

»Weil du gesagt hast, du nimmst keinen mit.«

Den Schlafsack hatte ich zu guter Letzt doch noch in den Koffer gestopft. Jetzt war er mein Kokon gegen die Fleckendecken. Thanh hatte improvisieren müssen, die Socken über die Beine ihrer Jogginghose gestülpt (die Schokolade war weitestgehend abgebröckelt) und ein langärmeliges Oberteil angezogen. Um ihre Haare hatte sie ein weißes T-Shirt gewickelt. Ich hatte nicht lachen dürfen.

Meine Hand unter der Wange – als Stoßdämpfer für mein Gesicht – roch nach Autan. Ich war von oben bis unten eingesprüht. Eine Ärztin am Berliner Tropenzentrum hatte behauptet, das würde am besten vor Anopheles schützen – dabei wippte lustig ihr Pferdeschwanz, den ich damals noch nicht als Frisur Nr. 5 identifiziert hatte. Die Anopheles-Mücke gab es laut des Infektionshandbuches der Ärztin *in einem schmalen Tieflandgürtel im Westen der Grenze zwischen Nord- und Südkorea (für Reisende normalerweise nicht zugänglich)*. Wir schliefen nur fünfzehn Kilometer von diesem Tieflandgürtel entfernt. Und morgen erhielten wir Zugang!

»Hast du das gehört?!«

»Hast du was gesagt?« Ich drehte mich nach links, damit das rechte Ohr freikam.

»Ich sagte, dass du kein Gentleman bist.«

»Ich hab dir vorhin die Tür aufgehalten.«

»Ein Gentleman hätte mir seinen Schlafsack angeboten. Wegen dir muss ich auf dem Fußboden schlafen.«

»Es stand ganz klar im Reiseplan: Übernachtung in einem traditionellen Folklore-Hotel.«

Sie polterte auf ihrem Lager herum. »Ich bin langsam zu alt für so'n Scheiß. Ich werd' fünfzig.«

»Du bist siebenundvierzig!«

Ich drehte mich aufs rechte Ohr. Noch sechs Stunden bis Sonnenaufgang. Schwitzend und frierend rang ich um Schlaf. Chung sah mich aus glasigen Fischaugen an. »Erzählen Sie einen Witz!« Der Schatten Ryms fiel auf eine Kaffeebohne. Frau Kim schüttelte den Kopf. »Sie haben kein Talent.« Plötzlich schreckte ich hoch. Jemand stand in unserem Hof und atmete.

Der Ausbruch

Nur ein Ohr mit einem Schaumstoffstöpsel zu verschließen, nötigt zwar dazu, die ganze Nacht auf einer Seite schlafen zu müssen – und zwar auf dem eigentlich offenen Ohr –, aber es bietet den Vorteil, im Fall einer Gefahr – sofern man sie überhaupt wahrnimmt – nur durch Heben des Kopfes sofort hörbereit zu sein, statt zunächst mühevoll den Schaumstoff aus dem Gehörgang pfriemeln zu müssen. Im schlimmsten Falle brauchte man dafür länger, als der Vorgang des Erschlagenwerdens in Anspruch nimmt.

Der Nachteil dieser Methode: Die Fähigkeit des räumlichen Hörens geht verloren. Denn obwohl wir als visuelle Wesen für die Raumerfassung auf unsere Augen setzen, die durch ihre leicht unterschiedlichen Perspektiven die Einschätzung von Entfernungen und Tiefe ermöglichen, sind es unsere noch weiter voneinander entfernt angeordneten Ohren, die für die eigentliche Orientierung sorgen. Taubwerden trennt mehr von der Welt als Erblinden.

In dieser Nacht im stockdunklen Folklore-Hotel-Zimmer sah ich nichts und hörte falsch. Nicht im Hof atmete jemand, sondern zu Füßen meines Schlafsacks.

Es rummste.

»Scheiße!«

Ich griff hinter meinen Kopf zur Taschenlampe und leuch-

tete in Richtung des Fluchs. Thanh stand vor der Wandlampe und rieb sich die Stirn. Mit dem T-Shirt auf dem Kopf erinnerte sie stark an Witwe Bolte.
»Was'n los?«
»Ich muss da rein.« Angeekelt wies sie zur Badtür, die sie um einen Meter verfehlt hatte.
»Warum?«
»Was glaubst du wohl?«
Unter anderen Umständen hätte ich einen Witz gemacht. Ich habe dafür nämlich sehr wohl Talent.
»Schön, dass die Taschenlampe bei dir steht«, fauchte sie.
»Es ist ja auch meine.«
»Jetzt gib schon her. Wir haben keinen Strom.«
Kurz darauf schallte es aus dem Bad: »Nein, nein, nein. Das ist sooo widerlich, bah!«
Sie drückte nicht nur ihren Ekel aus, sondern wollte auch das Tröpfeln übertönen. »Mann! Wo ist das Toilettenpapier?«
Ich hatte die kleine geklaute Rolle am Kopfende deponiert, neben der Taschenlampe. »Ich leg's vor die Tür.«
Ihre Hand nahm es von dort weg. »Du bist so ein Egoist!«
Wie ein spanischer Kampfstier in die Arena kam Thanh kurz darauf aus dem Bad. »Ich hab das so satt. Nie alleine, alles marode. Aber sie tun, als wär's das Paradies. Und dann noch du dazu! Echt. Deine Wasserrutsche geht mir inzwischen so was vom am Arsch vorbei. Hätt' ich damals doch nur den Mund gehalten in meiner Redaktion!«
»Jetzt ist aber gut!« Mein Zeigefinger tippte gegen die Stirn. Zwar wohnte niemand in den Nachbarzimmern. Aber die papiernen Wände waren ein schlechter Schallschutz. Übertrieben deutlich hörte man mich sagen: »Als ich dir damals diese Reise vorschlug, zeigtest du sehr viel Freude in deiner Re-aktion!«
Unsere Blicke verkeilten sich.

»Dieses Land bietet einzigartige Schönheiten, und ich freue mich sehr auf morgen. Lass uns jetzt schlafen.«

Beide legten wir uns wieder hin.

Um zwanzig nach sieben ging es nicht mehr. Ich schälte mich aus Schlafsack und Decken. Thanhs Gesicht war unter dem T-Shirt verschwunden. Regelmäßig wölbte sich der Stoff zu einer Flatterbeule. Ich fingerte den Stöpsel aus dem Ohr und schnappte mir den Fotoapparat, jetzt wieder mit vollem Akku. So leise wie möglich klappte ich die Läden auf.

Die Morgenluft im Hof war feucht und kalt, und sofort lief ein Schauer über die schwitzigen Teile meines Körpers. Um zu gucken, welche Spuren die Nacht hinterlassen hatte, fotografierte ich mich selbst.

Ich sah aus wie ein Fahndungsfoto.

Die Welt um den Betonbach lag still und leer unter weißem Himmelsdunst. An den Forsythienbüschen leuchteten die Blüten. Tau hing an den kahlen Zweigen der Bäumchen. Ein Morgen zum Diamanten-Ernten. Ringsum Vogelgezwitscher. In der Ferne Berge im Nebel.

Und dann diese Vorwürfe.

Die Worte kamen von allen Seiten. Heiseres Brüllen umklammerte unsere kleine Folklorewelt. Der Mann, der es ausstieß, war trotz meiner beidseitig offenen Ohren nicht zu lokalisieren. So gleichmäßig wie sich der Schall verteilte, musste der morgendliche Propagandabeschuss aus – in der ganzen Stadt – fest installierten Lautsprechern kommen.

Ich ging frühstücken, wusch mir am Waschbecken des Restaurant-WCs den Schlaf aus dem Gesicht und packte, zurück in unserem Gehöft, meine Sachen zusammen. Thanh war nirgends zu sehen. Kurz vor halb neun ratterte ich samt Samsonite zum Parkplatz – abfahrbereit. Herr Pak wienerte am Bus herum. Gerade als ich ihm meinen Koffer anvertraute, kam Thanh aus dem Restaurantgebäude. »Warst du frühstücken?«, fragte ich.

»Ich brauchte 'nen Kaffee.«
»Und was hast du dann da drin gemacht?« Meine Anspielung auf ihre hier kaum erfüllbaren Kaffeeansprüche ignorierte sie. »Ich hole meine Tasche und bin dann auch gleich da.«
Thanh hatte tiefe Schatten unter den Augen. Stäbchen hielten ihre schwarzen Haare zusammen. Mehr Haufen als Dutt. Sie ging links des Baches entlang. Auf halber Strecke begegnete sie Chung und Rym. Ihr Wortwechsel endete mit einer energischen Geste Thanhs in Richtung Restaurant. Unsere Guides senkten die Köpfe und steuerten auf mich zu.
»Guten Morgen, na, gut geschlafen?«
Ihre Münder sagten ja, ihre Augen das Gegenteil. Die beiden waren gestern Abend noch in der Bar geblieben. Blass und stoppelig trotteten sie von dannen.
Die Propagandastimme war verstummt. Die Vögel nicht. Auf dem Parkplatz wetteiferten die Fahrer um den Titel »Sauberster Touristenbus Koreas«. Der Erdfarbene rechts am Torhaus hob sich kaum ab von den braunen Mauern. Draußen zogen Kaesongs Bewohner am offenen Tor vorbei. Als hätte es am Morgen eine Auswahl nach demographischer Balance gegeben, standen Frauen und Männer, Frauen mit und ohne Kinder, Fußgänger und Fahrradfahrer, Erwachsene und Teenager im gleichen Verhältnis zueinander. Nur bei den Fußgängern, die ihr Fahrrad schoben, fehlte es an Ausgeglichenheit. Da überwogen die Männer.
Direkt auf das Tor lief eine von kahlen Bäumen gesäumte Allee zu und bildete mit der Hauptstraße vor der Hotelanlage eine T-Kreuzung. Zu beiden Seiten der Allee glänzten alte Ziegeldächer morgenfeucht. Thanh bemerkte ich erst, als neben mir ihr Feuerzeug aufflammte.
»Was war mit Chung und Rym?«
»Ach, die haben verpennt und wollten gleich losfahren. Ich hab sie erst mal frühstücken geschickt, die Armen. Die

sind total verkatert und voller Herzeleid.« Thanh konnte ganz in Fürsorge für andere aufgehen. So manchen Liebeskummer hatte sie bei mir schon gelindert. »Mein Lieber, ich hoffe, wenigstens du konntest die Nacht schlafen.«

Heute würde ich kein Mitleid von ihr erwarten dürfen.

Die dicke Engländerin und ihr Mann kamen auf den Parkplatz. Nur wenige Passanten riskierten einen Seitenblick zu uns Hinausschauenden. Selbst die Kinder zügelten ihre Neugier. Meist waren sie komplett in Gelb, Rot oder Pink gehüllt, inklusive Gummistiefeln.

Als die Österreicher den Parkplatz enterten, stand die Engländerin schon fast unter dem Torbogen und winkte den Kindern zu. Der Erdfarbene ließ sie nicht aus den Augen.

»Gleich beißt der Struppi sie weg«, kommentierte ich.

»Struppi?«

Ich erzählte Thanh von meinen frühen Erfahrungen mit Sicherheitsorganen. Sie sagte nur: »Na ja, ihr hattet ja früher nichts. Außer Phantasie.«

Das Blousonjackenpaar zog neben uns synchron seine Reißverschlüsse hoch. Die Engländerin ging einige Schritte weiter. Ihr Mann auch. Das Blousonpaar schaute nach, was es zu gucken gab. Thanh schlenderte zum Tor. Ich ging mit. Der Militärhosen-Berliner überholte uns, ein zackiges »Morjen!« schmetternd. Auf seinem fleischigen Schädel eine Tarnflecken-Schirmmütze, an der die nordkoreanische Flagge als Anstecknadel funkelte. Die dicke Engländerin winkte jetzt beidseitig. Die Arme rechtwinklig auf Schulterhöhe, klappten ihre Hände auf und ab. Ein Kind hatte Mitleid und winkte zurück. Die Rastafrau fand es »herzig!«, und die Bergburschen machten Fotos.

In diesem Moment wurde mir klar, dass sämtliche ausländischen Gäste des *Folklore-Hotels Kaesong* auf der Straße standen. Vor dem Tor. Mitten unter der Bevölkerung. Drinnen hallten hektische Rufe. Die Erkenntnis, ein Tabu gebrochen zu haben, äußerte sich bei uns draußen darin, dass keiner mehr weiterging. Gut fünf Meter vor dem Tor verharrten wir an der Kreuzung. Aus dem Schatten des Torbogens beobachten uns drei Struppis. Die Passanten und selbst ein Verkehrspolizist, der etwas weiter die Straße hinunter auf Verkehr wartete, versuchten, an uns vorbeizusehen. Nur die bunten Kleinen gaben ihrer Neugier nach und starrten uns aus dunklen Kulleraugen an.

Hinter mir begann Thanh, mit der Engländerin zu plaudern. Sie hieß Jane und klagte über ihre künstliche Hüfte, der die Nacht auf steinhartem Boden nicht bekommen war. Dann musste Thanh erklären, dass sie und ich nicht »married« waren und ich viel zu jung für sie. Anschließend bekam sie die üblichen Komplimente für ihr Aussehen. Trotz ihres Schlafmangels.

Der Militärhosen-Berliner suchte nun jemanden, der ihn auf einer nordkoreanischen Straßenkreuzung fotografierte. Die Rastafrau übernahm das. Die Bergburschen scherzten, der Blousonmann hatte von hinten seine Arme um die Blousonfrau gelegt. Versonnen schaukelnd schauten sie dem Treiben zu.

Es war, als stünden wir alle auf dem Gipfelplateau eines Viertausenders und spürten die Anstrengung des Aufstiegs nachklingen.

Kurz darauf strömten die Reiseleiter aus dem Tor, eine Armada in schwarzen Anzügen. Mit kalter Höflichkeit trieb man uns zurück in den Hof.

Obwohl die erste Sehenswürdigkeit des Tages, Nordkoreas Nationalschatz Nr. 124, nur wenig weiter vom Hotel entfernt lag als der Punkt, von dem wir am Vortag aus losspazieren durften, mussten wir in den Bus steigen und uns fünfhundert Meter fahren lassen. Herr Pak hielt in der Kurve eines

Kreisverkehrs, ohne Rücksicht auf Autos und Radfahrer. Es wurde gehupt und geklingelt. Dass solcher Protest hier überhaupt erlaubt war!

Eine große Wiese bildete die Mitte des Kreisverkehrs. Auf ihr stand eine der zahlreichen Weltkulturerbestätten, die Kaesong zu bieten hat: das Südtor. Der mächtige Unterbau aus grauen Steinquadern gemauert, in der Mitte eine tunnelförmige Durchfahrt, darüber ein luftig-leichter Pavillon. Rotbraun die Stütz-, moosgrün die Querbalken. Das dunkle Ziegeldach zeigte den typisch altasiatischen Aufwärtsschwung, der im Gegensatz zur Abwärtsarchitektur deutscher Walm- und Satteldächer so viel optimistischer wirkt. Als träfe Merkels Mund auf das Lächeln eines Buddhisten.

Wir stiegen einige Stufen hinauf zum Pavillon. Tonlos spulte Chung seinen Erklärungstext ab. Die schlafarme Nacht machte ihm deutlich zu schaffen. Oder die Sehnsucht nach seiner Verlobten.

»So. Kaesong war von 918 bis 1392 Hauptstadt von Goryeo-Dynastie. Diese Dynastie war ab 936 so groß wie ganz Korea. Kaesong befindet sich genau in der Mitte. Das Nam-Tor, ›Nam‹ bedeutet ›Süden‹, es wurde begonnen im Jahr 1391. Drei Jahre später war es fertiggebaut. Da hatte schon begonnen die Joseon-Dynastie. Das Südtor gehörte zur Stadtmauer und ist das einzige von sieben Stadttoren, das überlebt hat. Der untere Teil ist alles original. Dieser obere Teil ist eine Rekonstruktion. Großer Führer Kim Il-sung ließ sie 1954 anfertigen.«

»Warum?«, wollte Thanh wissen.

Eine Frage für Rym. »Die Bombenflugzeuge der amerikanischen Hunde haben es 1950 zerstört.«

»Und was ist das Dicke da?« Ich meinte einen eisernen, reich verzierten Zylinder, der schwer von der Decke hing. Meine Arme würden ihn gerade so umschließen können.

»Das ist die Yongbok-Glocke. Sie wurde hergestellt 1354,

wiegt vierzehn Tonnen und hat gehangen im Yongbok-Tempel. Ein Feuer zerstörte ihn. Nur die Glocke überlebte.«
»Ach, diese Amerikaner ...« Thanh schüttelte den Kopf.
Rym tat dasselbe. »Keine Amerikaner. Das Feuer war 1563.«
»Ah! Dann waren es die japanischen Gangster.«
»Nein«, musste Rym zugeben, »es war ein natürliches Feuer.«
»Wie? Ein echtes koreanisches Feuer?«
»Nicht koreanisch. Natürlich.«
Bevor Thanhs Ironielunte noch alles in Flammen setzte, fragte ich: »Wozu diente die Glocke?«
»Sie wurde jede Stunde geschlagen. Bis vor hundert Jahren.«

Als wir den historischen Ort verließen, blickten Chung und Rym hektisch umher und diskutierten aufgeregt miteinander.

Den Kreisverkehr rund um das Nam-Tor umgaben zehngeschossige Plattenbauten, auf deren rosa getünchten Balkons Unterhemden und graue Arbeitshosen auf der Leine flatterten. Erst halbfertig waren die Häuser daneben. Staubgraue Plattenhöhlen, schwarz die Fensteröffnungen. Über die Baustelle ragte der Ausleger eines Gittermastkrans. Wenn es Strom gab, brauchte man wenigstens keine Flaschenzüge. Wir brauchten Herrn Pak. Der jedoch war samt Bus verschwunden.

Chung brüllte in sein Handy, was wohl nicht allein dem um uns kreisenden Verkehr geschuldet war. »Wir müssen zu Fuß gehen«, erklärte er. »Ein Polizist hat unserem Fahrer verboten hier zu warten.«

So kamen wir zu unserem zweiten Spaziergang in Kaesong.

Wie in Sariwon erreichten die Betonbauten nicht die Höhe der Häuser von Pjöngjang. Kaesong war weniger Kulisse. Hier herrschte großstädtisches Gewimmel, ganz anders, als wir es von Pjöngjang kannten. Dort durchwandert der Bürger Sichtachsen, hier gingen die Menschen einkaufen. Auf den breiten Bürgersteigen bauten Marktfrauen ihre Stände auf. Rück- und Seitenwände gelbe Planen, das Dach grünweißgestreifte Markise. Exakt im gleichen Abstand zueinander bildeten die Stände eine Reihe. Was auf den Warentischen lag, war nicht zu erkennen. Seit den Hungerjahren in den Neunzigern wird privater Handel in Nordkorea geduldet. Er breitete sich zunächst in den entlegenen Provinzen aus, die die staatlichen Stellen als Erste nicht mehr versorgten, und erreichte schließlich die Städte, sogar Pjöngjang. Landwirtschaftsbetriebe dürfen Teile ihrer Ernte seit neuestem eigenständig verkaufen. Bisher wurde zunächst der örtliche Armeestützpunkt versorgt, dann folgten die Genossen, und der karge Rest ging an die Volksmassen. Schätzungen zufolge wird heute die Hälfte aller Läden und Restaurants in den Städten durch privates Geld finanziert. Das kommt vor allem aus großen und kleinen Handelsgeschäften mit China und dem Weiterverkauf chinesischer Waren in Nordkorea. Wirtschaftlich läuft immer mehr am Staat vorbei. In der Führung weiß man das. Nicht jedoch, wie man damit umgehen soll. Zumal nicht klar ist, wer Nordkorea wirklich führt. Kim Jong-un oder Hintermänner und -frauen? Partei oder Armee? Und nicht zuletzt mischen und verdienen bei diesen halblegalen Geschäften hohe Funktionäre eifrig mit.

Chung und Rym waren damit beschäftigt, uns durch die Menge zu eskortieren. Thanh ignorierte mich. Unbeachtet schoss ich Fotos aus der Hüfte. Es fiel auf, dass deutlich mehr Fahrräder geschoben wurden als gefahren. Meist waren es Damenmodelle mit einem Einkaufskörbchen an der Lenkstange, auch bei Herren. Und jedes der schwarzen Metallkörbchen war mit einem runden roten Nummernschildchen versehen. Fahrradrowdys wären so leichter zu identifizieren. Es ist nicht alles schlecht in Nordkorea.

Ganz ohne Herrschaftsarchitektur kam Kaesong natürlich nicht aus. An der nächsten Kreuzung, wo unser Bus wartete, teilte eine mehrspurige Magistrale das Häusermeer. Links führte sie in die Stadt, rechts schnurgerade einen Berg hinauf. »Berg Janam!«, erklärte Chung.

Von dort grüßte ein bronzener Riese: Kim Il-sung.

Thanh nickte in seine Richtung: »Müssen wir da hoch?«

Seidenkleid-Damen und Familien pilgerten zu Fuß zum Gipfel des Janam. Wir fuhren. Mit Sack und Herrn Pak. Auf dem Janam angekommen, ersparten uns Chung und Rym die Ehrenbezeugung an der Kim-Statue und führten uns stattdessen zu einem felsigen Abhang. Tief unten lag das graubraune Labyrinth der Alt-Kaesonger Wohnhöfe. Wenn es früher so in ganz Korea ausgesehen hatte, war das Land ein Paradies gewesen – für Brandbomben.

Chung wies auf einen Höhenzug am Horizont. »Dieser Berg, wir nennen ihn ›die Schwangere‹.« Warum, war leicht zu erkennen. Stirn, ein Näschen, Kinn, schwellende Brust, runder Bauch, leicht gebeugte Knie – der Bergrücken zeichnete perfekt die Silhouette einer liegenden Schwangeren nach.

Die Sonne drang durch den Morgendunst. Es wurde schwül.

Ich ließ mir von Herrn Pak meinen Koffer aus dem Bus wuchten. Legte ihn auf den Weg, klappte ihn auf und tauschte meinen Pullover gegen ein Hemd. Dann hob ich ihn wieder zurück in den Bus. Herr Pak wollte dazwischen, ich wehrte ab. Er war ja nicht mein Butler.

»Super machste das«, kommentierte Thanh. »Erst den Koffer in den Dreck schmeißen und dann rein damit in den frisch geputzten Bus.«

Krümel und Steinchen fielen vom Koffer. Das hatte wohl Herr Pak zu verhindern versucht. Er holte einen Wedel und fegte den Sand hinaus.

»Und jetzt lässte ihn auch noch saubermachen!«
Chung und Rym schauten betreten drein. Ich schwieg.
Als wir einstiegen, setzte sich Thanh nach hinten.

Wenige Minuten später wurden wir vor einem Ensemble hintereinander gestaffelter Torhäuser wieder hinausgescheucht.
»War das früher ein Tempel, Rym?«
»Wir warten auf die Königin, dann wird Herr Chung erzählen.« Die Königin hockte auf dem Vorplatz und fotografierte die kahlen alten Bäume, in deren dürftigem Schatten die einstöckigen Gebäude standen. Rym und ich schwitzten in der Sonne. Was mich am meisten an Thanhs Gereiztheit störte, war nicht ihr Gemecker, sondern der Grund dafür: Thanh verlor die Kontrolle. Auch wenn sie da gerade in aller Ruhe hockte und Laubbäume ohne Laub ablichtete, in ihr brodelte es. Das konnte schnell zu Nachlässigkeiten führen. Wenn wir heil aus Nordkorea herauskommen wollten, durften wir uns aber keine Fehler leisten. »Kommst du jetzt mal, Thanh?!«
Ja, ich hatte es auch gemerkt. Das Satzende hätte »Sandra« lauten müssen. Ihr Körper versteifte. »Was hast du gesagt?«
»Kommst du jetzt mal dann.« Ich machte diese Miene, die nur Mütter durchschauen. Thanh erhob sich. Und Chung hob die Stimme: »So. Wir befinden uns im Koryo-Museum, historisches Museum von Kaesong. Die Gebäude stammen aus dem elften Jahrhundert.« Also hatte ich recht, es war ein altes Kloster. »Es ist eine ehemalige Schule.« Na, fast richtig. »Hier wurden ausgebildet Schüler von Konfuzius.«
»Wow!«, sagte Thanh. Dann kam auch schon eine goldrot gewandete Geidinn, Nr. 4, modische Wellen. Das Frisurenzählen nervte. Zumal mir ständig dieselben begegneten. Ob wir heil hier herauskamen, hing sicher nicht von achtzehn Damenfrisuren ab.
Im dämmrigen Hauptgebäude klickte die Geidinn am

Lichtschalter herum und kommentierte nicht weiter, dass es dunkel blieb. Sie zeigte uns Tongefäße, Modelle altkoreanischer Bauernhöfe und Grabplatten mit tausend Jahre alten Malereien. Am beeindruckendsten war das kleinste Exponat. In einer Vitrine unter einer großen Glaslupe lag auf rotem Sockel ein daumennagelgroßes braunes Metallstück. Ein Muster zierte die uns zugewandte Seite. »So. Hier Sie sehen den ersten Druckbuchstaben der Welt. Er wurde zur Zeit von Goryeo-Dynastie in Korea erfunden.«

Was Chung meinte: Um 1132, manche Quellen behaupten, noch früher, entwickelte man in Korea den Buchdruck mit einzelnen aus Metall geschnittenen Lettern. Unser Gutenberg hatte diese Idee erst zweihundert Jahre später. »Siehste«, empörte sich Thanh, »der Buchdruck kommt aus Asien. Aber das verdrängt ihr ja in eurer eurozentrierten Weltsicht.«

»*Eurer*? Du bist länger Europäerin, als ich lebe.«

»Pfff ...«

Durch den Staub der Straße trottete eine Kuh. Dass keine hundert Meter entfernt eine der ersten Metalldrucklettern der Welt lag, kümmerte sie nicht. Ihr hellbraunes Fell fiel fransig. Schottische Hochlandrinder mussten entfernte Verwandte sein. Die Kuh war aber deutlich hochbeiniger und schmaler. Ihr knochiger Buckel bildete die Spitze ihres Dreiecksleibes. Um den Hals war ein Seil gebunden, dessen Ende durch den Staub schleifte. In einigem Abstand folgte ihr ein Mann in gelben Gummistiefeln, darauf vertrauend, dass die Kuh schon wusste, wo es hinging.

Ich kramte im Rucksack nach meiner Kamera. Thanh knipste wie wild. »Na, mein Lieber, nicht auf Zack, wa?« Als ich die Kamera endlich fand, war sie weg. Die blöde Kuh.

Im Bus saß Thanh auf meinem Platz in der Mitte, Chung daneben, Rym vorn. »Sie wollen wissen, was ein iPad ist.« Ohne ein Wort kletterte ich nach hinten.

Fabrikgebäude zogen vorbei. Aus ihren Schornsteinen kein Rauch. Radfahrer, Fußgänger. Je weiter wir uns von Kaesong entfernten, desto brauner und grauer wurden Kleidung und Menschen. Nur die Gummistiefel blieben bunt.

Thanh hob ihr iPad an. »Seht ihr, man kann darauf schreiben. Oder damit ins Internet gehen.«

»An der Kim-Il-sung-Universität es gibt große Computerräume. Dort können wir auch in das Internet.«

»Ja«, bestätigte Rym, »es gilt in unserem ganzen Korea.«

»Ach so, ihr könnt also nicht zu Google oder mal die *New York Times* lesen?« So naiv war Thanh nicht, sie klopfte nur auf den Busch. Aus dem kam keine Antwort.

»Am besten lassen sich mit dem iPad ...«, Thanh wischte auf dem Glasdisplay herum, Chung und Rym verfolgten gebannt ihre Fingerbewegungen. »... Fotos anschauen.«

»Oh, ein schönes Haus.« Rym hing nach hinten verdreht im Gurt. Wenn er nicht aufpasste, fiel er beim nächsten Schlagloch kopfüber zwischen die Sitze. »Schöne Blumen!«

»Das ist Lavendel«, erklärte Thanh. Da wusste ich, welches Haus sie zeigte. »Man macht daraus zum Beispiel Parfüm.«

»Sind Sie das vor dem Haus?«

»Oh Gott, ich seh' schrecklich aus. Da habe ich die Nacht davor durchgearbeitet. Schaut mal, mein Hund!«

»Er darf ins Haus?«

»Er hat sogar sein eigenes Sofa.«

Chung und Rym stand der Mund offen. In Nordkorea sagt man über Verräter: »Er ist schlimmer als ein Hund.« Andererseits, so schlimm konnten Hunde nicht sein. Das nordkoreanische Staatsfernsehen empfiehlt gerne mal Hundesuppe als leichtes Mahl für heiße Sommertage.

»Eine schöne Landschaft.« Die Augen von Rym und Chung saugten jedes Detail auf.

»Das ist in Frankreich. In der Provence.«

»Sie haben ein Haus in Frankreich?«

Thanh nickte. »Ein altes Bauerhaus, ja.«
»Für den Hund?«
»Ach, Chung. Für mich. Ich lebe da immer ein paar Monate im Jahr. Kennt ihr Frankreich?«
»Frankreich liegt in Westeuropa. Die Hauptstadt heißt Paris. Es gibt dort viele berühmte Gemälde.«
»Habt ihr nicht mal Lust, hinzufahren?«
Chung lächelte sein Lächeln, das alles bedeutete. Und Rym sagte: »Unser Korea ist das schönste Land der Welt.«
Herr Pak bremste. Zwei Kontrollposten stoppten uns. Mit geschulterten Gewehren.

Der Regenbogen von Panmunjom

Jetzt nicht mehr fotografieren. Wegen Sicherheit.«
Wir packten unsere Kameras in Rucksack und Tasche. Das iPad allerdings ließ Thanh halb herausragen. Dass man damit nicht nur Fotos und Filme anschauen, sondern auch welche machen konnte, hatte sie verschwiegen. Die Tasche stellte sie zwischen sich und das Seitenfenster.

Seit der Militärkontrolle war draußen etwas anders. Zwar wurden wie in ganz Nordkorea alle halbwegs ebenen Flächen jenseits der Straße landwirtschaftlich genutzt, auch hockten auf den Äckern Männer, die wie Bauern aussahen, doch was fehlte, waren Fußgänger und Radfahrer.

Zweite Auffälligkeit: Reihen meterhoher Betonsäulen kreuzten Flüsse und Straßen oder folgten parallel ihrem Verlauf.

»Hier gibt es aber viele Brücken. Wieso sind die alle nicht fertig?«

Über die Säulen führten keine Querträger. Die Pfeilerbauten glichen nirgends Höhen oder Tiefen aus, sondern standen einfach in der Gegend herum. Chung und Rym hörten mich nicht. Wahrscheinlich, weil ich ganz hinten saß.

Wir näherten uns der DMZ, der demilitarisierten Zone. Korrekt müsste sie *ent*militarisierte Zone heißen. Doch das englische »demilitarized« wurde eingedeutscht und der Begriff ein Eigenname. Als vier Kilometer breiter Grenzstreifen durchschneidet sie die koreanische Halbinsel auf zweihundertachtundvierzig Kilometern Länge. An dieser Grenze stehen einander seit 1953 so viele Soldaten wie nirgendwo sonst auf der Erde gegenüber. Nordkoreas 1,2 Millionen Mann und Frau starke Armee ist, auf die Gesamtbevölkerung gerechnet, die mit Abstand größte und in absoluten Zahlen die fünftgrößte Streitmacht der Welt. Hinzu kommen 5,7 Millionen Reservisten und sechshunderttausend Angehörige paramilitärischer Einheiten, die zum Beispiel dem Innenministerium unterstehen. Südkoreas Armee umfasst sechshundertfünfundfünfzigtausend Männer und Frauen, viereinhalb Millionen Reservisten und drei Millionen Paramilitärs. Hinzu kommen rund dreißigtausend in Südkorea stationierte Soldaten der US-Pazifiktruppen. Zusammen sind das über 15,6 Millionen Soldaten auf einer Fläche von der Größe der alten Bundesrepublik. Obwohl beide Seiten in den letzten sechzig Jahren durch gegenseitige Provokationen regelmäßig am Pulverfass Korea zündelten – bisher konnte erfolgreich vermieden werden, dass es hochging.

Bei Thanh und mir brauchte es keine sechzig Minuten mehr bis zur Explosion. Es lag in der Luft, dass wir heute nicht nur Landesgrenzen überschreiten würden. Immerhin trennte uns schon die Lehne einer Sitzbank.

Der Trennung Koreas gingen drei Phasen voraus.

Die erste beginnt zu der Zeit, als Kim Il-sung noch Kim Song-chu heißt. Falls das stimmt. Ende der 1920er Jahre kommt es in der japanischen Provinz Chōsen, wie Korea damals genannt wurde, zu Streiks und Massendemonstrationen. Aufgerufen dazu hatten die »Antiimperialistische Jugendbewegung« und die »Liga junger Kommunisten«, beide angeblich vom jugendlichen Kim Il-sung/Song-chu gegründet. Unter Verwendung nationalistischer Ideen seines Vaters, ergänzt durch kommunistische, entwickelt der junge

Kim zudem die Grundzüge der Juche-Ideologie und schafft so das geistige Fundament für alles Weitere.

Die Proteste der Koreaner beindrucken die Japaner kaum.

Im Oktober 1929 wird Kim Il-sung verhaftet und laut nordkoreanischer Geschichtsschreibung im Mai 1930 wieder freigelassen. Bereits im Juli ruft er die Koreanische Revolutionsarmee ins Leben. Möglich ist: Um diese Zeit kommt der echte Kim Il-sung um und Kim Song-chu tritt in seine Fußstapfen. Entscheidend ist: Aus dem friedlichen Widerstand wird ein bewaffneter. Die neue Untergrundarmee will Korea nicht nur befreien, sondern eine kommunistische Revolution unter der Juche-Ideologie in Gang setzen. Rückzugsort der Partisanen ist die schwer zugängliche Bergwelt im Nordosten Koreas, an der Nase des Seepferdchens. Dort, an der Grenze zur chinesischen Mandschurei, wo Wölfe, Tiger, Bären und Amurleoparden durch dichte Wälder streifen, erhebt sich der über zweitausendsiebenhundert Meter hohe und nach wie vor aktive Vulkan Paektu. Ganz Korea verehrt ihn bis heute als »Heiligen Berg«. Nicht umsonst wurde er Kim Jong-ils offizieller Geburtsort.

Die Japaner sind von den Angriffen der Revolutionsarmee völlig überrascht. Die Aufständischen erobern zahlreiche Ortschaften und erklären diese mitten im besetzten Land liegenden Zonen zu »befreiten Gebieten«.

»Revolutionäre Volksregierungen« enteignen dort die Landbesitzer, schaffen Steuern ab und töten alle »projapanischen Elemente«. 1934 erringt die Revolutionsarmee ihren größten Sieg: die Eroberung der Polizeistation in Pochŏnbo, später in Nordkorea zur »Schlacht um Pochŏnbo« aufgeblasen.

1937 legt sich Japan wegen der Mandschurei mit China an. Die Unruhe stiftenden Koreaner stören da. Energisch drängen japanische Truppen die Revolutionsarmee weit in die Wälder am Paektu zurück. Ein verlustreicher Rückzug, den Nordkorea seitdem als »Schweren Marsch« glorifiziert. Ende Phase eins.

Das Ende unserer Fahrt durchs Vorland der DMZ bildete ein mächtiges Betontor. Das massive Querstück über der Durchfahrt hatte die Ausmaße eines Reisebusses. Es konnte abgesenkt werden. Südkoreas Panzer würden dann schwer weiterkommen. Auf dem Straßenstück gleich hinter dem Tor standen in dichter Zweierreihe Touristenbusse.
Ein nordkoreanischer Soldat, seine Uniform spannte über dem muskulösen Brustkorb, trat an unseren Bus. Rym reichte ihm zitternd einen Zettel und unsere Reisepässe. Auch er, Chung und Herr Pak mussten ihre Ausweise vorzeigen. Der Soldat verglich jedes Passfoto mit jedem Gesicht. Niemand sprach. Wer von Südkorea aus in die DMZ will, muss per Unterschrift bestätigen, dass er sich des Risikos bewusst ist, dort verletzt oder getötet zu werden. Wir mussten nichts unterschreiben. Entweder war Nordkorea sicherer, oder man vermied unnötige Bürokratie beim Sterben.
Der Soldat gab die Papiere zurück.
Chung schob die Tür auf. »So. Bitte aussteigen.«
Vor unserem Bus weitete sich das Straßenstück zu einem Asphaltplatz, etwa hundert Meter lang und fünfzig breit. Touristen standen in Grüppchen herum oder posierten vor den Sperranlagen. Kameras klickten, man plauderte aufgekratzt. Es herrschte die Atmosphäre einer Hochzeitsfeier, bei der jeder weiß, dass die Braut nur noch wenige Wochen lebt, und alle versuchen, sich nichts anmerken zu lassen.
Überraschenderweise war niemand Bekanntes unter den Touristen. Niemand trug Blousonjacken.
An der gegenüberliegenden Schmalseite des Platzes stand ein weiteres Tor. Auf zwei Säulen aus gestapelten, staubgrauen Quadern ruhte ein Betonkoloss, der noch mächtiger war als der über dem Eingangstor. Ihn konnte man nicht

absenken. Die zarte Säulenkonstruktion ließ aber vermuten, dass das Tor leicht umzukippen war. Gleich hinter dem Tor wandte sich, bedrängt von meterdicken Mauern, eine kaum wagenbreite Gasse. Durch die Krümmung war nicht zu sehen, wo sie endete. Rechts und links des Tores verhinderten weitere Mauern die Sicht und ein Geflecht aus Stacheldraht obenauf das Übersteigen.

»Darf man das fotografieren?«, fragte ich Rym. Der schaute zu Chung. Es war das erste Mal, dass Chung lächelte ohne Funkeln in den Augen: »Hier dürfen Sie alles fotografieren. Ich sage Ihnen, wenn Sie nicht mehr dürfen.«

Auf beiden Längsseiten wurde der Platz von künstlich geschaffenen Hügeln begrenzt. Birken und Pappeln waren darauf als zusätzlicher Sichtschutz angepflanzt. In ihren Ästen schaukelten Vogelnester. Ihre Bewohner gehörten zur Minderheit der Koreaner, die beide Landesteile kannten.

Dort, wo der Hügel abflachte, waren im Hinterland weite Wiesenflächen zu erkennen, auf denen in regelmäßigem Muster mannshohe Betonblöcke lagen. Panzersperren.

Das größte Gebäude am Platz befand sich vom Eingangstor aus auf der rechten Seite. Ein Flachbau, zu dem drei Stufen hinaufführten und den ein Schild in koreanischen, lateinischen und chinesischen Schriftzeichen als *Panmunjom Souvenir Shop* auswies. Ihn überragte eine Stellwand. Auf bonbonrosafarbenem Untergrund schmiegten sich zwei stupsnasige Kinderköpfe aneinander, Junge und Mädchen. Ein bemerkenswerter Kontrast zu den martialischen Betontoren.

»Was steht da auf dem Bild? Rym?«

Gedankenverloren hatte Rym geraucht. Seit unserer Ankunft sprach er kein Wort. Jetzt setzte er ein Lächeln auf.

»Dort steht: *Für unsere Nachkommen! Lasst uns ihnen ein vereinigtes Vaterland vererben!*« Zitternd führte er die Kippe an den Mund.

»Ist dir kalt?« Keine kluge Frage angesichts der strahlenden Sonne. Rym schwieg.

Ich wechselte das Thema: »Wie oft warst du schon hier?«

»Noch niemals.« Rym drückte die Zigarette an der Sohle seines Schuhs aus und machte sich auf die Suche nach einem Abfalleimer. Ein kleiner, zweiundzwanzigjähriger Koreaner, der heute zum ersten Mal im Leben seinen Todfeinden ins Auge blicken würde.

Im Gleichschritt marschierten zwei Soldaten, Stahlhelme auf dem Kopf, längs über den Platz. Ihr linker Arm schwang gestreckt vor und zurück. Ihre rechte Hand war mit dem Daumen in einen Schulterriemen eingehakt, der diagonal über die Brust zur Koppelschnalle führte. Ein geschultertes Gewehr hätte die Angelegenheit eindrucksvoller gemacht. Es wäre sogar erlaubt gewesen. Das Reglement der DMZ gestattet das Tragen von Pistolen und Gewehren zur Eigensicherung.

Ich schlenderte über den Platz und blieb vor einer Schautafel stehen. Die beste Entscheidung des Tages.

Hinter einer Glasscheibe hingen, sorgfältig mit Reißzwecken festgesteckt, ein Dutzend Schwarzweiß- und Farbfotos. Fast alle zeigten Kim Il-sung in verschiedenen Stadien seines Lebens. Umringt von Bauern oder Kindern, auf einem Traktor, bei der Besichtigung von Fabriken.

Von Mao hatten die Kims die Vor-Ort-Anleitung übernommen. Der Große Führer besucht einen Betrieb, sagt, wie oder was produziert oder angebaut werden soll, und Arbeiter und Bauern führen diese Anweisung aus. Das hatte unter anderem dazu geführt, dass die Bauern nach sowjetischem Vorbild statt Reis Mais anbauen mussten. Obwohl die nassen Böden Nordkoreas dafür gar nicht geeignet sind. Die Folge: die Versorgungslage wurde schlimmer.

Kim Jong-il setzte die Vor-Ort-Anleitungen fort. In seinen letzten Jahren waren die Fotos seiner Fabrikbesuche die einzigen Beweise, dass er noch lebte. Der portugiesische Werbegraphiker João Rocha sammelte diese Fotos. Man findet sie im Internet unter: kimjongillookingatthings.tumblr.com.

Auf einem Bild in der Mitte der Schautafel lachte Kim Il-sung, nun schon älter, in Hut und Mantel. Gütige Augen hinter der silbernen Brille. Ein Opa, den einfach alle Kinder Koreas liebhaben mussten. Im Wortsinne: Jedes nordkoreanische Kind musste ihn als »Vater« bezeichnen und sich ab dem dritten Lebensjahr vor seinem Abbild verbeugen.

Auf einem Farbfoto unten links rannten Kinder lachend auf den Betrachter zu. Die Jungen alle in der gleichen Badehose, die Mädchen in identischen Badeanzügen. Es gab sie in Schwarz mit rotem Saum und in Rot mit schwarzem Saum. Fast jedes Kind steckte in einem aufblasbaren Schwimmreifen. Entweder rot oder blau gepunktet. Nur ein Mädchen ganz vorn trug ein kleines Schlauchboot. Das war privilegiert.

Ach, wie sie lachten. Hui, wie das Wasser spritzte. Und wie fröhlich die Kinder im Hintergrund hinabglitten auf einer riesigen Regenbogenrutsche. Nicht auf irgendeiner. Auf *der* Regenbogenrutsche!

»Ja!«, brüllte ich, die Faust ballend.

»Yes, he's a great man, isn't he?«

»Was?!« Hinter mir stand ein kleiner Blonder in olivgrüner Uniform. Seine Hosen pluderten aus schwarzen Militärstiefeln. Er trug keine Rangabzeichen.

»It is ... ehm ... very impressive«, antwortete ich. Die Vokabel »beeindruckend« war nie falsch. Er hob die Augenbrauen, grinste: »No! I'm joking, buddy! It's so funny to be here.«

Ich machte ein unbestimmtes Geräusch, wies auf seine Aufmachung: »Nice suit.«

»Oh yes. It's genuine North Korean. Only a hundred bucks. Handmade!« Er hatte sich hier für hundert Dollar eine Uniform auf den Leib schneidern lassen.

»Where are you from?«
»Vancouver, Canada. You?«
Ich gab meine biographischen Daten preis.
»Oh, Berlin, then you know such borders, don't you?«
War das eine Feststellung oder eine Frage? Oder wollte er mich testen? Ich beschränkte mich auf einen wissenden Schnaufer, ohne erkennen zu lassen, was ich von solchen Grenzbauwerken hielt.
»What do you think, will they kill us today?« Brüllendes Lachen.
In Erwartung eines kumpeligen Schlags auf die Schulter trat ich einen Schritt zurück. »Hopefully not«.
Er wurde gerufen. Zum Abschied führte er seine Hand zur Stirn und salutierte.

Die freudige Energie, die mich nach Entdeckung des Rutschenfotos durchströmt hatte, war durch den kanadischen Witzbold fast verpufft. Nur wenig kribbelte es noch im Magen, als ich zum Souvenirshop hinüberging, worin ich Thanh zuletzt hatte verschwinden sehen. Endlich konnte ich die Existenz der Rutsche beweisen. Was dazu wohl unsere Guides sagen würden?

Der Souvenirshop hatte die Größe eines kleinen Supermarktes, und die Stimmung war wie beim Sommerschlussverkauf. Die Mittouristen begutachteten lautstark Püppchen, Ginseng-Produkte und Postkarten sowie mehrsprachiges Buch- und Bildmaterial zu Koreakrieg und Grenze. Die Hälfte der Anwesenden waren Asiaten. Da sie kein Kim-Abzeichen trugen, konnten es keine Nordkoreaner sein. Für Japaner war der Stoff ihrer Kleidung zu billig. Es waren also Chinesen, deren weibliche Vertreterinnen draußen dadurch auffielen, dass sie sich mit Regenschirmen vor der Sonne schützten. Eine andere Gruppe sprach englisch, das überraschend amerikanisch-breit klang. Sie stritten mit Franzosen, die auch Kanadier oder Belgier sein konnten, um die letzten in Folie eingeschweißten T-Shirts. Darauf der Aufdruck *I* ♥ *Pyongyang*.

Im Nachbarraum des Souvenirshops umringten Touristen in Doppelreihe einen Uniformierten. Gegen ihn war der Flughafenbeamte mit den Eisaugen ein Plüschteddy.

Die Wandkarte, vor der er in gutturalem Singsang sprach, zeigte in roten und blauen Linien den Verlauf der DMZ. Kreise markierten die Hauptstädte der beiden Koreas. Jedes Mal, wenn der Zeigestock des Uniformierten auf die Karte schnellte, gab es ein pfeifendes Geräusch.

Die Militärmütze saß tief in der Stirn, seine Augenbrauen lagen im Schatten des Mützenschirms. Fahle Haut spannte sich über die Wangenknochen bis zum kantigen Kinn. In dem froststarren Gesicht des Propagandaoffiziers von Panmunjom bewegten sich nur Lippen und Pupillen.

Thanh entdeckte ich am anderen Ende des Halbkreises. Ich winkte. Sie übersah mich. Sie filmte.

Was der Offizier vortrug, übersetzte eine junge Dolmetscherin in schwarzem Businesskostüm ins Englische. Bunte Seidenkleider fand man hier wohl unpassend.

Meine Gedanken drifteten ab. Ich malte mir aus, wie Daniel Craig als James Bond mit dem Propagandaoffizier von Panmunjom auf einem der Betontore kämpfte. Bond würde verlieren.

Auf einmal kam Bewegung in die Zuhörer. Es ging nach draußen. Wir mussten uns rechts des Tores, das in die schmale Gasse führte, versammeln. Hier war ein Durchgang in der Mauer. Es dauerte kaum eine Minute, bis alle scherzhaften Bemerkungen verstummten. Ein Soldat, sein Stahlhelm saß so tief, dass man die Augen nicht sah, ließ uns in einer Reihe hintereinander antreten. Frauen zuerst, die Männer dahinter. Thanh war die Letzte ihrer Reihe, ich der Erste meiner.

»Hoffentlich schicken sie uns jetzt nicht duschen«, murmelte ich. Thanh sah über die Schulter. »Hm?«

Von hinten rief Chung: »Jetzt nicht mehr fotografieren!« Der Propagandaoffizier hatte derweil auf der obersten der Stufen, die in den Shop führten, Aufstellung genommen. Die Arme auf dem Rücken verschränkt, sah er zu uns herab. Der Boden erbebte. Die Motoren der Busse wurden gleichzeitig gestartet. Dumpf brummend rollten sie unter dem grauen Betontor hindurch. Am Ende dieser Kolonne fuhr Herr Pak. Als er vorbei war, gab uns der Soldat ein Zeichen. Nacheinander schlüpften wir durch die Lücke in der Mauer. Jeden Einzelnen hakte der Soldat auf einer Liste ab.

Im Gänsemarsch trotteten wir durch die graue Gasse. Ein Dutzend nach Geschlecht getrennter Feriengäste. Die Abgase der Busse hingen beißend in der Luft. Unsere Schritte hallten zwischen den meterdicken Mauern. Die linke war zur Gasse hin abgeschrägt. Auf dieser schiefen Ebene lagen Betonwalzen von zwei Metern Durchmesser. Nur gehalten von zwei dünnen Drähten. Wie mochte das klingen, wenn, kappte man die Drähte, die Betonwalzen hinunterpolterten und Südkoreaner zermalmten?

Im Okular von Thanhs Camcorder, den sie über der Schulter trug, sah ich Licht schimmern. Ihr Ellenbogen lag über dem Objektiv auf. Er sollte wohl das rote Lämpchen verdecken. Ach, wäre ich nur mit Isabel verreist. Die verkauft Tintenfüller und Briefpapier. Und keine Exklusivbilder.

Am Ende der Gasse durften wir wieder in die Busse.

Wir waren wenige Hundert Meter gefahren, da stoppte ein Soldat unseren Bus. Chung kurbelte das Fenster runter und nahm, soweit das auf dem Beifahrersitz eines Kleinbusses der Marke *Frieden* möglich ist, Haltung an.

Die Spaltung

Sie treffen eine geheime Absprache. Churchill, Roosevelt und Stalin im Februar 1945 während der Konferenz von Jalta. Stalin verspricht, nach der deutschen Kapitulation Japan, Hitlers ehemaligen Verbündeten, auf dem Festland anzugreifen. Am 9. August erklärt die Sowjetunion dem Japanischen Kaiserreich den Krieg und die Rote Armee marschiert von Norden aus auf die von Japan besetzte Halbinsel Korea ein. Die Koreanische Revolutionsarmee darf mit. Es beginnt die Phase zwei der Teilung.

Koreas Befreiung geht flott voran, da sich Japan nach den Atombomben auf Hiroshima und Nagasaki und seiner Kapitulation am 15. August 1945 bedingungslos zurückziehen muss.

Wie es weitergeht, dürfen nicht die Koreaner entscheiden. Mit Billigung der Vereinten Nationen haben die Siegermächte USA und Sowjetunion vereinbart, die Halbinsel am achtunddreißigsten Breitengrad zu teilen. Der Norden geht an die Sowjetunion, der Süden an die USA. Die UNO hofft, dass eine Wahl in beiden Teilen Koreas zu einer gesamtkoreanischen Regierung führt.

Kim Il-sung, der sich, von den Sowjets protegiert, als Befreier Koreas feiern lässt, lehnt diesen Plan ab. Denn im von den USA verwalteten Süden Koreas ändert sich wenig an den kolonialen Gesellschaftsstrukturen, die Japan hinterlassen hat. Großgrundbesitzer knechten die Bauern. Arbeiter müssen weiter für Fabrikherren schuften. Kim Il-sung schwebt ein radikaler Kurswechsel vor.

Bereits am 10. Oktober 1945 gründet Kim Il-sung die Partei der Arbeit Koreas, deren Führungsgremium aus Kampfgenossen und Partisanen besteht. Damit gibt es nun im Norden eine koreanische Führung, die der Sowjetunion wohlgesonnen ist. Dem großen Vorbild folgend werden im Norden Fabriken, Banken und Medien verstaatlicht und die Ackerflächen Kollektivbesitz. 1948 geht aus der Revolutionsarmee die Koreanische Volksarmee hervor. Im selben Jahr führen die Amerikaner im Süden Koreas die von der UN geforderten Wahlen durch. (Ob sie frei und demokratisch waren, darf diskutiert werden.) Am 15. August 1948 übernimmt der drei Jahre zuvor aus dem amerikanischen Exil zurückgekehrte Rhee Syng-nam die Regierungsgeschäfte. Der drei Jahre zuvor aus dem sowjetischen Exil zurückgekehrte Kim Il-sung diffamiert Rhee als Marionette der Amerikaner. Nicht ganz falsch. Wie den Sowjets geht es den USA um ein Standbein in Ostasien.

Kim Il-sung lässt drei Wochen später ebenfalls wählen. Ergebnis: 98,49 Prozent der Koreaner im Norden sind für die Partei der Arbeit Koreas. Kim Il-sung wird Premierminister und Staatsoberhaupt von »Nordkorea«, im Sommer 1949 ziehen sich die Rote Armee und die US Army von der Halbinsel zurück. Die USA belassen nur eine kleine Besatzungstruppe in Südkorea ...

... dem wir uns nun nicht mehr näherten, weil unser Bus neben einem Soldaten stand. Er gab Chung eine Anweisung, der nickte und kurbelte das Fenster hoch. Herr Pak setzte ein paar Meter zurück. Thanh und ich – wir hatten in der Mitte nebeneinander sitzen müssen – tauschten Blicke. Die anderen Touristenbusse waren längst in einer Staubwolke verschwunden. Herr Pak bog in einen Abzweig ein. Um uns herum nur Felder. Wir waren allein im Niemandsland.

Chung sah auf die Uhr, Rym starrte aus dem Fenster.

»Wieso fahren wir hier lang?« Etwas zu viel Demut lag in meiner Stimme. Chung drehte sich herum und legte ein Lächeln auf. »Es gibt eine Planänderung.«

»Welche?« Thanh klang auch schon mal sicherer. Wer weiß, was sie alles heimlich gefilmt hatte. Nicht zu vergessen die Fotos, die ich aus der Hüfte schoss. In Ryonggang, im Wellnesshotel, hatte ich zuletzt die Speicherkarte bereinigt. Seitdem war der Akku des Netbooks leer. Zum Aufladen würde es erst in Pjöngjang wieder passende Steckdosen geben.

Chung legte so viel Fröhlichkeit wie möglich in seine Antwort: »Wir fahren jetzt zum Mittagessen!«

Thanh atmete aus. Nicht erleichtert. Erzürnt.

»Und was, wenn wir noch keinen Hunger haben?«

»Im Soldatenrestaurant es gibt gutes Essen.«

»Wir haben vor zwei Stunden gefrühstückt!«

Ich korrigierte. »Vor drei.«

»Ja, du kannst ja immer essen!«

»Stimmt ... Wieso fahren die anderen nicht zum Frühstück?«

»Wir fahren nicht zum Frühstück, wir fahren Mittag essen.«

»Meine ich ja.« Ein Fehler. Aus Schlafmangel und Angst.

»Also was ist der Grund dafür, dass wir schon essen dürfen?«

»*Müssen*«, knurrte Thanh.

»Am nächsten Besichtigungsort es ist nur eine bestimmte Zahl Besucher erlaubt. Wir gehen mit der nächsten Gruppe.«

Jemand hatte sich wohl verzählt.

Ließ man außer Acht, dass jeden Augenblick 15,6 Millionen Soldaten auf uns zustürmen konnten, war es ein idyllisches Plätzchen, an dem Herr Pak hielt. Knorrige Nadelbäume, kühler Schatten darunter. Helle Sonnenflecke auf verschlungenen Wegen. Zwitscherndes Jubilieren im Geäst.

Aus dem Bus geklettert, streckte ich meine Folklore-Hotel-geplagten Knochen der Wärme entgegen.

»Siehste, Chung ist ein Gentleman. Aber du kommst nicht auf die Idee, mir rauszuhelfen.« Ich fuhr herum. Chung hielt Thanh beim Aussteigen die Hand.

»Du bist ja keine Oma!«

»Und du kein Gentleman.«

»Schauen Sie, wie schön die Sonne erscheint.« Wenn es kein Versprecher war, dann hatte Rym verraten, dass hier eine künstliche Propagandasonne auf uns herabstrahlte. Damit die Südkoreaner dachten, im Kommunismus wäre immer schönes Wetter.

So oder so hatte Rym erfolgreich meinen Konter auf Thanhs Vorwurf verhindert und die Erweiterung seines Wortschatzes um die Vokabeln »Scheiß-Gentlemankacke«.

Das Soldatenrestaurant war ein zweistöckiger, grau verputzter Bau mit einer Terrasse. Einziger Schmuck: das hellgrüne Gesims über dem Eingang.

Drei große Glasflügeltüren waren nach außen geöffnet und sollten uns und die Sonnenwärme ins dunkle Innere locken.

Statt ausgeklügelter Sperranlagen wie in der DMZ sonst üblich verhinderten den unbefugten Zugang vier Klappstühle mit den Rückenlehnen nach außen. Nur die mittlere Tür war frei.

»Dort herein bitte«, sagte Chung.

»Ich muss erst mal eine rauchen.« Thanh stellte ihre Tasche auf die Stufen zur Terrasse, zog ihre Lederjacke aus und reichte ihre Schachtel herum. Chung und Rym griffen zu.

In der Tür erschien eine junge Frau, große braune Augen, rosige Wangen in einem symmetrischen Puppengesicht. Schwarze Haare flossen ihr über die Schultern. Der Saum des pinken Glockenkleides stieß am Türrahmen an. Sie verbreitete die Aura einer Figur von Disney. Mit einem Schuss Barbie.

»Lass uns mal reingehen, ich glaub, die warten.«

Der Blick, den Thanh mir zuwarf, war in einer entmilitarisierten Zone sicher verboten.

Unsere Guides stocherten vorsichtig ihre halbgerauchten Zigaretten aus. Und steckten sie ein. Thanh nahm einen letzten Zug und dann ihre Sachen.

Im Foyer des Soldatenrestaurants fingerten Sonnenstrahlen durch die Türen. Sie reflektierten im weißen Marmorfußboden und in den Souvenirvitrinen. An den Wänden kitschige Landschaften in Öl. Aus einem tragbaren CD-Player säuselten Synthesizerstreicher. Disneybarbie schwebte vorweg. Chung und Rym wünschten »Guten Appetit« und ließen Thanh und mich allein.

»Wie? Wir müssen essen und die nicht?« Sie.

»Komm jetzt!« Ich.

»Ich hab keinen Hunger.« Sie.

»Du kommst jetzt!« Ich.

»Warum?« Sie.

Wer wen zuerst so weit provozierte, dass ein Schuss fiel, lässt sich heute nicht mehr genau klären. Schon seit Beginn des Jahres 1950 kommt es immer wieder zu Scharmützeln zwischen Soldaten der beiden Koreas. Es gibt Tote und Verletzte. Nordkorea beschließt, dass es vom Süden bedroht wird. Am 25. Juni 1950 marschiert die Koreanische Volksarmee über die Grenze. Es beginnt Phase drei der Teilung: der Koreakrieg.

Die völlig überforderten Südkoreaner bitten die völlig überraschten amerikanischen Besatzer um Hilfe. General

McArthurs vier Divisionen haben seit 1945 keine neue Ausrüstung mehr erhalten. Die USA konzentrierten sich ganz auf eine starke Militärpräsenz in Europa. In höchster Eile schaffen die Amerikaner aus dem ganzen Pazifikraum Kampfflugzeuge nach Südkorea. Derweil nehmen die Nordkoreaner am 28. Juni Seoul ein. Die USA machen ihren Einfluss im Weltsicherheitsrat geltend und setzen ohne Zustimmung der Sowjetunion und Chinas den Einsatz von UN-Truppen unter ihrer Führung durch. So kämpfen auf Seiten des Südens unter anderem belgische, luxemburgische und äthiopische Soldaten.

Zunächst wenig erfolgreich.

Anfang August halten die Verteidiger Südkoreas nur noch ein Eckchen rund um die Hafenstadt Pusan an der Südostküste, dort, wo der Bauch des Seepferdchens am dicksten ist. Mit dem Rücken zum Meer leisten Südkoreaner und UN-Soldaten unter Führung der US-Army verzweifelt Widerstand. Doch die Übermacht von Kim Il-sungs Koreanischer Volksarmee ist erdrückend. Der Fall der Bastion Pusan scheint nur eine Frage von Tagen. Doch es kommt zu einer dramatischen Wende ...

Meine Faust donnerte auf den Tisch. Schüsselchen schepperten. »Du gehst mir so was von auf den Sack!«

Thanhs Kopf beschrieb eine Vierteldrehung, ihre Augendeckel schwangen hoch. Dunkle Pupillen fixierten mich. Sie hatte gerade angewidert Kim-Chi und Schweinefleisch von sich weggeschoben.

»Deine Überheblichkeit! Dein ständiges Gemecker!« Meine Stimme hallte. Außer uns waren keine Gäste im Speisesaal des Soldatenrestaurants. Nicht mal Soldaten. Nur leere runde Zehnertische mit glänzenden Plastiktischdecken. Die hinteren waren im Halbdunkel kaum zu erkennen.

»Ich könnte kotzen!«

»Would you like a dessert?«, stand urplötzlich die Disneybarbie am Tisch. Wie machte sie das? Drei Tonnen Stoff, und man hörte sie nicht kommen.

»Nein!«

»But I'd like to have some. Please.« Thanh stieß ihre Zigarette in den Aschenbecher, bis sie sich nicht mehr wehrte. Disneybarbie entfernte sich. Thanh beugte ihren Oberkörper vor. »Du findest also, hier ist alles super?«

»Darum geht's überhaupt nicht.«

»Ich soll den Mund halten. Immer tun, was sie sagen. Und am besten alles glauben. So wie du. Meinst du das?«

»Ich habe nie gesagt, dass ich alles glaube ...«

»Nein, du weißt ja, was hier abläuft. Du weißt, wie viele Menschen hier im Knast verrecken, du kennst sogar die Platzierung im Folterindex oder wie das heißt ... Du hast die Leute gesehen, wie sie da draußen den Schlamm mit bloßen Händen umgraben. Und was machst du? Du freust dich über Straßenbahnen aus Leipzig!«

»Dresden.«

»Mein Lieber, ich fange schon keine Diskussionen mit denen an. Aber erwartest du ernsthaft, dass ich mich tagelang wie ein Schaf von Weide zu Weide treiben lasse? Schlafen, gucken, fressen, schlafen? Und wer ausschert, den beißt der Hund?«

Eine Fliege marschierte über Thanhs Reis. An einem Korn am Schüsselrand stoppte sie. Die Fliege begann zu werkeln, als gäbe es nichts Schöneres in ihrem zweiwöchigen Leben.

Thanh und ich waren jetzt eine Woche unterwegs. Ich konnte mir gerade nichts Schlimmeres vorstellen. Ich sah hinüber zur Küchentür. Darüber hingen Porträts von Kim Il-sung und Kim Jong-il. »Wir sollten nicht so laut reden.«

»Hier ist niemand, der uns hören kann!«

»Zumindest sieht man keinen, das bedeutet aber nicht ...«

»Mann, hör doch mal auf mit diesem Verfolgungswahn!«

Die Fliege putzte ihre Flügelchen. Ich versteckte Kim-Chi unter meinem Reis. »Als ich klein war, damals haben wir schon in Marzahn gelebt, wohnte in der elften Etage, drei über uns, eine Familie. Er war irgendein hohes Tier in einem Chemiekombinat. Sie seine Sekretärin. Als sie heirateten, brachte die Frau ihren Sohn mit in die Ehe. Mit dem spielte ich oft. Auch unsere Eltern trafen sich. Wir machten sogar Ausflüge zusammen. Aber wann immer ich zu ihnen ging, ermahnte mich meine Mutter, nie zu viel zu erzählen. Von meiner Tante im Westen, was ich im Fernsehen gesehen habe oder dass wir im Intershop einkaufen. Denn sie vermutete, dass er, der Vater, bei der Stasi war.«

»Ich hab ja gesagt, deine Mutter hat dich verkorkst.«

»Im Sommer 1990 stand er eines Abends vor unserer Tür. Heulend.« Ich machte eine Pause. Thanh gab sich gelangweilt. »Er hatte herausgefunden, dass seine Frau auf ihn angesetzt worden war und ihn jahrelang bespitzelte.«

Die Fliege sauste davon. Thanhs Dessert kam. Vier geschälte Apfelschnitze auf einer Untertasse.

»Enjoy«, wisperte das Disneyfräulein.

Thanhs Stuhl schabte über den Fußboden. »Ich bin draußen.«

»Was ist mit deinen Äpfeln?«

»Kannst du gerne haben.« Sie knallte die Untertasse vor mich hin. »Und lass bloß keinen übrig!«

Allein blieb ich zurück am Zehnertisch. Im leeren Saal des Soldatenrestaurants von Panmunjom.

Ich ließ die Gabel über den Äpfeln kreisen.

Rammte sie hinein.

Es spritzte.

Tränen an der Grenze

Konsequenzanalyse:
 Eins: weglaufen? – Geht nicht. Nordkorea.
 Zwei: den nächsten Flieger nach Hause nehmen? – Siehe eins.
Drei: Isabel anrufen, trösten lassen? – Siehe eins.
Vier: einfach sitzen bleiben? – Man würde mich abholen.
Fünf: den Kims einen Schnurrbart anmalen? ...
Ich schaute zur Küche. Es waren die Porträts von Kim Ilsung und Kim Jong-il, die in allen öffentlichen Räumen und Wohnungen hingen. Der Große und der Geliebte Führer trugen darauf beide keine Brille, sahen jung, ernst und entschlossen aus. Oben war der Bilderrahmen dicker als unten. So angekippt, schauten die Kims dem Betrachter genau in die Augen. Vom Türrahmen der Küchentür bis zu den Bildern waren es zehn Zentimeter. Den Kims einen Schnurrbart anzumalen war möglich. Ich stand auf, ging zur Küchentür. Hob den Arm ...
Und winkte. »I'm finished. Thank you very much.«
Ich bin doch nicht doof.

Wie auch immer sie es gemacht hatte, Disneybarbie war vor mir im Foyer. Sie erwartete mich hinter der größten Vitrine. Bereit, Souvenirs zu verkaufen. Ein Sonnenstrahl ging quer

durch den Raum. In seinem Licht tanzte Staub. Die Vitrinen warfen eckige Schatten an die Wände. Aus dem schwarzen CD-Player flutete Musik. Fassungslos starrte ich ihn an. Streicher schwelgten, ein Chor summte Harmonien wie auf Schwingen.
»Gut gegessen, ja?!« Rym.
»Jaja ...«
Der Refrain. Unverkennbar. Wie konnte das sein? »Das ist bei uns ein ganz bekanntes Lied! Ist das koreanische Musik?«
»Nein, Welt.«
»Welt?«
»Ja, weltliche Musik. International. Gefällt sie Ihnen?«
Ich begann zu schunkeln. Drehte mich im Kreis. Summte mit. Rym lachte. »Möchten Sie tanzen?«
»Na ja, dazu bräuchte ich eine Frau ...« Ich sagte es ohne Hintergedanken. Ich fand nur, man sollte nicht allein schunkeln zu Michael Holms *Tränen lügen nicht*.

Sie war so klein, dass ihr Scheitel mein Kinn selbst dann nicht berühren würde, wenn sie auf Zehenspitzen stünde. Ihr Glockenkleid hielt uns auf Abstand. Leicht vorgebeugt umfasste ich ihre rechte Hand. Legte meine an ihren Rücken. Rym hatte Barbie gebeten, mit mir zu tanzen.
Sie wartete, dass ich begann. Ich war der Mann, ich musste führen. Beim nächsten Refrain holte ich zum Wiegeschritt aus. Ihr Kleid strich über meine Jeans. Ich spürte es an den Schienbeinen. Wir gingen in die Drehung. Aus der Küche kamen weitere bunte Barbies. Unglaube in den Gesichtern.
Die kleine Hand in meiner schwitzte. Als ich aus dem Takt geriet, wurde ich sanft zurück ins richtige Tempo gedrückt. Wir schwangen herum. *Und du verstehst ...* Ihr Kleid flog. *Tränen lügen nicht.* Wir flogen. Über Panzersperren, Minen und 15,6 Millionen Soldaten.

Plötzlich brach die Musik ab. Setzte neu an. Setzte neu an. Setzte neu an. Wir verloren den Rhythmus. Eine bunte Barbie schlug auf den CD-Player. Es krachte. Die Musik verstummte. In Nordkorea darf eben nur einer führen.

Die UN-Truppen, die im Spätsommer 1950 in Pusan ausharren, vertrauen auf die Führung von US-General McArthur. Am 15. September sind endlich genügend Soldaten, Material und Flugzeuge herangeschafft. Von Inch'on aus, an der Westküste, am Schultergürtel des Seepferdchens, fallen die neuen Truppen den Nordkoreanern in den Rücken. Gleichzeitig erfolgt ein Angriff aus Pusan. Dieser Zangenbewegung kann die Koreanische Volksarmee zu wenig entgegensetzen. Sie muss weit zurückweichen. Pjöngjang fällt. Die Koreanische Volksarmee wird bis hinauf an die chinesische Grenze getrieben. China schickt zur Unterstützung eine Armee aus mehr oder weniger Freiwilligen. Die Sowjetunion entsendet Jagdflieger. Die UN-Truppe kehrt um, die Chinesen dann auch. Und schon lässt General McArthur wieder angreifen.

Nun reicht es Mao. Er stellt den Nordkoreanern fast eine halbe Million chinesische Soldaten an die Seite, inklusive seines eigenen Sohnes, der später im Gefecht gegen die US-Truppen fallen wird. Stalin hilft mit Panzern und Kampfflugzeugen. Pjöngjang wird befreit und am 4. Januar 1951 Seoul zurückerobert.

Eine Schmach für General McArthur. Unter UN-Mandat überzieht er Nordkorea mit einem noch nie dagewesenen Napalm-Bombardement. Achtzehn der zweiundzwanzig größten Städte Nordkoreas werden mindestens zur Hälfte zerstört, Pjöngjang zu drei Vierteln. Im Juni 1951 plant General McArthur den Abwurf von rund vierzig Atombomben auf China. Diese Ausweitung des Krieges will US-Präsident Truman jedoch nicht. McArthur wird abgesetzt.

Im Mai 1951 knüpfen USA und Sowjetunion erste zarte

diplomatische Bande. Im Juli beginnen in dem kleinen Dorf Panmunjom Waffenstillstandsverhandlungen, während weiter gekämpft wird. Ende September 1951 beginnt die letzte große Schlacht zwischen UN-Truppen und der Allianz aus Nordkoreanern, Chinesen und sowjetischen Piloten, die in chinesischen Uniformen sowjetische MiGs mit nordkoreanischem Hoheitszeichen fliegen. Die Schlacht von Heartbreak Ridge in den nordkoreanischen Bergen nahe dem achtunddreißigsten Breitengrad bringt nichts außer hohen Verlusten ohne jeglichen Raumgewinn. Danach gibt es nur noch kleinere, aber umso verbissener geführte Kämpfe. Berühmt wurde der dreihundertfünfundneunzig Meter hohe Berg Baengma-goji in der amerikanisch kontrollierten Zone. Von ihm lässt sich gut die strategisch wichtige Ebene bei Cheorwon, genau in der Mitte der Halbinsel, überblicken.

Ab dem 6. Oktober 1952 kämpfen südkoreanische und chinesische Bataillone um den Baengma-goji, auf Deutsch »Weißes Pferd«. In den folgenden zehn Tagen wechselt der Berg insgesamt vierundzwanzigmal den »Besitzer«. Wer am Ende gewann? Darüber sind sich beide Seiten nicht einig.

Streit gibt es auch bei den Waffenstillstandsverhandlungen in Panmunjom. Es geht um Gebiets- und Gefangenenaustausch, die Grenzziehung und manchmal einfach um Zeitgewinn. Dann wird stundenlang über die Reihenfolge der Tagesordnung diskutiert. Oftmals schweigen die nordkoreanischen Verhandlungsführer einfach eine Viertelstunde oder länger und lassen die Amerikaner verzweifeln. Bis diese die Schweigetaktik übernehmen. Schließlich kommt es am 27. Juli 1953 zur Unterzeichnung eines Waffenstillstandsabkommens. Die Nordkoreaner und China unterschreiben sowie die USA in ihrer Funktion als Oberkommandierende der UN-Truppen. Südkorea unterzeichnet nicht. Präsident Rhee Syng-nam will die Wiedervereinigung. Unter allen Umständen. So kommt es nur zu einem Waffenstillstand zwischen Nord und Süd. Laut *Haager Landkriegsordnung*, die seit 1907 bewaffnete Auseinandersetzungen völkerrechtlich regelt, unterbricht der Waffenstillstand die Kriegsunternehmungen der Kriegsparteien. »Ist eine bestimmte Dauer nicht vereinbart worden, können die Kriegsparteien die Feindseligkeiten jederzeit wieder aufnehmen.«

Im März 2013 hob Nordkorea den Waffenstillstand auf. Im Oktober 2013 unterzeichneten Südkorea und die USA ein neues Verteidigungsabkommen. Darin sichern die Amerikaner Südkorea Schutz mit allen Mitteln zu. Auch Atomwaffen.

Gemeinsam traten Thanh und ich hinaus auf die Terrasse des Soldatenrestaurants von Panmunjom. Es war windig geworden. »Du bist echt bekloppt«, sagte sie friedlich.

Thanh war plötzlich im Foyer erschienen. Den Camcorder im Anschlag. Der lange Deutsche tanzt mit einer nordkoreanischen Barbie. Gute Reporter wittern gute Bilder. Jetzt versuchte sie – die Tasche über der einen Schulter, die Kamera über der anderen, die Jacke unterm Arm – ihre Zigarette anzustecken. Der Wind blies die Flamme aus.

»Soll ich ...« Mein Daumen klickte das Feuerzeug, im Schutz unserer Hände.

»Danke, Hase.«

»Hm ...«

Als wir aufsahen, blickten wir in die eisige Miene des Propagandaoffiziers. Am Bus wartete der Stahlhelmsoldat.

»Was halten Sie vom Atomprogramm der Demokratischen Volksrepublik Korea?« Der Propagandaoffizier von Panmunjom saß so dicht, dass ich ihn riechen konnte.

Der Stahlhelmsoldat hatte sich auf den Beifahrersitz geschwungen. Chung und Thanh mussten nach hinten, ich in die Mitte. Rym bekam den Notsitz. Der Propagandaoffizier saß neben mir. Er roch nach Mann und Rasierwasser. Der

Stahlhelmsoldat rutschte im Beifahrersitz herum, weil seine Pistolentasche dem Gurtschloss ins Gehege kam. Wieso trug er sie eigentlich links?

Wenn er weiter so zappelte, würde es ihm gelingen, seine Waffe freihändig zu entsichern. Fiele dann, weil Herr Pak auf unserer schmalen Teerstraße zu spät einer Bodenwelle auswich, ein Schuss, würde der nach unten gehen. Der Tank befand sich unter der hinteren Sitzbank. Demnach müsste in der Mitte des Wagenbodens die Benzinleitung entlangführen. Vermutlich direkt zwischen den Gurtschlössern.

Unser Bus würde auf nordkoreanischem Territorium explodieren. Den Feuerball sähe man aber auch im wenige Hundert Meter entfernten Südkorea, wo man ihn als etwas zu kurz gefallene Rakete fehlinterpretieren könnte. Und falls, was naheliegender war, der Norden einen Angriff des Südens vermutete, würde das Atomprogramm der Demokratischen Volksrepublik Korea schon zeigen, was es draufhatte.

Die Frage des Propagandaoffiziers nach unserer Meinung zum Atomprogramm hatte Chung beflissen übersetzt.

Thanh übernahm das Antworten: »Nach allem, was ich bis jetzt gesehen habe, verstehe ich die schwierige Lage Nordkoreas.«

»Wie beurteilen Sie die Lage?« Der Ton, den der Eisoffizier anschlug, kannte man aus Verhören im *Tatort*. Und irgendwann würde dann der gute Polizist kommen.

»Der amerikanische Militärstützpunkt in Südkorea ist sicher ein Hindernis auf dem Weg zur Wiedervereinigung. Was mich erstaunt hat: Amerikanische Touristen dürfen Nordkorea besuchen.« Sie hatte das breite Amerikanisch im Shop also auch gehört.

»Wir haben nichts gegen die Bürger der Vereinigten Staaten. Nur ihre Regierung ist unser Feind.«

»Es ist beeindruckend, was das Volk Nordkoreas leistet, obwohl es zehnmal kleiner ist als das amerikanische.«

Ein kleines Wunder geschah. Der Eisoffizier lächelte.

Thanh konnte Menschen das Gefühl vermitteln: Was du sagst, verstehe ich, was du tust, ist in Ordnung. Du bist okay. Eine Fähigkeit, die ihr in den letzten Tagen abhandengekommen schien.

Herr Pak hielt. Links ein Wäldchen, rechts freies Feld. Nirgends Panzersperren, Mauern oder Zäune. Hölzerne Strommasten am Feldrand. Die Leitungen summten. Auf dem Stoppelacker hockten drei Männer. »Wird hier was geerntet?«

»Ja. Dort hinten leben Bauern. Im ›Dorf des Friedens‹.«

Südkorea behauptet, dort wohnen nur nordkoreanische Soldaten. Auf der südkoreanischen Seite der Grenze gibt es das »Dorf der Freiheit«. Die Bewohner dürfen im Dunkeln nicht vor die Tür.

Die drei Männer im Feld hatten sich bisher nicht bewegt. Entweder waren es Attrappen oder sie fürchteten die Minen. Tausende sind in der DMZ vergraben.

Am Trampelpfad, der ins Feld führte, steckten Stangen. Kleine rote Fahnen daran. Entweder zeigten sie Minen an oder den Sieg des Kommunismus. Am Horizont eine weitere Fahne. Viel, viel größer. Sie wehte an einem riesigen Gittermast. Ihre Bedeutung war wenigstens klar.

Wir stiegen aus. Ich hob meine Digicam, drückte den Auslöser und fragte: »Darf man hier fotografieren?«

Panisch schüttelte Chung den Kopf. »Nein! Keine Fotos!«

»Okay.« Ich steckte die Kamera ein. Auf meinem Foto: kleine nordkoreanische Bauern vor großer südkoreanischer Flagge.

Bis zu dem Wäldchen waren es nur wenige Schritte. Dort holten wir einen Pulk Touristen ein, der seinen Reiseleitern folgte.

Von hinten rauschten wir heran. Mit jedem Meter mehr im Gleichschritt. Man konnte es hören. Nur Thanh war im

Gegentakt. Sie marschierte neben dem Propagandaoffizier an der Spitze. Chung und Rym hatten mich in die Mitte genommen. Die Nachhut bildete der Stahlhelmsoldat. Die Touristen wandten die Köpfe, tuschelten. Unsere Formation teilte die Menge. Finger zeigten auf mich, den Europäer inmitten der Nordkoreaner. Zwei im Anzug, zwei in Uniform. Und eine Frau. Ziemlich leger gekleidet. Vermutlich, weil sie die Chefin war. Da hatte man also einen Spion festgenommen. Kameras klickten.

Als ich den kanadischen Witzbold entdeckte, kreuzte ich die Hände hinter dem Rücken und ließ den Kopf hängen. Der Kanadier glotzte.

Rym schaute besorgt zu mir auf. »Geht es Ihnen gut?«

»Jaja, alles bestens.« Mir ging es wohl zu gut. Wir sollten froh sein, dass uns bisher keiner auf die Schliche gekommen war. Heute Abend mussten unbedingt einige Fotos im Netbook versteckt und von der Speicherkarte gelöscht werden. Mein verbotenstes Foto waren die Bauern im Minenfeld.

Was aber hatte Thanh noch gefilmt außer meinem Tanz und dem Marsch durch die Betongasse? Hoffentlich kontrollierten sie beim Verlassen der DMZ nicht unsere Kameras.

Der Propagandaoffizier stoppte vor einem mehrstöckigen Gebäude. Fixierte Thanh. Sprach. Wandte den Blick nicht ab, als Chung übersetzte: »Ich freue mich, dass Sie verstehen, warum wir unser Land durch Atomwaffen schützen müssen.«

Thanh ertrug seinen Blick, auch als Chung ihre Antwort weitergab: »Eine Welt ohne Atomwaffen wäre schön. Oder?«

Der Propagandaoffizier lächelte zum zweiten Mal: »Unser Land liebt Frieden. Wir stellen unser Nuklearprogramm sofort ein, wenn unsere Feinde ihre Atomwaffen vernichtet haben.«

»Das ist gut.«

»Aber wir werden nicht zögern, uns bei einer Provokation durch einen Erstschlag zu verteidigen.« Kein Lächeln.

Als er uns die Hand reichte, wehte der Duft seines Rasierwassers herüber.

Der Propagandaoffizier hatte uns vom Soldatenrestaurant zur unmittelbaren Grenze eskortiert, wo wir uns in den normalen Ablauf eingliederten und der Gruppe anschlossen, die unserer nachgefolgt war. Den Amerikanern samt Kanadier. Dass ich wieder in Freiheit war, irritierte ihn sehr. Mich verstohlen musternd, hielt er respektvoll Abstand.

Um die Spannung zu erhöhen, brachte man uns nicht gleich zur Grenze, sondern zunächst zu einem Granitblock, dessen Maße dem Geburtstag des Großen Führers entsprachen. Fünfzehn Meter lang, vier Meter hoch. »Stell dir vor«, flüsterte Thanh, »er wäre am 1.1. geboren.«

Eingraviert in den weißen Stein war Kim Il-sungs Unterschrift. Darunter eingemeißelt: 7.7.1994. Wir standen hier nicht, wie der Propagandaoffizier mit fast schon rührendem Beben in der Stimme vortrug, vor irgendeinem Namenszug des Landesvaters, nein, es war die letzte Unterschrift seines Lebens, denn am 8.7.1994 starb der Große Führer in seinem Amtssitz, dem Kumsusan-Palast, wo der Zweiundachtzigjährige bis zum letzten Atemzug an der Wiedervereinigung gearbeitet habe. So weit die offizielle nordkoreanische Version des Todes. In der inoffiziellen erlitt Kim Il-sung in seinem prächtigen Ferienhaus in den Myohyang-Bergen nach einem Streit mit Sohn Kim Jong-il einen Herzanfall. In mehreren Hubschraubern wurden eilends Ärzte aus Pjöngjang eingeflogen. Nicht alle erreichten ihr Ziel. Was Kim Jong-il noch weniger traurig gestimmt haben soll als der Tod seines herrischen Vaters. Behauptet jedenfalls ein ehemaliger Bodyguard Kim Il-sungs, der später nach Südkorea flüchtete.

Nach den bedrohlichen Sperranlagen und den martialischen Worten des Propagandaoffiziers kamen wir nun endlich an den Punkt, an dem die Systeme für die Weltöffentlichkeit sichtbar aufeinanderprallen. Das passendste Wort für diesen Ort: »Schwanzvergleich«.

In zweihundert Metern Abstand standen sich zwei klotzige, mehrstöckige Bauten gleicher Höhe gegenüber. Das südkoreanische war von luftigerer Architektur, Säulen trugen ein geschwungenes Dach. Darunter war eine Aussichtsterrasse. Die mittlere Etage verkleideten verspiegelte Scheiben, die verbargen, wer dahinter die Gegenseite observierte.

Dem nordkoreanischen Pendant fehlte jede Leichtigkeit. Massiv und grimmig stand es da. Über die Frontseite aus hellgrauem Naturstein zogen sich auf zwei Etagen Reihen bodentiefer Fenster, jeweils davor umlaufende Balkone. Das Attikageschoss obenauf hatte etwas von einem Geschützturm. Ganz offensichtlich wollte Nordkorea Stärke demonstrieren.

Die Benutzung der Aussichtsterrassen regelt ein Zeitplan, der von beiden Seiten penibel eingehalten wird. Wenn vom Norden in den Süden geguckt wird, darf vom Süden nicht in den Norden geguckt werden. Und umgekehrt. So werden Nord- und Südkoreaner einander nie ansichtig. Und Touristen können sich nicht gegenseitig zuwinken. Winken ist streng verboten. Pfeifen bestimmt auch.

Wir blickten hinüber nach Südkorea.

Auf der Aussichtsterrasse dort waren auf Stangen ein Dutzend Kameras montiert, die jeden im Norden registrierten. Auf unsere Seite war dergleichen nicht zu entdecken. Sie filmten wohl hinter den Fenstern nach drüben.

Vor beiden Gebäuden führte jeweils eine Asphaltstraße entlang. Im Süden mit Fahrbahnmarkierungen, im Norden ohne, dafür mit Rissen. Sicher Taktik. Um den Gegner zu verwirren. In der Mitte zwischen diesen beiden Straßen verlief die Grenze. Sie war kaum zu erkennen. Kein Zaun, keine Mauer. Nichts. Nur eine bordsteinhohe Betonstufe. Und selbst davon sahen wir immer nur wenige Meter, denn die

Grenze ist überbaut. Mit sieben Baracken. Die mittleren drei blau, silbergrau die übrigen.

Der Propagandaoffizier stellte sich bereitwillig als Fotomotiv zur Verfügung, und nachdem alle einander neben einem leibhaftigen nordkoreanischen Soldaten vor südkoreanischer Landschaft fotografiert hatten, ging es im Inneren unseres Aussichtsbaus wieder hinunter.

Es gibt drei Wege, um von Nord- nach Südkorea zu gelangen.

Den kompliziertesten nehmen Nordkoreaner, die flüchten. Ihr Weg führt über die tausendvierhundertsechzehn Kilometer lange Grenze zu China, am anderen Ende des Landes. Sofern sie es überhaupt in den Norden Nordkoreas schaffen. Werden die Flüchtlinge auf chinesischer Seite von den Behörden geschnappt, liefert man sie nach Nordkorea aus, wo Lager, Folter und Hinrichtung drohen. Auch der Familie, die verpflichtet ist, Fluchtpläne ihrer Söhne, Töchter, Brüder oder Schwestern zu verraten. Selbst wenn sie davon gar nichts wussten. Den Weg von China nach Südkorea organisieren Fluchthelfer für viel Geld. Er führt meist über Vietnam oder Thailand. Derzeit sollen in China bis zu dreihunderttausend Nordkoreaner illegal leben. Oft als Haussklaven oder Prostituierte.

Weg Nummer zwei ließ die nordkoreanische Führung anlegen. Mindestens sieben unterirdische Tunnel führen unter der DMZ hindurch nach Südkorea. Durch diese Infiltrationstunnel hätten pro Stunde dreißigtausend nordkoreanische Soldaten den Süden geflutet. Hätten. Denn Südkorea entdeckte die Stollenanlagen und schüttete sie zu. Einen dieser »Tunnel der Aggression« können Touristen vom Süden aus besichtigen. In den nordkoreanischen Bergen vor der Grenze existieren weitere kilometerlange Tunnel. Gern wird in diesem Zusammenhang der Vergleich mit Schweizer Käse benutzt. Durch dieses unterirdische Wegenetz können die

Nordkoreaner Truppen an die Grenze schaffen, ohne dass deren Bewegungen von amerikanischen Spionagesatelliten bemerkt werden.
Wir nahmen Weg Nummer drei und überquerten die Straße. Die mit den Rissen. In Zweierreihe marschierten wir vom Aussichtgebäude zur mittleren blauen Baracke. An ihrer Schmalseite beschattete ein Vordach den Eingang. Zwei Stahlhelmsoldaten baten uns in den langgestreckten Raum dahinter. Dann gingen sie nach Südkorea hinüber und nahmen Aufstellung vor der Tür auf der anderen Schmalseite. Die Wände waren im gleichen Blau gestrichen wie die Baracke außen. Es war gar kein Himmelblau. Es war UN-Blau. Quer, genau in der Mitte des Raumes, ein glänzender rotbrauner Tisch, schwarze Ledersessel an beiden Längsseiten.

Es dauerte nur Sekunden, bis die Touristen die Ehrfurcht vor dem Ort verloren. Sie waren am gefährlichsten Punkt der Welt. Jetzt galt es lustige Fotos zu knipsen. Ein Bein hier, ein Bein da. Dann ganz drüben, von drüben herüber. Zwischen den Wachsoldaten, vor dem Tisch.
Durch schmale Fenster fiel der Blick auf den Kies zwischen den Baracken und die Betonstufe, neben der nordkoreanische Soldaten düsteren Blickes strammstanden. Die Grenze drinnen war noch schmaler. Hier teilte die Systeme nur das schwarze Verbindungskabel zwischen den in einer Reihe stehenden Konferenzmikrophonen auf dem Tisch. An ihm kann bei Verhandlungen jede Partei in ihrem Land sitzen. Auf südkoreanischer Seite war die linke Ecke des Raumes abgetrennt, in der Zwischenwand verspiegelte Scheiben. Die Übersetzerkabine, falls internationale Vermittler Frieden zu stiften versuchten. Oder man beobachtete uns von dort.
Rym und Chung standen still in ihrem Land. Nur zwei Meter entfernt von dem Teil Koreas, in dem Menschen lebten,

die einerseits ihre Todfeinde waren und mit denen sie andererseits so gerne wieder vereint wären. Chung schaute ausdruckslos. Aber Ryms Wangenknochen arbeiteten. Thanh hatte sich demonstrativ dem Spektakel im Raum entzogen und zu den beiden gesellt.

Von Südkorea aus sah ich, wie sie Chung eine Frage stellte. Rym neigte sich sofort unmerklich zu ihnen. Zur Antwort bekam Thanh nur ein stilles Chung-Lächeln.

»Time is over«, rief die Dolmetscherin der amerikanischen Reisegruppe.

»Uuund du wirst seeehn ...«

»... Tränen ljugen nit!«, schallte es aus unserem kleinen Bus. Michael Holm hätte vor Rührung geweint. Chung und ich saßen in der mittleren Bank. Thanh hinter uns, ihre Arme um unsere Schultern gelegt. Im Takt der Melodie schwangen wir drei nach links und rechts.

»Dadaa – dadaaa ...«

»Weißt du, wie das im Deutschen heißt, was wir machen?«, fragte ich Chung. Wir schaukelten weiter hin und her.

»Tanzen?«, rief er.

»Nein, Chung«, griente ich, »... schunkeln!«

Chung sah Thanh an. Sie nickte. »Es ist albern, aber es heißt wirklich so. Passt zu dir. Du bist ja auch ein bisschen albern. Dadaa-dadaaa ...«

Wir flogen über die Autobahn. Zwischen weißen Wattewolken brach die Sonne hindurch. Auf den schlammigen Feldern glitzerte das Wasser. Wolkenschatten überzogen die Ebenen mit wechselnden Mustern.

Kein Auto kam uns entgegen, keiner überholte uns. Außer uns fünf gab es niemanden weit und breit. »Dadaa-dadaaa ...«

Weder Thanh noch ich kannten den Strophentext. *Dadaa* reichte vollkommen aus und machte es für Chung einfacher mitzusingen. Immerhin kannten wir eine zweite Textzeile. So konnten wir uns den Refrain aufteilen.

»Uuund du wirst seeehn ...«, grölten Thanh und ich.

»... Tränen ljugen nit!«, schmetterte Chung.

»Und noch mal ...«

»Dadaa-dadaaa ...«

Rym schaute vom Beifahrersitz zu. Gutgelaunt vom Kinn bis zur Nase. Seine Pupillen folgten wachsam unserem Schunkeln. Wie sollte er das in seinem Bericht formulieren?

»Ich kann nicht mehr«, stöhnte Thanh. Sie klinkte sich aus unserer Schunkelei aus. Zu zweit ging's genauso gut.

»Uuund du wirst seeehn ...«

Zwischen Chung und mir erschien eine Tüte Haribo.

»Wo kommt die denn her?«

»Notration. Für den Fall, dass wir uns gar nicht mehr leiden können.«

»Was ist das?« Chung musterte die goldene Tüte.

»Gummibären ... Frag nicht ... Probier lieber.«

Vorsichtig fingerte Chung ein Bärchen heraus. Ein rotes. Chung und das Bärchen sahen sich an.

»Na, los.«

Gehorsam schob er es in den Mund »Oh!« Er strahlte. »Oh!«

Knisternd kreiste die Haribo-Tüte. Auf Thanhs Anweisung nahmen alle mehr als ein Bärchen.

Ich lehnte mich vor. »Und, Rym? Schmeckt gut, nicht wahr?«

Zwei Spuren in jede Richtung und ein Mittelstreifen – das war der Grundaufbau nordkoreanischer Autobahnen. Meist fehlte die Fahrbahnmarkierung. Die Fugen der Betonplatten mussten als Orientierung genügen. Oft fügte sich der Mittelstreifen plan in die Fahrbahnebene ein. So können

Kampfflugzeuge unkompliziert landen oder starten. Solche Behelfslandeplätze gab es bis 1989 auch zuhauf in DDR und Bundesrepublik. Inzwischen sind fast alle zurückgebaut.

Der Mittelstreifen wurde grün. Rasen, Hecken, kugelige Bäumchen teilten die Autobahn. Dazwischen hockten Männer und Frauen. Sicheln in der Hand. Halm um Halm stutzten sie das Gras.

Erst schemenhaft und mit einem Mal von schwerer Wuchtigkeit hing wie eine vergessene Star-Wars-Kulisse ein taubengrauer Betonriegel über der Autobahn. Auf beiden Seiten durchstießen ihn Treppenhauskerne, die ihm Halt gaben. An den Enden umlaufende Loggien schnitten in die Fassade. Dazwischen verlief ein schmales Fensterband. Farbe blätterte vom Beton. Die roten Zierstreifen an den Kanten verstärkten eher den trostlosen Anblick, als dass sie schmückten. »Wir besuchen ein Autobahnrestaurant.« Bevor Thanh protestieren konnte, ergänzte Chung: »Königin muss aber nichts essen.«

Auf dem Parkplatz war unser Bus das einzige Fahrzeug.

In einem kahlen, kalten Gastraum begrüßten uns vier akkurat aufgereihte Kellnerinnen. Schwarze Röcke, schwarze Blazer. Ihre weiß gepunkteten Krägen liefen vorn in einer Schleife zu. Weiße Punkte auch auf den Taschen. Drei trugen rote Kim-Abzeichen, eine ein helles. Sie war die Chefin. In der offenen Küche klapperte weiteres Personal.

Chung bestellte drei Kaffee und einen Tee. »Ich lade Sie ein!« Als ahnte er, dass wir kaum noch Geld besaßen und vor dem Problem standen, unseren Guides am Ende der Reise kein Trinkgeld geben zu können. Nur krumme Schokolade.

Thanh strich die weiße Plastikfolie glatt, die als Tischdecke diente. »Wie gemütlich es hier ist.«

»Nicht wahr?« Ob Rym je Ironie verstehen würde?

Als ein schwerer Laster unter uns hindurchbrummte, schepperten die Fensterscheiben in ihren Aluminiumrahmen.

»Wo kann man denn hier mal zur ...«
Chung verstand, was Thanh meinte. »Ich zeige es Ihnen.«
»Ich kann das schon alleine. Die Treppe runter?«
»Ja. Ich passe auf Ihre Tasche auf.« Da waren die Kameras drin. Thanh verzichtete auf eine Diskussion und verließ uns. Meine Augen schweiften durch den Raum. Halb verdeckt von zwei Pfeilern sah ich sie. Ein Dutzend Schwarzweiß- und Farbfotos. Kim Il-sung in verschiedenen Stadien seines Lebens. Umringt von Bauern oder Kindern, auf einem Traktor, bei der Besichtigung von Fabriken.
Ich sprang auf.
Rym sprang auf. »Wo wollen Sie hin?«
»Ich ... muss auch mal ...« Die Fotowand hing in der anderen Richtung, aber ich wollte zuerst Thanh sprechen. Allein. Eine halbe Treppe tiefer kam sie mir schon entgegen. »Geh da nicht hin. Ein Loch im Boden und ein Wassereimer zum Spülen.«
»Ich muss gar nicht. Ich hab die Rutsche gefunden. Eigentlich schon in Panmunjom. Aber dann ging's irgendwie unter.«
Thanh verstand kein Wort.
»Komm mit!«
Inzwischen hatte man unsere Getränke gebracht. »Trinken Sie, es wird sonst kalt.«
Gehorsam nahmen wir Platz und einen Schluck. Schüttelten uns.
»Möchten Sie Zucker?«
Wir schaufelten je drei Löffel hinein. Es half kaum. Unten auf dem Parkplatz hielten Busse, die Kellnerinnen schnatterten, aus der Küche kamen drei erdfarbene Herren.
»Wir müssen jetzt hinuntergehen. Es gibt ein Konzert.«
»Wie? Hier?« Thanh schob ihre halbvolle Tasse beiseite. Ich meinen Tee. »Vorher möchte ich euch schnell was zeigen. Dort hinten hängt die Wasserrutsche, die wir suchen.«

Die anderen drei sahen sich an, Thanh zuckte die Schultern. Ich führte sie zwischen den Pfeilern hindurch. Jetzt überblickte ich die Fotowand ganz. Es waren dieselben Bilder wie in Panmunjom. Nur auf dem Farbfoto unten links grinste Kim Il-sung inmitten einer Schulklasse.

Dass ich anstelle von Kim und Kindern in Panmunjom die Rutsche gesehen hatte, wollte mir auf dem Weg hinunter zum Parkplatz niemand glauben.

Wachsame Nachbarn

A *uf der Autobahnraststätte Konzert der Angestellten erlebt. Mehrstimmig. Begleitet von Akkordeon. Großartig.*
Ich schrieb Tagebuch am Schreibtisch im *Yanggakdo-Hotel.* In demselben Zimmer, in dem wir die ersten beiden Nächte verbracht hatten. Thanh war hinunter zur Rezeption gefahren.

Bevor es losging, testeten die Sängerinnen eine Viertelstunde lang ihre Funkmikrophone, indem sie »ah-ah« hineinriefen. Die Funkverbindung zur Lautsprecheranlage klappte nicht. Doch sie meisterten diese Herausforderung.

Dem Konzert hatten all unsere Mittouristen gelauscht: die Bergburschen mit der Rasta-Frau, der Militärhosen-Berliner, die dicke Engländerin und ihr stiller Gatte, der Kanadier und seine amerikanischen Freunde, sogar die asiatische Reisegruppe, die auf dem Weg zum Wellnesshotel in dem grünen Bus vor uns her geschaukelt war. Nur das Blousonjackenpärchen war nicht aufgetaucht.

Danach zum Schülerpalast von Pj. Der Große Führer hat ihn elfmal besucht. In verschiedenen Räumen verschiedene Kindergruppen mit verschiedenen Instrumenten. Beeindruckend.

Zehn Sechsjährige an Yamaha-Heimorgeln, zwanzig trällernde Mädchen an Zupfinstrumenten. Trommelnde Teenager. Kleine Menschenmaschinen, die, wenn sie fertig waren, in sich zusammensackten, bis die nächste Touristengruppe kam.

Die Pädagogen leisten hier bewundernswerte Arbeit.

Ich betrog mein Tagebuch ein bisschen. Für den Fall, dass sie es lasen. Außerdem schrieb ich die Stellen zwischen den Lobeshymnen noch undeutlicher, als ich ohnehin schon schreibe.

Abendessen in einem Restaurant in Pj. Am Fenster fuhren Straßenbahnen vorbei. Es gab Wurst am Stiel. Schöne Idee.

Für eine schöne Idee hielten wir es auch, dass mit einem Mal das Licht im Restaurant ausging und Sekunden später die Angestellten Kerzen auf den Tischen verteilten. Beim Suchen ihres Feuerzeugs war Thanh in den Tiefen ihrer Lederjacke auf einen Hundert-Euro-Schein gestoßen. Als das Licht unvermittelt wieder aufflackerte und draußen die Straßenbahnen gleichzeitig anfuhren, begriffen wir, die Schummerstunde hatte keine romantischen Gründe.

Wir hatten uns überlegt, den Guides und Herrn Pak das Trinkgeld, wenn uns niemand beobachtete, versteckt in drei Zigarettenpäckchen zuzustecken. Bestimmt würden sie sich nicht darüber austauschen, wer wie viel erhalten hatte. Chung sollte am meisten bekommen. Da meine letzten beiden Zehn-Dollar-Scheine nicht reichten, wollte Thanh ihre hundert Euro im Hotelshop wechseln. Nun war sie schon fast eine Stunde weg.

Ich schaltete das Netbook ein – endlich passten die Steckdosen wieder – und verschob heikle Fotos vom Kamerachip aufs Netbook, legte auf dessen Desktopoberfläche einen Ordner mit harmlosen Bildern an und bearbeitete ein paar davon mit einer Fotobuchsoftware. Schließlich hatte ich den Computer offiziell dabei, um die Urlaubsbilder für die Lieben daheim aufzubereiten.

Wo Thanh nur blieb? Sie zu suchen, hatte keinen Zweck. Ich musste hier auf sie warten, sie hatte keine Schlüsselkarte.

Der Fernseher bot fünf Programme. Zweimal nordkoreanisches Staatsfernsehen, *BBC World*, einen französischen und einen chinesischen Nachrichtensender. Hier zeigten sie Bilder von einem Entenwettlauf in Peking.

Ein Radio gab es im Nachttisch zwischen unseren Betten. Der eichendunkle Kubus war betthoch und schallplattenbreit. Die Vorderseite bestand aus einer geschlossenen Front ohne Tür, im oberen Drittel eine Skala und mehrere Knöpfe und Tasten. Im Grunde handelte es sich eher um ein großes Rundfunkgerät als um einen Nachttisch. Ich drückte eine Taste, drehte einen Knopf und klickte mich dann von links nach rechts durch. Nichts. Wahrscheinlich war da die Wanze drin. Bei meiner großen Zimmerdurchsuchung am ersten Tag hatte ich den Kasten völlig ignoriert. Ich war ein schlechter Geheimagent.

Es klopfte. Sofort sprang ich zur Tür. Thanh!

»Na, haste umgetauscht?«, fragte ich übertrieben heiter.

Thanh stürzte an mir vorbei zu ihrer Handtasche, wühlte darin herum. »Meine Zigaretten, hast du meine Zigaretten gesehen?«

»Zuletzt auf dem Tisch.«

»Welchem Tisch?«

»Vor dem Fenster.« Sonst hätte ich doch Schreibtisch gesagt.

»Ich seh die nicht!« Sie stützte ihre Hände in die Seiten.

»Ach da ...« In ihrer Jacke.

»Bin rauchen«, sagte sie und im Zuziehen der Tür: »Oh ... hm ... hallo.« Dazu lachte sie künstlich auf. Kurz darauf verhallten ihre Schritte auf dem Gang.

Jemand betrat das Zimmer nebenan. Zwei Männer unterhielten sich. Die Silben abgehackt, dann wieder schleifend verbunden. Koreanisch.

Wen hatte Thanh gegrüßt?

Ich klappte mein Netbook zu. Legte es in den Samsonite.

Verdrehte das Zahlenschloss. Griff nach der Schlüsselkarte. Folgte ihr hinaus in den Hotelflur.

In einem der Sessel, neben den Aufzügen, fand ich sie. Auf der Kante des Polsters sitzend. Wippend ein Knie, saugte sie an ihrer Zigarette. Mein Lächeln blieb ohne Erwiderung.

Ich setzte mich in den zweiten Sessel.

Die Fenster knackten, als sich eine Windböe gegen die Scheiben warf. In den Eingeweiden des Gebäudes summten die Aufzüge. Das Licht der Leuchtstoffröhren erfasste, von den weißen Tapeten noch verstärkt, jeden Winkel der Gänge.

Thanh drückte im Klappdeckel ihrer Marlboro-Schachtel die Zigarette aus. Nahm eine neue. Erst beim dritten Mal gelang es ihr, eine Flamme aus dem Feuerzeug zu klicken. Im nächsten Moment stieg Rauch aus ihrer Nase.

»Ist dir aufgefallen«, fragte sie nach einer Weile, »dass es in Pjöngjang keine Tauben gibt?«

»Vielleicht fangen sie alle ein.«

»Und essen sie ...« Ihre Finger drehten unablässig das Marlboro-Päckchen.

»Was'n los?«

»Nichts.«

Ein Schniefen zerschnitt die Stille. Sie schluckte. »Der Schein hat einen Riss. Zwei Millimeter. Haben sie im Shop nicht angenommen. Und ich wollte sogar was kaufen. Nicht nur wechseln. Bin ich also zur Rezeption. Frage ganz höflich, ganz freundlich, ob sie mir den Schein wechseln können. ›No, no, is broken‹.« Sie aschte in den Deckel der Malboro-Schachtel. »Bei uns kannste halbe Scheine zur Bank bringen und kriegst 'nen neuen. Aber hier: ›No, no, is broken‹. Dann dachte ich, so nicht! Und bin ein bisschen energischer geworden: ›Was soll diese Schikane? Wieso wollen Sie mein Geld nicht? Holen Sie bitte Ihren Vorgesetzten!‹ Ich hatte den Satz nicht mal zu Ende gesprochen, da war er da. Anzug, Seitenscheitel und ein Gesicht wie Leder. Spricht mich auf Koreanisch an. Ich verstehe natürlich kein Wort. Und auf einmal brüllt der los. Jeder in der Hotelhalle ist zusammengezuckt. Gut, dachte ich, laut kann ich auch. Brüll ich zurück: ›Behandeln Sie so die Gäste in Ihrem Land? Behalten Sie von mir aus zehn Euro, geben Sie mir neunzig.‹ Das war natürlich Wasser auf seinen Mühlen. Jetzt wollte ich ihn auch noch bestechen.«

Eine Aufzugstür ratterte auf. Zwei schwatzende Chinesen, die rasch in einen Gang abbogen. Thanh lauschte ihnen nach. Erst als ihr Schnattern völlig verebbt war, sprach sie weiter: »Der Typ brüllt. Ich brülle. War super. Beide auf hundertachtzig und keiner versteht den anderen. Mit einem Mal hebt er die Hand, schaut einen der Hotelangestellten an. Und gibt einen Befehl.« Ein langer Zug. Die Glut knisterte sich durchs Zigarettenpapier. Ausatmen. Eine Wolke. »Weißte, ich bin im Irak beschossen worden, ich hab in der Sahara drei Tage ohne Wasser überlebt, ich bin in eine Gletscherspalte gefallen. Aber noch nie in meinem ganzen Leben, in den gesamten siebenundvierzig Jahren, hatte ich so viel Angst wie in diesem Moment. Ich dachte echt, er sagt: ›Erschießt sie!‹«

Thanh fröstelte. Ich strich ihr über den Rücken.

»Das Ganze hat vielleicht zwei Minuten gedauert. Und in der Zeit, ich hab nichts gesehen, muss irgendwer Bescheid gegeben haben. Jedenfalls standen auf einmal Chung und Rym da. Das heißt, die an der Rezeption wussten genau, wer ich bin. Obwohl ich weder Zimmernummer noch Namen genannt hatte. Chung war dann ganz freundlich, wie er so ist, und hat versucht zu vermitteln. Wahrscheinlich hat er innerlich Blut und Wasser geschwitzt. Aber er hat sich vor mich geworfen. Ist eben ein Gentleman. Ich werde nie diese Augen von dem Typen vergessen. So voller Hass. Für den war ich die Inkarnation des Bösen. Auf so was wie mich haben sie ihn von klein auf abgerichtet... Scheiße, Zigaretten sind alle.«

»Musst du Chungs goldene nehmen.«

»Da kann ich auch Klopapier rauchen. Was sagst du dazu?«

»Vielleicht kannst du jemandem Zigaretten abkaufen.«

»Hab noch welche im Zimmer.« Sie knüllte die Schachtel zusammen. Asche rieselte. »In keinem Land der Welt hab ich mich so hilflos gefühlt. Wie kommst du klar mit all dem hier?«

Ich brauchte nicht lange nachzudenken. »Da ich die Zustände nicht ändern kann, unterdrücke ich jedes Gefühl.«

»Ach, Hase. So reist man aber nicht. Was ist denn das für ein Leben?«

»Das ist Überleben.«

Plötzlich sah Thanh hoch und flüsterte: »Du, das gleiche Ding hängt bei uns im Kleiderschrank. Hinter den Wolldecken.« Knapp unter der Flurdecke, direkt über den Sesseln, war ein weißer Kasten an die Wand montiert. Halb so groß wie ein Toaster. An der Vorderseite ein Gitter.

»Das ist ein Lautsprecher. Die hängen überall.«

»Eben.« Sie legte den Finger auf die Lippen.

Auf dem Weg zurück flüsterte Thanh: »Als ich vorhin aus unserem Zimmer kam, ging der Typ von der Rezeption ins Nachbarzimmer.«

Bei unserer Tür musste man eine Chipkarte in einen Schlitz stecken, um sie zu öffnen. Die Tür nebenan hatte anstelle des Schlitzes ein Schlüsselloch. Die Struppis wohnten neben uns.

Kaum waren wir in unserem Zimmer, schaltete Thanh den Fernseher ein. Eine Sprecherin in einem rosa Seidenkleid verlas Nachrichten. Sie betonte, als würde sie das Telefonbuch in Gedichtform vortragen.

Thanh ging ins Bad. Ich zum Fenster.

Wie in den vergangenen Nächten lag die Stadt am rechten Ufer fast vollständig im Dunkeln. Keine Straßenlaternen. Nur unmittelbar am Fluss ein paar Lampen. Auf einer Handvoll Häusern leuchteten rot in der Nacht Propagandatafeln. Der Juche-Turm wurde angestrahlt. Der steinerne Turmschaft fast weiß, darüber die rote Flamme. Ein riesiges Streichholz.

Am linken Ufer ein anderes Bild. Es begann schon bei der Brücke über den Taedong, um deren Geländer und Bögen Lichterketten gewunden waren, und setzte sich am linken Ufer in einem ganzen Stadtviertel fort. Hochhäuser im Lichterprotz. Jede Etage ein grellweißer Streifen, dazu Neonblau, -rot, und -grün. Morgen war Armeegeburtstag.

Thanh kam aus dem Bad. »Nach meinem Geschrei an der Rezeption hat mich übrigens ein Franzose angesprochen. Er arbeitet für die Welthungerhilfe und hat mich auf 'nen Kaffee eingeladen. Und mir von den öffentlichen Hinrichtungen hier erzählt.«

Ich stellte den Fernseher lauter. Auf dem Bildschirm nahm Kim Jong-un im schwarzen Mantel eine Militärparade ab. Neben seinem Vater. Der eigentlich längst tot war.

»Weißt du, wie das abläuft? Der Verurteilte trägt einen von Wissenschaftlern entworfenen Overall, der ihn von Kopf bis Fuß umhüllt.«

Ich zog mir mein Kapuzenshirt über. »Dafür braucht man Wissenschaftler?«

»Das Material lässt kein Blut nach außen durch.«

Im Fernsehen jetzt Kim Jong-un in Großaufnahme. Er betrachtete intensiv eine dicke Kartoffel. Thanh schaute nicht hin. »Sie fesseln den Verurteilten an einen Pfahl. Ein Seil geht quer über die Brust, eines quer über die Oberschenkel. Vor seinen Füßen liegt ein Sack. Öffnung nach oben. Drei Soldaten legen an, durchschießen das Brustseil. Er fällt nach vorne und verbeugt sich damit demütig vor allen. Dann schießen sie auf seinen Kopf. Der zerplatzt. Sie durchschießen das Beinseil. Und er fällt direkt kopfüber in den Sack.«

»Kopfüber? Ohne Kopf?«

»Sei mal ernst.«

Humor bedeutet Distanz zu den Dingen. Ein Lehrsatz aus meinen Seminaren. »Lass uns schlafen gehen.«

»Wie soll ich denn jetzt schlafen? Nach so was kann man doch nicht schlafen.« Sie fingerte an einer Wasserflasche herum, versuchte den Deckel aufzuschrauben. Er rutschte ihr weg. »Scheißding!« Thanh warf die Flasche in einen Sessel, setzte sich auf die Bettkante. »Warst du schon auf Klo?«

»Ja, ich bin fertig.«

»Ich meine, so richtig auf Klo?«

»Du nicht?«

Sie schüttelte den Kopf.

»Sag mir einfach Bescheid.« Ich kroch unter die Decke. »Dann geh ich so lange aus dem Zimmer.«

Ich knipste die Lampe über meinem Bett aus. »Du hast hier aber schon mal ... also richtig, meine ich.«

Zweites Kopfschütteln.

Ich zählte die Tage nach, die wir unterwegs waren. »Du ...«, es gab kein treffenderes Wort, »... verarschst mich?!«

Drittes Kopfschütteln.

»Bekommt dir das Essen nicht?«.

»Ich kann zwei Wochen aushalten.«

Ich richtete mich auf. »Du machst das mit Absicht?«

Thanh sah herüber. »Ich kann nicht woanders.« Sie deckte sich zu. »Ich bin Heimscheißerin.«

»Du bist ...« Ich prustete los. Thanh zog einen Flunsch.

»Wenn ich irgendwo länger bin oder es mein festes Domizil wird, geht's. Aber so'n paar Tage nur ... Da kann ich mich nicht akklimatisieren.«

»Akklimatisieren?«, kicherte ich.

»Nu krieg dich wieder ein.« Sie schaltete den Fernseher aus und ihre Lampe. Stille. Aus dem Zimmer nebenan kein Laut. Vielleicht durften sich unsere Aufpasser nachts nicht bewegen. Hin und wieder raschelte Thanh in ihrem Bett herum. Eine Dusche begann zu rauschen. Unser Kühlschrank brummte.

»Du?«

»Ja?« Ich schlief ja auch noch nicht.

»Es gab wenigstens etwas Gutes heute Abend.«

»Nämlich?«

»Unten in einem der Gänge hängt die gleiche Fotowand wie auf der Autobahn. Links in der Ecke war deine Wasserrutsche. Ich dachte, die ist größer.«

»Ich war früher viel kleiner.«

»Echt?«

»Mhm.«

»Wir finden sie morgen«, sagte Thanh.

»Ja, das machen wir«, sagte ich. »Gute Nacht, Heimscheißerin.«

Vor meinem inneren Auge sah ich unsere Nachbarn hektisch im Wörterbuch blättern.

99 Luftballons

»Komma schnell, komma schnell, komma schnell!«
»Was denn?« Thanh duschte.
»Schnell!«
Der Fernseher lief, seit wir die Augen offen hatten. *BBC World*. Ich hätte vor dem Frühstück ja gerne noch zwei, drei Militärparaden gesehen. Andererseits hätten wir dann diese Meldung verpasst.

In ein Handtuch gewickelt stolperte Thanh herein. »Was ist los?« Auf dem Bildschirm flogen bunte Luftballons über ein Feld. An ihren Schnüren baumelten Postkarten. »Hör zu!«

Eine Koreanerin kam ins Bild. Aus dem Off übersetzte eine Sprecherin, was sie sagte: »This is the only way to get in touch with our brothers and sisters in the North. I hope, one day the reunion will come.«

»Ich versteh kein Wort.«
»Das ist Englisch.«
»Witzbold! Worum geht's?«

Vor blauem Himmel taumelte ein roter Luftballon. Er platzte. Eine Postkarte fiel.

»Gestern haben südkoreanische Friedensaktivisten Luftballons mit Grußbotschaften Richtung Panmunjom geschickt. Die Nordkoreaner hatten mächtig zu tun, sie alle abzuschießen.«

»Als wir da waren?«
Ich nickte. »Gott sei Dank haben wir's nicht mitbekommen. Du wärst den Ballons entgegengesprungen, und sie hätten deine Hand weggeballert.«
Im Fernsehen zeigten sie die Aktivistengruppe. Sieben kleine Menschen mit Luftballons.
»Viele sind's ja nicht«, sagte Thanh.
»Dem Durchschnittssüdkoreaner ist der Norden doch völlig schnuppe. Welcher Westdeutsche wollte denn '89 die Wiedervereinigung? Und das nach nur achtundzwanzig Jahren Teilung. Nach sechzig Jahren sterben hier ja langsam alle weg, die sich persönlich kennen oder verwandt sind.« Im Fernsehen lief der Wetterbericht. Regen in London.
»Die südkoreanische Regierung hat die deutsche Wiedervereinigung genau beobachtet. An der FU Berlin gab's sogar südkoreanische Vereinigungsforscher.«
»Was haben die herausgefunden?«
»Dein Handtuch rutscht.«
Thanh zog es stramm. »Und was noch?«
»Dass sich Südkorea eine Wiedervereinigung wirtschaftlich und gesellschaftlich nicht leisten kann. Es ist jetzt schon schwierig, nordkoreanische Flüchtlinge zu integrieren. Die müssen alles neu lernen. Dass es morgen auch noch was zu essen gibt, dass sie fahren können, wohin sie wollen, in den Nachbarort zum Beispiel. Dass sie denken dürfen ... Sogar Sprache und Schrift haben sich auseinanderentwickelt. Und ihr Weltbild liegt in Scherben.«
»Na, es sickern ja wohl Informationen vom Süden durch.«
»In den Grenzregionen vielleicht. Aber wer beim Verbreiten feindlicher Propaganda erwischt wird oder gar beim Hören südkoreanischer Sender ...« Ich machte eine Kopf-ab-Geste.
»Ohne Freizügigkeit, ohne Internet kommt da wenig an.«
»Aber durch Touristen.« Thanh justierte ihr Handtuch nach.

»Stimmt, du hast hier ja ständig mit Passanten geplaudert.«
»Immerhin mit unseren beiden Freunden.«
»Das sind geschulte Parteikader. Ob da was durchdringt ...«
»Bei ...« Thanh sagte den Namen nicht, aber zeigte mit dem Rücken zum Spiegel seine Körpergröße an, »bestimmt nicht. Bei ...«, ihre Hand veränderte die Höhe, »vielleicht.«
»Im Vergleich zu hier waren Ostdeutsche durch Westfernsehen und Verwandte viel besser vorbereitet. Und die Deutschen haben, anders als die Koreaner, nie gegeneinander Krieg geführt. Trotzdem lief es bei uns ja alles andere als problemlos.«
»Aber man kann doch heutzutage ...«, sie sprach leiser, als wir es ohnehin schon taten, »... kein Volk mehr einsperren.«
»Doch. Wenn die Nachbarn nicht wollen, dass es rauskommt. Du brauchst ja nur mal das das Bevölkerungsverhältnis von Nord und Süd auszurechnen.«
»Hase, ich hatte seit einer Woche keinen richtigen Kaffee.«
»In der DDR waren es knapp siebzehn Millionen Menschen, in der BRD gut dreiundsechzig Millionen.«
»BRD habt nur ihr gesagt.«
»Ein Ossi auf fast vier Wessis. Hier kommen vierundzwanzig Millionen Nordis auf fünfzig Millionen Südis. Südkorea würde kollabieren. Zumal der Unterschied im Lebensstandard weit größer ist als '89 zwischen DDR und ... Bundesrepublik. Und China ist froh, wenn es einen Puffer zum Kapitalismus Südkoreas und den Pazifiktruppen der Amis hat. Außerdem würde China selbst von Flüchtlingen überrannt. Und: Nordkorea ist bis an die Zähne bewaffnet! Atomgedöns inklusive. Niemand will, dass das Zeug in falsche Hände gerät bei einem Zusammenbruch. Ergo: Dieses System muss stabil bleiben!«
»Nein. Nein, nein. Guck dir doch mal die armen Schw...äne hier an. Da muss es eine Lösung geben.«

»Langsame Anhebung des Lebensstandards durch mehr Sonderwirtschaftszonen zum Beispiel.« Obwohl wir dicht daran vorbeigefahren sein mussten, hatten unsere Guides kein Wort über die Sonderwirtschaftszone Kaesong verloren. Seit 2003 arbeiten dort vierundfünfzigtausend nordkoreanische Arbeiter für über hundert südkoreanische Firmen. Angeleitet von Hunderten Südkoreanern. Waren, die dort produziert werden, Textilien zum Beispiel, sind zollfrei. Südkoreanische Investoren steckten rund achthundert Millionen Dollar in das Projekt. Den Löwenanteil trug die *Hyundai Motor Company*. Nordkorea verdient durch den Verkauf der Arbeitskraft seiner Einwohner achtzig Millionen Dollar im Jahr zuzüglich Steuereinnahmen. Ähnliche Industriezonen an der Grenze zu China kommen dagegen nicht recht in die Gänge. Obwohl Nordkoreas Arbeiter noch billiger als Chinas sind.

»Wenn alle Dämme brechen, geht das nicht gut aus«, prophezeite ich. »Lieber langsam, aber stetig. Möge Kim drei noch lange leben!«

»Also bitte! Im Übrigen würde ich Koreas Zukunft gerne weiterdiskutieren, wenn ich nicht halbnackt bin.«

»Feiern wir Wiedervereinigung und frühstücken zusammen?«

»Okay. Ich dusche zu Ende.«

Im Bad summte Thanh Nenas Luftballon-Lied. Ich nahm die Fernbedienung und schaltete um. Über den Kim-Il-sung-Platz zogen sie Mittelstreckenraketen.

Als wir zusammen frühstückten, fiel uns auf, dass wir das in all den Jahren, die wir uns kannten, noch nie getan hatten. Dummerweise besteht Thanhs Frühstück im Wesentlichen aus Kaffee und Zigaretten. Wir einigten uns darauf, dass ich nur meckern durfte, wenn der Qualm über die Mittelfalte der Tischdecke kam.

Trotz dieses wohl nie endenden Streitthemas schien es uns, als tauchten wir nach Tagen unter Wasser wieder auf. Das Land hatte uns mit Eindrücken und Informationen überspült. Der Druck, sich richtig verhalten und anpassen zu müssen, hatte uns fast die Luft zum Atmen geraubt. Und das letzte bisschen Sauerstoff hatten wir einander gegenseitig genommen. Zurück an der Wasseroberfläche schwammen wir nun in die gleiche Richtung. In Richtung Rutsche.

Dass die Rutsche existierte, war bewiesen. Um sie zu finden, brauchten wir die Hilfe unserer Guides. Kaum im Bus, Regen trommelte aufs Dach, ging Thanh in die Vollen: »Wir fahren ja heute zum Geburtshaus von Kim Il-sung, stimmt's?«

Chung drehte sich im Beifahrersitz um: »Ja, große Ehre.«

»Hm. Und das liegt doch in ... Hase?«

»Mangyŏngdae.«

»Genau. Und in ...«

Dass sich Thanh keine Namen merken konnte! »... Mangyŏngdae ...«

»... ist der Vergnügungspark. Richtig?«

Chung lächelte ein Chung-Lächeln.

»Dort befindet sich diese Wasserrutsche. Nicht wahr?«

Noch ein Chung-Lächeln: »Zuerst besichtigen wir die Metro.«

»Oh, das ist auch toll!«, rief ich.

Thanh verdrehte die Augen. »Was soll denn daran toll sein?«

Das Pferd unter der Erde

Auf acht kantigen Betonpfeilern ruhte das Vordach, in dessen doppelstöckiges Gesims eine ganze Etage gepasst hätte. Glänzende Aluminiumrahmen fassten die Scheiben der Pendeltüren ein, die zwischen den Pfeilern schwangen. Wir rannten durch den Regen unters Vordach. Chung hielt uns die Türen auf: »Metro-Station Puhung – auf Deutsch: ›Wiederbelebung‹.«

Thanh feixte. »Aber wir sind doch nur nass, nicht tot!«

Chung erschrak. »Tot?«

»›Wiederbelebung‹ bedeutet, jemand war tot und wird wieder ins Leben zurückgeholt.«

»Ja, so wie unser Korea, das Großer Führer Kim Il-sung neu erbaut hat.«

Das klang einleuchtend.

Die Innenausstattung war prachtvoll. Stuck an der Decke. Zwischen Marmorpilastern drei Rolltreppen. Davor automatische Durchgangssperren, die aber offen waren, da sie nicht zu funktionieren schienen. Eine adrette Uniformierte nahm Chung mehrere Metalljetons ab, derweil hasteten Fahrgäste an uns vorbei. Sie waren auf dem Weg zur Arbeit. So sah es jedenfalls aus.

Direkt über den Rolltreppen – eine fuhr nach unten, eine fuhr nach oben, eine fuhr gar nicht – ein weiterer Stuckfries und eine Losung in Rot. »Was heißt das, Rym?« Ich mochte es, wenn Rym die Propagandatexte las. Er konnte das viel eindrucksvoller als Chung.

Rym nahm Haltung an. »Dort steht: *General Kim Jong-il, die Sonne des einundzwanzigsten Jahrhunderts. Hurra!*«

Er hatte sich selbst übertroffen.

»Hurra?« Thanh hob die Augenbrauen.

»Das ›Hurra‹ hat er wohl selbst hinzugefügt!«

»Nein, es steht dort«, versicherte Rym.

»So. Diese Station, sie ist Beginn von Chollima-Linie, sie führt von Süden nach Norden und wurde benannt nach einer koreanischen Sage. ›Chollima‹ bedeutet ›schnelles Pferd‹!«

Die Rolltreppe war langsamer als jeder Ackergaul. Rumorend brachte sie uns hinab in die Tiefe. Die Rolltreppe hinauf drängten sich die Menschen. Auf unserer Seite hielten die Fahrgäste mehrere Stufen Abstand. Die beiden Männer, die uns am nächsten standen, trugen herbstliche Farben.

»Struppi auf zwölf und sechs Uhr«, raunte ich.

»Schon gesehen«, flüsterte Thanh.

Den Betonschlund, in dem wir abwärtsglitten, erfüllte blechernes Brüllen. Mir kam der Morgen in Kaesong in den Sinn. Auf dem Mittelstück zwischen den Fahrtreppen waren alle zehn Meter Lautsprechertrichter montiert. Aus ihnen schepperten Kampfparolen, die eine begeisterte Zuhörerschaft dumpf bejubelte. Die gewölbten Betonwände verstärkten jeden Laut. Nach Moskauer Vorbild liegt die U-Bahn von Pjöngjang bis zu hundert Meter tief. Die am tiefsten gelegenen U-Bahn-Stationen lassen sich durch Stahltore abriegeln. Im Falle eines Atomkrieges sollen sie sicher vor radioaktiver Strahlung schützen. Gerüchten zufolge existieren unter Pjöngjang weitere Tunnel mit Zugbetrieb. Für die oberste Elite und das Militär.

Unsere Rolltreppe endete nicht auf dem Bahnsteig, sondern auf einem Zwischengeschoss. Rym stoppte vor einer Tafel. Eine blaue und eine rote Linie kreuzten sich etwa in ihrer Mitte.»Schauen Sie, das ist das Streckennetz unserer Metro.« Die Chollima-Metro-Linie wurde 1968 begonnen und 1973 eröffnet, als erste U-Bahn der koreanischen Halbinsel. Ein Jahr vor der von Seoul. 1978 ging Pjöngjangs zweite Metrostrecke, die Hyoksin-Linie, in Betrieb. Sie verläuft von Ost nach West. Beide Linien bleiben westlich des Taedong. Beim Versuch, den Fluss zu unterqueren, wurden 1971 über hundert Arbeiter verschüttet und die Grabungen aufgegeben.

»Zu welcher Station fahren wir?«, fragte ich Rym.

»Yonggwang – ›Blühendes Licht‹.«

»Wie heißen die anderen?«

»Tongil – ›Vereinigung‹, Kaeson – ›Triumphale Rückkehr‹, Chonseung – ›Kriegssieg‹, Ponghwa – ›Signalfeuer‹, Kwankbok ...«

»Danke, das reicht«, unterbrach ihn Thanh.

Eine breite Treppe führte hinunter auf den Bahnsteig. Ein Palastgewölbe. Bunte Kristallüster hingen schwer von der Decke und spiegelten sich in den polierten Bodenplatten. Die Seitenwände gliederten reich verzierte Bögen. In den jeweils mittleren monströse Mosaike. Das rechte zeigte einen roten Aufsitztraktor vor gelbem Feld, umringt von fröhlich Fahnen schwenkenden Männern, Frauen und Kindern.

»Es heißt: *Lied der Rekordernte*«, verkündete Rym.

»Und das andere?« Gegenüber schritten behelmte Arbeiter an einer Industriekulisse entlang. Zwei Männer schauten in einen Bauplan, eine junge Frau mit Kopftuch sah ihnen über die Schulter. Alle Füße versanken tief in einer Blumenwiese.

»*Ein Morgen der Erneuerung.* vierundzwanzig Meter lang.«

Etwas länger war die U-Bahn, die nun einfuhr. Thanh starrte sie an.»Sag mal, ist das nicht ...?«

»Toll, was?!«

Statt sonnengelb war sie bis unter die Fenster rot und darüber lindgrün lackiert, ansonsten aber unverkennbar.

»Darf ich vorstellen: U-Bahn-Baureihe D aus Berlin. Gebaut Mitte der Sechziger. Wurde in den Neunzigern von der BVG ausgemustert und kam 1998 über Wismar per Schiff hierher.« Rym trat hinzu. »Koreanische U-Bahn. Sehr schön, nicht wahr?«

»Na ja«, hob ich an, »eigentlich kommen die ja aus ...« Thanh schüttelte unmerklich den Kopf. »Ja, sehr schön«, endete ich.

Aus einem zunächst nicht ersichtlichen Grund stiegen wir nicht ein, sondern blieben auf dem Bahnsteig. Dort wimmelte es von Menschen, die an uns vorbeisahen. Chung brachte uns zu einem Gestell, an dem man Zeitungsseiten wie an einem Posterständer durchblättern konnte. »*Rodong Sinmun* – Arbeiterzeitung«, erläuterte er. Auf einer Doppelseite zählten wir acht Fotos. Auf sechs davon Kim Jong-il, zweimal mit seinem Vater Kim Il-sung. Einmal der junge Kim Il-sung allein und einmal Kim Jong-un, der einzig lebende der drei Kims. Auf der Hälfte der Fotos hielt jemand ein Gewehr.

Das Blousonjackenpaar kam in Begleitung des professoralen Guides und Frau Kim die Treppe herab. Chung schien erleichtert. »Nächste U-Bahn können wir nehmen.«

Rym versuchte Frau Kims Blick zu erhaschen. Sie ignorierte ihn.

Unser U-Bahn-Wagen war leer. Er wurde aber voll. Außer uns vieren stiegen drei Herren ein. Für jede Tür einer.

Thanhs Pupillen deuteten in ihre Richtung.

»Wuff«, machte ich.

Eine junge Frau wollte gedankenlos zusteigen, der Herr an der Tür knurrte. Eilig lief sie zum übernächsten Wagen. Den nebenan belegte nämlich das Blousonpärchen. Durch die Glasscheibe der Verbindungstür nickten wir uns zu. Kim Il-sung und Kim Jong-il, die über der Tür hingen, verzogen keine Miene. Auf dem Bahnsteig hob eine fesche Schaffnerin ihre Kelle, dann rollten wir los.

Ich fotografierte das Wageninnere. Das sah noch genauso aus wie in Berlin. Grüne Kunstlederpolster, braunes Holzimitat an den Wänden, die Fensterscheiben zerkratzt. Original Berliner Scratchings. Zielte ich mit der Digicam in ihre Richtung, drehten die begleitenden drei Herren die Gesichter weg oder hielten ihre Hände davor.

»Station Yonggwang, wir müssen aussteigen.« Chung scheuchte uns hinaus, und die drei Herren zerstreuten sich. Wir waren eine Station gefahren.

Der Bahnhof »Blühendes Licht« war noch prächtiger als die Station »Erneuerung«. Auf jeder Bahnsteigseite eine Reihe marmorner Blütenkelche, die die Bögen des Kreuzgewölbes aufnahmen, das die Mitte des Bahnsteigs überspannte. Jede Bogenrippe leuchtete, dazu hingen bündelweise bunte Kugellampen von der Decke.

Chung blieb stehen. »Ich erzähle koreanischen Witz, ja?«

»Pass auf, Hase. Jetzt kannste was lernen.«

»Sehen Sie die Lampen dort oben?«

Wir sahen hinauf zu den Kugelleuchten und nickten.

»Eines Tages ein kleines Mädchen, fünf Jahre, kommt mit seiner Großmutter, siebzig Jahre, erstes Mal in diese Station. Das Mädchen zur Großmutter: ›Großmutter pflückst du mir welche?‹ Die Großmutter lacht und sagt: ›Oh, mein Liebling, das sind Lampen, keine Trauben.‹«

Thanh lachte im Namen von uns beiden.

Die Rolltreppenfahrt hinauf dauerte so lange, dass sich die mitreisenden Pjöngjanger auf die Stufen setzten. Das Propagandageschrei aus den Blechtrichtern vertrieb einem die Zeit. Die steile Betonröhre eignete sich perfekt als geheime Kommandozentrale eines Bond-Bösewichts. Schön schaurig würde es klingen, wenn eine weibliche Stimme den Countdown bis zur automatischen Selbstzerstörung herunterzählte.

In einem Zwischengeschoss marschierten wir durch einen

Gang. *Wumpf, wumpf, wumpf* dröhnten unsere und die Schritte hundert anderer. Nach etwa der Hälfte des Weges plötzlich Getrappel hinter uns. Und kurze Kommandos. Als wir uns verstohlen umdrehten, sahen wir, wie Erdfarbene einen Mann aus der Menge holten.

Unsere Guides trieben uns zum Weitergehen an.

Die letzte Treppe endete mitten auf einem Bürgersteig. Da Herr Pak noch auf sich warten ließ, waren wir schutzlos Regen und Bevölkerung ausgesetzt. Ein paar Meter entfernt versuchte ein altes Mütterchen, einen weißen Sack aus Plastikgewebe auf den Gepäckständer ihres Fahrrades zu wuchten. Halb so hoch wie sie und mit Sicherheit schwerer. Der Sack fiel, das Fahrrad kippte. Passanten unter Schirmen hasteten achtlos weiter. Der kommunistische Gemeinsinn ließ doch sehr zu wünschen übrig. Nicht jedoch bei Thanh. Sie stürmte los: »Das kann man ja nicht mit ansehen.«

Im letzten Moment erwischte ich sie am Ärmel. »Du bringst die arme Frau in Teufels Küche.«

Also appellierte Thanh an die Gentleman-Ehre unserer Guides. Was blieb ihnen übrig? Sie gingen hinüber, und Chung deutete eine Verbeugung an. Die asientypische Achtung vor dem Alter galt auch in Nordkorea. Die Greisin erstarrte angesichts der beiden Männer in den dunklen Anzügen. Was hatte sie getan?

Chung griff nach dem weißen Sack. Jetzt endlich begriff das kleine Muttchen, dass keine Gefahr drohte. Und verbat sich jede Hilfe. Nass und pudelgleich kamen Chung und Rym zurück.

Thanh schüttelte den Kopf. »Ich versteh dieses Volk nicht.«

Die Blumenbataillone

Pjöngjang wirkte heute viel lebendiger als in den ersten Tagen. Ähnlich wie in Kaesong wuselten die Menschen in alle Richtungen, auf den Straßen herrschte dichter Verkehr. Unser Gast am ersten Abend hatte berichtet, seit kurzem gäbe es in der Drei-Millionen-Metropole mehrmals die Woche einen Stau, worauf man sehr stolz sei.

Viele Autos, viel Fortschritt.

Vielleicht wirkte Nordkoreas Hauptstadt auch deshalb lebendiger, weil uns die Mischung aus Monströsem und Morbidem nicht mehr so überwältigte. Oder es lag daran, dass heute ein Feiertag war. Der Geburtstag der Volksarmee. Bis 1971 wurde er im Februar begangen, dann verlegte man ihn ins Frühjahr. Da behindert kein Schnee die Aufmärsche.

Wir überholten Busse voller ordenbehängter Soldaten. Fahnen schmückten alle Laternenmasten. Außer der Staatsflagge baumelten dort hellgrüne Fahnen, in deren Mitte knollige tiefrote Blumen prangten. Solche Blumen hatten wir öfter auf Plakaten gesehen und im Kreisverkehr vor dem Mausoleum.

»Schauen wir heute eine Militärparade an?«, fragte ich.

»Wollen wir nicht viel lieber diesen Vergnügungspark anschauen?«, fragte Thanh.

Chung ging nur auf meine Frage ein. »Leider es ist zu

schlechtes Wetter für eine Parade. Wir zeigen Ihnen dafür eine schöne Blumenausstellung.«

»Na, das klingt nach einer friedlichen Alternative.«

Wie sehr Thanh doch irrte.

Schon beim Namen des gläsernen Pyramidenstumpfes, in den wir geführt wurden, stockte ihr der Atem: *Kimilsungie-Kimjongilie-Blumenausstellungshalle.*

Im hellen Foyer plätscherten in einem großen Bassin Wasserspiele. Widerstandslos ließen wir uns vor einem Wandbild ablichten. Umgeben von pinken Blüten streckten Kim eins und Kim zwei dem Betrachter grinsend ihre Bäuche entgegen. Ohne uns abzusprechen, streckten wir auch unsere Bäuche heraus. Grinsten aber nicht.

Chung weihte uns in das blumige Geheimnis des Ortes ein. »Jedes Jahr es findet die Kimilsungie-Kimjongilie-Blumenschau statt. Arbeiterkollektive aus dem ganzen Land gestalten mit den schönsten Exemplaren der Kimilsung- und der Kimjongilblume Bilder. Am Ende es gibt einen Sieger.«

Im Schutz des Wasserplätscherns stammelte Thanh: »Ich will nach Hause. Jetzt gleich!«

Und da hatte sie noch keines der bunten Werke gesehen.

Im Gegensatz zu anderen Verehrungsideen Nordkoreas wuchs die Kimilsungblume auf dem Mist eines indonesischen Gärtners. Er kreuzte 1964 zwei Orchideenhybride und taufte sie auf den Namen »Dendrobium Clara Bundt«. An ihren langen grünen Stengeln blühen stiefmütterchenähnliche violette Blüten. Der indonesische Präsident und Diktator Sukarno schenkte die neue Sorte aus Anlass eines Staatsbesuches 1965 Kim Il-sung. Seitdem heißt sie Kimilsungie. Aber nur in Nordkorea.

Die Kimjongilie wurde 1988 extra zum sechsundvierzigsten Geburtstag ihres Namensgebers gezüchtet. Und zwar von einem Gärtner aus Japan!

Sie entstammt der Familie der Knollenbegonien und besticht durch ihre faustgroßen, kräftig roten Blüten. Jene, die wir auf Fahnen, Plakaten oder im Mausoleumskreisverkehr sahen.

Beide Blumen gewinnen bis heute regelmäßig Preise auf internationalen Blumenmessen.

»Kimjongilie ist Symbol der Juche-Ideologie«, erklärte Rym. »Sie steht für Liebe, Weisheit und Frieden.«

»Und für Kim Jong-il«, ergänzte Thanh.

»Du brauchst dich gar nicht lustig zu machen«, flüsterte ich. »Es gibt auch Helmut-Kohl-Rosen.«

»Wenn man's recht bedenkt, ist das keine doofe Idee. Blumen sind ein billiges Mittel, um jede Tristesse aufzuhübschen.«

»Und man kann sie ins Schaufenster stellen, wenn es sonst nichts gibt. Oder ins Wohnzimmer. Dadurch sind die beiden großen Führer ständig präsent. Nur ansehnlicher.«

»Wisst ihr, was wir jetzt machen?«, fragte Thanh laut. »Wir gehen herum, wählen jeder drei Blumenbilder aus und vergeben Punkte. Nachher küren wir den Sieger.«

»Es wird mir sehr schwerfallen. Ich finde alle schön.«

»Du willst dich nur drücken, Rym. Aber Chung, du machst mit?«

»Ich fühle wie Herr Rym. Aber wir können erklären.«

Also zog Thanh mit Chung und ich mit Rym durch das große Rechteck der Ausstellungshalle. Sie war bis zum gläsernen Dach offen. Rolltreppen führten eine Etage höher zu einer umlaufenden Galerie, wo weitere Blumenarrangements warteten.

Frauen auf Betriebsausflug, Familien mit kleinen Kindern und Gruppen glattrasierter Männer im Mao-Anzug begutachteten fachmännisch und begeistert die verschiedenartigen Anordnungen von Blumentöpfen, die erst ergänzt durch ganz besondere Objektkunst ihren ganz besonderen Reiz entfalteten.

Nach einer Stunde trafen wir uns am Ausgang zur Auswertung.

»Also, mein Platz drei.« Ich zeigte es in der Digicam. »Styroporpanzer auf Kunstrasen vor Treppe mit Kimjongilien.«

»Sehr schick!«, sagte Thanh. »Ich vergebe einen Punkt für: Zwei Pistolen vor dem Geburtshaus des Führers ...«

»Großen Führers!«

»... des Großen Führers in einem Wald aus lila Blumen.«

Sie meinte Kimilsungien. Das Geburtshaus war nur ein hölzernes Modell. Die Pistolen nicht.

»Das ist mein Platz zwei. Also haben die Pistolen schon mal drei Punkte. Und was hast du auf Platz zwei gewählt?«

»Marmorskulptur aus Panzerfaust, Handgranate und so einem Gewehr mit 'nem Messer ...«

»Bajonett.«

»... in einem Kranz aus Magnolien.«

Die Magnolie ist Nordkoreas dritte Nationalblume.

»Tataaa!«, trompetete ich, »mein Platz eins: Berghang aus Kimjongilien und weißen Blümchen mit Modellen von Panzer, Raketenwerfern und Jagdflugzeug.«

»Das war sehr beeindruckend«, wisperte Rym. Er war mir keine große Hilfe gewesen. Seine Botanikkenntnisse beschränkten sich auf Führerblumen.

Thanh kam zu ihrem Platz eins: »Drei Punkte bekommt von mir: Beleuchteter Springbrunnen zwischen bunten Blumen.«

»Wie langweilig.«

»Ja, sehr friedlich.«

Ich vergab noch einen Sonderpreis. »Kim Jong-il und Kim Jong-un zwischen Kimjongilien und Kimilsungien.«

Auf dem mehrere Meter breiten Foto trugen Vater und Sohn identische graue Parka, waren gleich dick, klatschten im selben Takt und bewiesen so die Kontinuität in der kommunistischen Dynastie. Solche Vater-Sohn-König-Kronprinz-Panoramen inmitten von Blumen gab es mehrere. Vor jedem saß eine uniformierte Wächterin, die kontrollierte, ob man Führer und Blumen im korrekten Abstand aufnahm. Stand man zu dicht vor den Foto-Blumen-Ensembles, schob sie einen weiter weg. Auf diese Weise sollten unschickliche Körperteilaufnahmen verhindert werden. Die Existenz von Zoom und Teleobjektiven ignorierte man. Fotografen den korrekten Aufnahmewinkel vorzugeben, hat eine lange Tradition in Nordkorea. Ab Ende der siebziger Jahre war dem Großen Führer auf der rechten Seite eine tumorartige Wucherung aus dem Nacken gewachsen, die zum Ende seines Lebens Tennisballgröße erreichte. Kameraleute und Fotografen durften Kim Il-sung daher nur von schräg links vorn aufnehmen. Bilder retuschierte man gegebenenfalls nach. Bei der Wucherung handelte es sich um eine Kalkablagerung. Diese bisweilen schmerzhafte Kalzinose soll ihn jedoch, auch nach Meinung westlicher Beobachter, nicht geistig beeinträchtigt haben. Aufgrund der großen Nähe zu Hirn und Spinalkanal, in dem das Rückenmark verläuft, trauten sich selbst chinesische Chirurgen nicht, die Wucherung zu entfernen. Das geschah erst, als Kim Il-sung 1994 gestorben war und einbalsamiert wurde. Damit ist der Große Führer einer der wenigen Menschen, die nach dem Tod gesünder aussehen als zu Lebzeiten.

Thanh rechnete die Punkte zusammen: »Na toll, wir haben für drei Blumenskulpturen je drei Punkte vergeben. Plus Sonderpreis.«

»Das finde ich sehr schön.« Zur Bekräftigung nickte Chung.

»Warum?«

Chung lächelte. »So gibt es für jeden von uns einen Sieger.«

»Ach, Chung«, Thanh streichelte seinen Arm, »du bist echt 'ne Marke.«

Auf nach Mangyŏngdae!

»Jetzt fahren wir in den Zirkus!«
»Chung, wir wollen in den Vergnügungspark!«
Langsam riss auch mir der Geduldsfaden.
»Wir haben schon die Eintrittskarten gekauft.«
Der feste Zirkusbau von Pjöngjang sah aus, als wäre Mama-UFO mit ihren beiden UFO-Kindern gelandet und hätte sich anschließend als Pilz getarnt. Auf einem zentralen Rundbau lastete ein riesiges Dachsechseck, zu beiden Seiten die gleiche Konstruktion, nur kleiner. Innen setzte sich das architektonische Spektakel in Marmorbombast aus Säulen, Balkonen und frei schwebenden Treppen fort.

Die Zirkushalle hatte die Ausmaße des Berliner Friedrichstadtpalastes. Ein amphitrisches Halbrund aus blauen Polstersitzen umgab die Manege, dahinter erstreckte sich eine Bühne, auf deren blauem Vorhang sich ein Regenbogen wölbte.

Die Ränge waren zu zwei Dritteln besetzt, die Hälfte davon junge Soldaten mit kleinen, müden Gesichtern unter stoppelkurz geschorenen Haaren. Frauen in braunen und blauen Einheitsanzügen saßen tratschend beisammen. Mittendrin leuchteten die pinkfarbenen Mützen kleiner Mädchen.

»Ich hasse ja Zirkus«, grummelte Thanh. »Hoffentlich kommen keine Tiere.« Sie hoffte vergebens.

Das Licht verlosch. Auf einem Seitenbalkon begann das Orchester zu spielen. In einem Lichtkegel erschien die Ansagerin und überzog uns mit einem Schwall enthusiastischer Worte und einigen Begrüßungssätzen auf Englisch. Für die Reihe internationaler Gäste, zu denen außer uns auch das Blousonjackenpaar gehörte. Und alle anderen aus Berlin, Österreich, England, den USA und Kanada.

Dann die erste Nummer: der blaumantelige Magier. Ihm assistierte heute neben den mir schon bekannten jungen Damen ein magerer Braunbär auf Rollschuhen.

Thanh stöhnte auf.

Aufgabe des Bären war es, dem Magier die Requisiten zu bringen. Zum Beispiel die Schwerter für den Frau-in-der-Kiste-Trick. Dazu legte die zweite Assistentin dem auf den Hinterbeinen stehenden Petz ein Schwert über die ausgestreckten Vordertatzen, gab ihm einen Schubs, und der Bär rollte quer über die Bühne, bis der Magier ihn auffing, ihm das Schwert abnahm, den Bären umdrehte und zurückschubste. Das missfiel sogar den allerhand gewöhnten Nordkoreanern, denn sie spendeten nur gedämpften Applaus.

Mehr Tiere kamen nicht.

Dafür Trampolinspringer, Jongleure, Schleuderbrettakrobaten. Und eine Trapeztruppe. Hoch über unseren Köpfen schwangen und flogen sie. Die Ansagerin kündigte eine Sensation an: den vierfachen Salto mortale.

Beim ersten Versuch misslang er.

»Alter Zirkustrick«, flüsterte ich alter Zirkushase, während der Artist aus dem Sicherheitsnetz kletterte und die Strickleiter erklomm, »dann ist die Begeisterung gleich umso größer, wenn's klappt.« Der Orchesterschlagzeuger wirbelte auf der Trommel. Der Springer kam oben an. Ihm gegenüber schwang der Fänger im Beinhang am Trapez hin und her. Der Springer griff nach seinem, sprang, ließ los, wirbelte viermal in der Luft, verfehlte den Fänger und fiel wieder.

Rym und Chung bekamen von diesem Drama nichts mit, sie waren neben uns eingeschlafen. Das Publikum klatschte aufmunternd. Für den Artisten. Mühsam lächelnd arbeitete er sich aus dem Sicherheitsnetz. Auf der Strickleiter musste er auf halbem Weg nach oben eine Verschnaufpause einlegen. Dann Trommelwirbel, der Fänger schwang, der Springer sprang und fiel zum dritten Mal.

»Hm«, machte Thanh, »ob der morgen noch mal randarf?«

»Bestimmt. Aber dann ohne Netz.«

Vielleicht hatten sie nur einen schlechten Tag. Beim Zirkusfestival von Monte Carlo gewann die Truppe einen Silbernen Clown.

Die eigentliche Sensation kam nach der Pause.

Zierliche Akrobaten überzogen die Manege mit blauen Tüchern. Unter dem Stoff bäumten sie sich auf, sanken hernieder. Wellen. Auch der Dirigent hob und senkte sich. Und die Geigenbögen. Sturm. Die Akrobaten unter den Tüchern gingen auf und nieder. Auf. Und nieder. Auf. Und nieder.

»Die Armen. Denen wird doch schwindlig.«

»Kunstbanausin!«

Auf. Und nieder. Auf. Doch da! In den tuchenen Fluten! Da! Arme. Hände. Ein Kopf. Versanken. Tauchten auf. Gingen nieder. Ein Mädchen! Es kämpfte um sein Leben. Es würde ertrinken. Paukendonner! Stroboskopblitze! Das Publikum hielt den Atem an. Mancher gar die Hand vor den Mund. Da! Der Kopf des schönen Mädchens! Es schrie um Hilfe. Rang mit dem Tod. Und plötzlich zwischen Tosen und Donner: *Wlap-wlap-wlap!*

Ein Hubschrauber! Rettung nahte! Ein Seil fiel herab vom Himmel. Also genau genommen durch ein Loch in der Betondecke. Donner! Blitz! Dunkelheit! Suchscheinwerfer! Und da war er! Im Lichtkegel schwebte über allen Köpfen in schwindelerregender Höhe: ein Soldat!

Beifall brandete auf.

»Nein!«, rief Thanh! »Nein!«

Mit einer Hand hielt sich der Retter am Seil. Die Tarnfleckenuniform umspannte seinen Herkuleskörper. Grellorange leuchtete die Schwimmweste. Das Orchester schwenkte um von Sturm auf Liebesmelodie.

Es dauerte nicht lange, bis das Mädchen aus dem Tüchermeer gerettet war. Zum Dank zeigte sie am Arm des Soldaten einige Turnübungen. Dann flogen der Soldat und sein Mädchen davon.

»Ist die Volksarmee nicht toll?« Ich grinste.

»So'n Kitsch«, brummte Thanh.

Als »Duo Pjöngyang« wurden der Soldat und sein Mädchen von Nordkorea für die Saison 2013 vom Münchner Zirkus *Krone* ausgeliehen. Allerdings trug der Soldat bei *Krone* unter der Schwimmweste ein blaues Hemd und eine angemessene schwarze Hose. Was man halt so anhat, wenn man in Demokratien rettet.

»Rutsche! Rutsche! Rutsche!«, krakeelten wir im Chor.

Zwar gebärdeten wir uns albern, doch meinten wir es todernst. Chung sah nur über die Schulter: »Die Königin will Geld wechseln, nicht wahr?« Wir verstummten.

Unser Bus rauschte durchs regengraue Pjöngjang, dass die Reifen zischten. Ryms Atem im Nacken, fragte Thanh leise: »Hast du 'ne Ahnung, wohin wir fahren?«, und sagte laut: »Schau, wie hoch die Häuser sind!«

»Wow, sind die hoch! ... Keinen Schimmer.«

»Der beschäftigt uns, bis der Tag um ist. ... Von da oben hat man bestimmt eine schöne Aussicht!«

»Mangyŏngdae steht aber auf unserem Plan. ... Ja, vor allem bei schönem Wetter!«

Wir glitten in eine Unterführung. Geschützt vor dem Regen hockte auf dem schmalen Gehsteig eine alte Frau. Auf einem

Tuch vor sich lagen Bananenbündel. Ein Mann drückte ihr etwas in die Hand und nahm eine der gelben Stauden mit.

Chung hatte mehrmals telefoniert, und nun stiegen wir vor einem mehrstöckigen Betonkasten aus. »Sie wollten doch ein Kaufhaus besichtigen. Bitte lassen Sie Ihre Kameras im Bus.«

Statt durch den überdachten Haupteingang geleiteten sie uns zu einer Seitentür. Dahinter ein dunkles Treppenhaus. Ein winziger Fahrstuhl. »Ich würde gerne laufen«, sagte Thanh. Rym sah zu Chung, der nickte, und Rym bot an: »Ich laufe mit Ihnen.«

»Und du fährst Fahrstuhl, Hase? Du bist ja mutig.«

Mit Chung und mir war der Aufzug voll. Eine Funzel warf trübes Licht. Nadelfilz bedeckte Wände und Boden. Falls wir abstürzten, fielen wir weich. Chung drückte die Zwei. Anders als in unserem Hotel, bedeutete sie offenbar nicht »Erdgeschoss«. Die Tür ratterte zu. Es ruckte. Es rauschte. Es rumpelte. Die Funzel erlosch. Es wurde still.

»Es wird gleich weitergehen.« Seltsam dumpf klang Chungs Stimme. Der Filz an den Wänden schluckte jeden Schall. Langsam gewöhnten die Augen sich an die Dunkelheit. Durch einen Spalt zu unseren Füßen drang Lichtschein.

»Sie haben gehört vielleicht, die amerikanische Regierung bestraft unser Volk mit Sanktionen. Deshalb es fehlen uns Ersatzteile und Kohle für unsere Kraftwerke. Aber wir sind stark.«

Die raren Momente, die wir mit den Guides einzeln verbrachten, hatten wir viel zu wenig genutzt. Vielleicht war es die letzte Gelegenheit. »Bist du in Pjöngjang geboren?«

»Ja, im Krankenhaus.«

»Was sind deine Eltern von Beruf?«

»Mein Vater, er ist oberster Ingenieur, meine Mutter, sie leitet einen Kindergarten.«

Führungskräfte. Besonders staatstreu also. Klar, sie durften schließlich in Pjöngjang leben. »Wenn Geld keine Rolle spielt, was würdest du kaufen?«
»Zur Hochzeit ich möchte meiner Verlobten eine Badewanne schenken.« Er flüsterte: »Sie kostet achthundert Euro!«
»Und wenn du frei entscheiden könntest, wohin ...«
»Ich glaube, gleich fährt der Fahrstuhl wieder.«
In der Tat. Sekunden später stiegen wir aus.

Rowenta-Kaffeemaschinen, Siemens-Staubsauger, Eierkocher von Philips, Toshiba-Fernseher. Standventilatoren, Ölradiatoren, ein Fußsprudelbad. Dicht an dicht bevölkerte ein bizarres Sammelsurium westlicher Waren die Wandregale. Einzig an einem Kleiderständer hing ein einheimisches Produkt: bunte Glockenkleider aus Kunstseide, jedes in einer durchsichtigen Folienhülle. Kleine Papieranhänger verrieten den Preis: zwölftausend Won, rund siebzig Euro. Die einzige Ware, die man ausgepreist hatte. Außer uns waren keine weiteren Kunden auf der Etage. Dafür fünf Verkäuferinnen.

»Gibt es hier weitere Etagen?«, erkundigte sich Thanh.

»Oh ja, sie werden gerade renoviert.«

»Und kann man hier Zigaretten kaufen?« Sie wollte ihren Schein klein machen. Statt eine Verkäuferin zu fragen, telefonierte Chung. Dann: »Kommen Sie.« Über die Haupttreppe erreichten wir das nächste Stockwerk. Graue Betonpfeiler, sonst nichts. Keine Eimer, Leitern oder Bauarbeiter. Zerkratztes Parkett schimmerte im Halbdunkel. Ein Durchgang führte in einen Nebenraum. Dort lagerten in dunklen Holzregalen hinter einem U-Tresen Wodka-Gorbatschow-Flaschen, Kinderschokolade, Leibniz-Kekse, Tchibo-Kaffee, Marlboros.

Thanh zeigte auf eine Zigarettenstange. Die Verkäuferin reichte ihr ein Warenerwerbszettelchen. Wir gingen zum Kassenhäuschen, und Thanh schob den Schein unter der

Trennscheibe hindurch. Hundert Euro. Ein Achtel Badewanne. Die Kassiererin nahm den Schein, befühlte ihn.

Wir machten unsere gelangweiltesten Gesichter. Sahen einander nicht an. Vermieden jeden Austausch stiller Botschaften. Die Kassiererin strich den Schein glatt.

Er entblößte seinen Riss. Prompt drang ein Laut des Missmuts aus der Kassenkabine. Chung antwortete kurz und streng. Die Kassiererin verlagerte ihren Missmut in ihre Augenbrauen, griff in die Kasse und zählte das Wechselgeld vor. Einzelne Zehn- und Zwanzig-Euro-Scheine. Die Anspannung, die uns vier vor dem Kabäuschen erfasste, kribbelte in jeder Muskelfaser. Thanh griff nach dem Geld, ich griff nach dem abgezeichneten Zettel, eilte zum Tresen. Gab, nahm, ging. Holte die anderen auf der Treppe ein. Wir kämpften gegen den Impuls zu rennen an. Vor der letzten Stufe kippten Thanh, Chung und ich gleichzeitig nach vorn. Ließen sie aus. Unser rechter Fuß berührte im selben Moment den Boden. Rym landete im Schlusssprung. Wir warfen die Ausgangstüren auf. Herr Pak fuhr im Bus vor, wir hechteten hinein, und ehe die Tür zu war, startete er durch.

Wir schlugen uns gegenseitig auf die Schulter und klatschten uns ab. Wir waren ein tolles Team.

»Und jetzt«, Chung grinste breit, »Mangyŏngdae!«

»Auf nach Mangyŏngdae!« Als wollten wir Amerika besiedeln.

Die Hochhäuser wurden weniger, das Grün mehr. Der Regen auch. »Da!« Hektisch wischte ich die beschlagenen Fenster frei, und Thanh beugte sich zu meiner Seite herüber. »Oh ja!«

Obwohl die Regentropfen auf der Außenseite den Blick verzerrten, erkannten wir genug: Metallschienen schlängelten durch die Luft und beschrieben Kurven und Kreise. Eine Achterbahn. In Gelb. »Anhalten!«

Chung drehte sich herum. »Es ist hier verboten.«

»Aber da ist der Vergnügungspark!«

Wir waren kurz davor. Ein Vierteljahrhundert hatte ich gebraucht, um nach dem ersten Anblick der Regenbogenrutsche im Kino *Sojus* am Helene-Weigel-Platz in Berlin nach Mangyŏngdae in Pjöngjang, Nordkorea, zu kommen.

Zugegeben, die meisten dieser fünfundzwanzig Jahre war ich nicht mit Reisevorbereitungen, sondern mit Wachsen, Lernen und Lieben beschäftigt gewesen, dennoch ging jetzt mehr als nur eine Reise zu Ende. Eine Reise, an der unsere Freundschaft fast zerbrochen wäre, die uns Grenzen aufzeigte, von deren Existenz wir nichts geahnt hatten. Zum Beispiel Abstandsgrenzen vor Führer-Blumen-Arrangements.

Was bei Kerzenschein an einem kalten Januarabend in Thanhs Wohnzimmer begonnen hatte, stand unmittelbar vor seinem Abschluss. Thanh würde ihr Foto machen und vielleicht wieder einen Preis gewinnen.

»Wir brauchen zehn Sekunden zum Aussteigen.«

»Sie werden nass.«

»Wir haben Jacken.«

»Bei Regen der Park ist geschlossen.«

»Von außen gucken reicht.«

Auch wenn er nicht verstand, was wir sagten, Herr Pak hatte heruntergeschaltet und fuhr Schritttempo. Entlang am Zaun des Parks, der so niedrig war, dass ich ihn fast im Stehen hätte übersteigen können. Einzig die Speerspitzen an den Enden seiner Gitterstäbe wären etwas hinderlich gewesen.

Die rotweiße Markise eines Karussells flatterte im Wind, auf den Wegen zwischen grünen Wiesen stand Wasser.

Chung saß jetzt fast verkehrt herum im Beifahrersitz, vom Sicherheitsgurt eingewickelt. »Es ist so, der Park, er ist schon sehr alt. Wir möchten, dass Sie einen guten Eindruck von unserem Korea bekommen.«

»Wir hatten einen super Eindruck. Vor allem von euch.« Thanh deutete auf mich. »Und er hat sich so darauf gefreut.«

»Unser Oberster Befehlshaber Marschall Kim Jong-un, er will den Park bald renovieren. Dann besuchen Sie uns noch einmal.«

Er drehte sich zurück. Herr Pak beschleunigte. Im Heckfenster wurde die Achterbahn immer kleiner. Tropfen verschleierten den Blick. Der Park geriet außer Sicht. Vielleicht hatte er gar keine Wasserrutsche.

Rym zwinkerte aufmunternd: »Jetzt wir fahren zum Geburtshaus von Großer Führer Kim Il-sung, dann zum Großmonument von Mansudae und anschließend zum Tanzfest auf dem Platz der großen ...«

Synchron wandten wir uns ab. Thanhs Zeigefinger quietschte auf der beschlagenen Scheibe. Zwei Punkte, ein senkrechter Strich.

Ich malte darunter den traurigen Mund.

Dann fiel mir etwas ein. Ich holte meine Digicam hervor, schaltete sie ein und klickte mich durch meine Fotos. »Hier«, sagte ich zu Thanh, »das habe ich in Panmunjom gemacht. So gesehen, haben wir die Rutsche gefunden.«

»Als Foto von 'nem Foto. Was soll'n wir denn damit anfangen?«

Den Regenbogen hinab

Auf der Spree blubberten die Ausflugsschiffe, im Park sonnten sich Menschen. Das Fenster meines Arbeitszimmers stand weit offen. Aus dem dreizehnten Stock blickte Thanh am Haus herab. »Wie viele Leute wohnen hier drin?«

»Keine Ahnung. Es sind zweihundertvierzig Wohnungen.« Ich saß am Schreibtisch. Klickte mich durch Dateien.

»Schrecklich.« Sie schloss das Fenster. »Und diese niedrigen Zimmerdecken. Ich würde Platzangst kriegen.«

»Hohe Decken sind totaler Blödsinn. Oben staut sich die Wärme, und unten friert man. Plattenbau ist super.«

»Jetzt mach mal hin. Der Hund erstickt im Auto.« Wir wollten mit Uncle Sam im Grunewald spazieren gehen.

»Bin gleich fertig.«

»Wie viele hast du inzwischen gefunden?«

»Siebzehn. Aber ich weiß nicht mehr, wie viele ich versteckt habe.« Seit Wochen fahndete ich in meinem Netbook nach Fotos von Nordkorea. »Trotzdem. Es war eine gute Idee.«

Am letzten Bahnhof vor der Grenze war eine junge Uniformierte in unser Abteil gekommen, ein fesches Käppi auf der Pagenfrisur, hatte unser Gepäck durchsucht und sich dann meine Kamera vorgenommen. Sie schaute jedes der achthundert Fotos an. Um Zeit zu sparen, rief sie im Kamera-

Menü die Kachelansicht auf, so dass im Display nicht jedes Foto einzeln erschien, sondern ein Dutzend im Überblick. Ich wusste gar nicht, dass meine Digicam so etwas kann.

Die Grenzerin löschte einen Mercedes und Kim Il-sungs Ohr.

Wenige Minuten später rumpelte unser Zug im Schritttempo über die Brücke nach China.

Als wir in gleißender Sonne die Mitte des Flusses erreichten, brach Jubel aus in unserem Waggon, in dem alle Ausländer eingeschlossen waren. Das Blousonjackenpaar umarmte einander. Die dicke Engländerin fiel ihrem schweigsamen Mann um den Hals, der Kanadier hüpfte in seinen Stulpenstiefeln über den Gang und brüllte: »We're out! We're out!« Die fünf Bergburschen nahmen die Rastafrau in die Mitte.

Nur der Militärhosen-Berliner freute sich nicht.

Thanh breitete die Arme aus. Wir drückten uns.

»Puh, das war anstrengend.«

»Mit dir aber auch.«

Ich klappte den Computer zu. Hund und Grunewald warteten. »Schnell noch ins Bad, und dann können wir starten.«

»Hast du gelesen, Kim baut ein Skiresort für Touristen.«

»Ski fahren ist viel zu gefährlich«, rief ich aus dem Bad.

»Was ist das denn?«

»Weiß nicht ...«

»Komm mal her, Hase!«

Sie beugte sich über den Schreibtisch und betrachtete ein Foto von einem Foto. Spritzendes Wasser, fröhliche Kinder, im Hintergrund meine Wasserrutsche. Sie nahm den Bilderrahmen in die Hand. »War da nicht mal Isabel drin?«

»Tja.«

Ihr Kopf ruckte vor und zurück. »Ich habe meine Brille nicht auf, aber sind das da hinten ...« Sie hatte meine Photoshop-Manipulation entdeckt. »... sind das wir?«

Behutsam nahm ich ihr das gerahmte Bild aus der Hand. Stellte es zurück auf den Schreibtisch. »König und Königin rutschen auf dem Regenbogen.«

Nachbemerkung

Alle historischen Daten und allgemeinen Fakten wurden unabhängig von den vor Ort gegebenen Informationen nachrecherchiert, möglichst auf Grundlage mindestens zweier unabhängiger Quellen – soweit das möglich war. So wie die Nordkoreaner bestrebt sind, Historie und Fakten in ihrem Sinne darzustellen, neigen ausländische Quellen zu Übertreibungen oder reduzieren das Land auf Kuriositäten. Zudem finden sich zu denselben Sachverhalten unterschiedliche Angaben, ohne dass nachprüfbar wäre, was stimmt. So bleibt bei aller Sorgfalt ein unvermeidbares Restrisiko und Raum für Ungenauigkeiten. Bei den handelnden Personen wurden einige Angaben aus Sicherheitsgründen verändert. Bestimmte Bilder zeige ich nur bei Lesungen. Ein Fehler blieb bewusst im Text. Weil wir es vor Ort nicht besser wussten. Michael Holms *Tränen lügen nicht* ist eine Cover-Version. Das Original *Soleado* wird instrumental und von einem summenden Chor intoniert. Genauso, wie wir es in Panmunjom hörten.

Trotz der über Jahrzehnte manifestierten Starrheit gibt es Bewegung in Nordkorea. In die eine oder andere Richtung. Touristen dürfen inzwischen ihr Handy behalten. Angeblich selbstentwickelte Tablet-PCs oder neue Großbauten wie das Luxus-Ski-Ressort nahe Wonsan an der Ostküste suggerieren nach innen und außen Fortschritt.

Gleichzeitig nehmen die Repressionen zu. Im August 2013 ließ Kim Jong-un zwölf Tänzerinnen im Beisein ihrer Familien erschießen – wegen angeblich selbstgedrehter Sex-Videos und Bibelbesitz. Im November 2013 wurden im Stadion von Wonsan vor zehntausend Zuschauern mehrere Menschen wegen Schauens südkoreanischer TV-Serien hingerichtet. Bei Exekutionen in sieben weiteren Städten starben insgesamt achtzig Männer und Frauen. Ebenfalls im Herbst 2013 kam es, zunächst von der Weltöffentlichkeit kaum beachtet, zu einem Blutbad zwischen Kims Truppen und Getreuen von Kim Jong-uns Onkel Jang Song-thaek, bis dahin zweiter Mann im Staat. Kurz darauf wurde Jang wegen »dreimal verfluchten Verrats« verhaftet. Unklar ist, ob die Hinrichtung Jangs durch Flugabwehr-MGs, Granatwerfer oder hundertzwanzig ausgehungerte Hunde erfolgte.

Macht hat in Nordkorea, wer Rohstoffe (Meerestiere, Steinkohle, Seltene Erden) und den Handel mit China kontrolliert. Darum streiten sich derzeit Partei und Armee.

Und doch: Bei allem Größenwahn und Elend, bei aller Angst und Brutalität, es leben, lieben und lachen Menschen in Nordkorea. Wir hatten unvergessliche Begegnungen, sahen bezaubernde Landschaften. Nordkoreas Bergblütenhonig ist, nach Meinung aller, die ich kosten ließ, der beste Honig der Welt. Der Tanz im Grenzgebiet von Panmunjom gehört zu den drei größten Gänsehautmomenten meines Lebens.

Und es schmerzt der Gedanke, solange die Verhältnisse so bleiben, wie sie sind, Nordkorea nie wiedersehen zu können.

Christian Eisert, Januar 2014

Wichtige Quellen nach Erscheinungsdatum

- Demick, Barbara: *Im Land des Flüsterns, Geschichten aus dem Alltag in Nordkorea*, Knaur, München 2013.
- »South vs. North Korea: How do the two countries compare?«, The Guardian, 8. 4. 2013.
- *Korea – Für immer geheilt?*, Arte 2013.
- FAO/WFP Crop and Food Security Assessment Mission to the Democratic People's Republic of Korea, 12. 11. 2012.
- *Architekturführer Pjöngjang*, Bd. 1+2, Verlag für Fremdsprachige Literatur, Pjöngjang, 2. Aufl. 2011.
- Moeskes, Christoph (Hg.): *Nordkorea – Einblicke in ein rätselhaftes Land*, Ch. Links, Berlin, digital, 2011.
- *Nordkorea: Grenzen auf für Touristen*, Schweizer Fernsehen, 2011.
- Delisle, Guy: *Pjöngjang*, Reprodukt, 3. Aufl. 2010.
- »Kim Jong-il, Kimilsungia, Pyongyangstudies IV«, in: *Disko 11*, hrsg. v. Arno Brandhuber, Nürnberg 2009.
- Maibrugger, Arno: *Nordkorea-Handbuch*, Trescher Verlag, Berlin, 2. aktualisierte Aufl. 2007.
- Kang, Hyok u. Grangerau, Philippe: *»Ihr seid hier im Paradies!«, Meine Kindheit in Nordkorea*, Goldmann, München 2005.
- Martin, Bradley K.: *Under the Loving Care of the Fatherly Leader: North Korea and the Kim Dynasty*, Thomas Dunne Books, New York 2004.

- Kim Jong-il: *The Art of Opera*, University Press of the Pacific, 2001.
- »Schule der Freundschaft zwischen der DDR und der KDVR«, Neues Deutschland, 24.6.1988.
- Programm für den Aufenthalt des Ministers für Allgemeine Bildung der KDVR Genossen Ri Dschung Dschu vom 23. Juni bis 30. Juni 1988 in der DDR.
- »Technisches Meisterwerk Westmeerschleusensystem«, Neues Deutschland, 29./30.6.1986.
- »Erich Honecker von Kim Il-Sung brüderlich begrüßt«, Neues Deutschland, 20.10.1986.
- »Seine Liebe ist wärmer als die Sonne«, Der Spiegel, 21.7.1980.
- »Südkorea: Altes Raubtier«, Der Spiegel, 2.9.1974.
- »USA-Kannibalen verbrannten koreanische Kinder bei lebendigem Leibe«, Neues Deutschland, 24.6.1952.
- »Politik des Pokergesichts«, Der Spiegel, 19.12.1951.
- »The Dream Factory«, Mondo TV Group Profile, Rom, o.J.

Mein tiefer Dank gilt ...

... unseren Begleitern in NK für unvergessliche Tage, Marina für ihr Wesen und ihr Gespür für Text, »Isabel« für ihr Vertrauen, der Mama überhaupt und für Struppi, Susanne für Motivation und Filmschnitt, T. für Unterkunft und Gestalt sowie Physiofee Julia für die Behandlung schreibmüder Arme.

Bodo Kirchhoff für klugen Rat und blauen Bademantel sowie Ulrike Bauer für eine erzählerisch folgenreiche Woche.

Angela Wichmann vom ND-Archiv und Sven Ballenthin von der Universität Erfurt für ihre Hilfe bei der Recherche.

Und allen, die mir Artikel und Links schickten.

Sowie Daniel Wichmann und Daniel Mursa von meiner Agentur für Einsatz und geduldiges Zuhören.

Alexander Magnis und dem Kollegen in Südkorea für die Übersetzungen der Propagandaparolen.

Außerdem dem Team von Ullstein Extra.

Und allen voran: Thanh.

Fabian Sixtus Körner

Journeyman
1 Mann, 5 Kontinente und jede Menge Jobs

Mit zahlreichen Fotos.
QR-Codes mit Fotos und Videos im Buch.
288 Seiten. Klappenbroschur.
Auch als E-Book erhältlich.
www.ullstein-extra.de

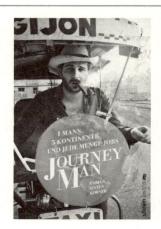

Ohne Geld um die Welt

Wie kommt man einmal um die Welt, mit nur 255 Euro auf dem Konto? Fabian Sixtus Körner schnappt sich seinen Rucksack und macht sich auf ins Ungewisse. Sein Plan: alle Kontinente dieser Erde bereisen – und überall für Kost und Logis arbeiten. Er legt Tausende von Kilometern in Fliegern, Zügen, Bussen, löchrigen Booten und Rikshas zurück und arbeitet dabei mal als Grafiker, mal als Architekt oder Fotograf. Zwei Jahre und zwei Monate, über sechzig Orte, querweltein.

ullstein